경제경영수학(2판)

Mathematics for Economics & Management

경제 경영 수학(2판)

이 윤 복

비앤엠북스

서 문

오늘날 경제학 및 경영학에서는 수학적 방법론을 적극적으로 도입하여 이론의 수학적 전개를 구축하고 있으며, 계량경제학 또는 계량경영학 등과의 연계에 의해서 실증분석 내지 정책결정에 커다란 영향을 주고 있다. 이러한 경향은 앞으로 점점 심화되리라 사료되므로, 경제학이나 경영학을 전공하는 학생들에게 있어서 그에 필요한 수학의 습득은 선택이 아니라 필수라고 하겠다.

이와 같이 수학이 경제학이나 경영학에 미치는 영향이 대단히 큰데도 불구하고, 한편에서는 많은 학생들이 수학을 배우는 데 어려움을 호소하고 있는 것도 사실이다. 이는 적절하고 효율적으로 배울 수 있는 기초적인 수학 교재의 필요성을 의미한다고 하겠다.

이 책은 경제학이나 경영학을 전공하는 학부 학생들을 대상으로, 대학의 상경계에서 요구되는 수학적 기초를 배우도록 돕는 입문서이다. 그러므로 내용의 범위를 한 학기 동안에 배울 수 있는 부분만으로 한정하였으며, 가급적 쉽게 이해할 수 있도록 설명하는 데 노력을 기울였다. 또한 예제를 많이 제공하여 배운 부분을 완전히 습득하도록 하였다.

이번의 개정판에서는 초판에서의 기본 목적이나 체계를 유지하면서 내용을 수정 및 보완하였다. 특히 응용 부분에 중점을 두었는데, 이는 이 책에서 다루는 수학적 방법론이 경제학 및 경영학에 어떻게 적용되고 응용되는지를 알 수 있도록 하여, 경제학 및 경영학의 기초이론을 더 쉽게 이해하도록 하기 위함이다.

아무쪼록 이 책이 경제학 및 경영학을 전공하는 학생들에게 이 분야의 수학에 대한 흥미를 가지는 계기가 되기를 기대한다.

2011년 1월

이 윤 복

목 차 C·O·N·T·E·N·T·S

제4장 미분법 ▸ 115

제5장 편미분법 ▸ 147

제6장 1변수함수의 극대와 극소 ▸ 201

제7장 다변수함수의 극대와 극소 ▸ 225

제8장 등식제약하의 극대와 극소 ▸ 267

제1장 벡터

1.1 벡터의 정의

$a_1, a_2, \cdots, a_n$을 실수라 할 때 순서가 정해진 순서쌍 $(a_1, a_2, \cdots, a_n)$을 n차원 수벡터(n dimensional real vector) 또는 n차원 공간의 점이라 한다.

실수를

$$(a_1, a_2, \cdots, a_n)$$

과 같이 가로로 나열한 형태의 벡터를 행벡터(row vector)라 하고,

$$\begin{pmatrix} a_1 \\ a_2 \\ \vdots \\ a_n \end{pmatrix}$$

과 같이 세로로 세운 형태의 벡터를 열벡터(column vector)라 한다.

또한 $a_1, a_2, \cdots, a_n$을 벡터의 성분(component) 또는 좌표(coordinate)라 하고, 성분의 수를 벡터의 차수(차원)라 한다.

예 1

갑과 을의 경제학원론, 경영학원론, 회계학원론의 시험성적이 각각 85, 90, 84점과 87, 88, 92점이라고 할 때, 갑과 을의 시험성적에 관한 벡터를 각각 $\boldsymbol{a}, \boldsymbol{b}$라 하면 다음과 같이 나타낼 수 있다.

$$\boldsymbol{a} = (85,\ 90,\ 84),\ \boldsymbol{b} = (87,\ 88,\ 92)$$

1.2 벡터의 연산

1.2.1 벡터의 동치 관계

두 벡터 $\boldsymbol{a}, \boldsymbol{b}$를

$$\boldsymbol{a} = (a_1,\ a_2,\ \cdots,\ a_n)$$
$$\boldsymbol{b} = (b_1,\ b_2,\ \cdots,\ b_n)$$

이라 할 때 차원이 같고 대응되는 성분이 같으면 두 벡터는 동치라 한다. 즉, 다음 관계가 성립한다.

$$\boldsymbol{a} = \boldsymbol{b} \quad \Leftrightarrow \quad a_1 = b_1, \quad a_2 = b_2,\ \cdots,\ a_n = b_n$$

예 1

$\boldsymbol{a} = (1,\ 2,\ 3),\ \boldsymbol{b} = (b_1,\ b_2,\ b_3)$이고
$\boldsymbol{a} = \boldsymbol{b}$이면,

$b_1 = 1,\ b_2 = 2,\ \ b_3 = 3$이 된다.

예 2

$\boldsymbol{a} = (3, 2)$, $\boldsymbol{b} = (3, 2, 0)$이면

두 벡터는 동치가 아니다. 왜냐하면 성분의 수가 다르기 때문이다.

1.2.2 벡터의 대소 관계

두 벡터 $\boldsymbol{a}$, $\boldsymbol{b}$에 대해서, 한 벡터가 다른 벡터에 대해서 대응되는 성분이 모두 클 때 두 벡터의 대소 관계가 성립한다.

$\boldsymbol{a} > \boldsymbol{b} \quad \Leftrightarrow \quad a_1 > b_1, \quad a_2 > b_2, \quad \cdots, \quad a_n > b_n$이다.

예 1

$\boldsymbol{a} = (2, 5, 6)$, $\boldsymbol{b} = (1, 5, 4)$이면

$\boldsymbol{a} > \boldsymbol{b}$

의 관계가 아니다. 왜냐하면 두 벡터의 두 번째 성분이 같아서 대소 관계가 성립하지 않기 때문이다.

1.2.3 벡터의 합

두 벡터 $\boldsymbol{a}$와 $\boldsymbol{b}$의 합은 다음과 같이 정의된다.

$\boldsymbol{a} + \boldsymbol{b} = (a_1 + b_1, \ a_2 + b_2, \ \cdots, \ a_n + b_n)$

예 1

$\boldsymbol{a}=(3,\ 2)$, $\boldsymbol{b}=(1,\ 3)$이면

$\boldsymbol{a}+\boldsymbol{b}=\ (3+1,\ 2+3)=(4,\ 5)$

1.2.4 벡터의 스칼라곱

벡터 $\boldsymbol{a}$에 스칼라 k를 곱한 것은 벡터의 각 성분에 k를 곱하는 것과 같다.

$k\boldsymbol{a}=(ka_1,\ ka_2,\ \cdots,\ ka_n)$

예 1

$\boldsymbol{a}=(3,\ 2)$이고 $k=2$이면,

$k\boldsymbol{a}\ =2(3\ ,\ 2)=(6,\ 4)$

벡터의 합에 관해서 다음의 정리가 성립한다.

정리 1.1

$\boldsymbol{a}+\boldsymbol{b}=\boldsymbol{b}+\boldsymbol{a}$	교환법칙
$(\boldsymbol{a}+\boldsymbol{b})+\boldsymbol{c}=\boldsymbol{a}+(\boldsymbol{b}+\boldsymbol{c})$	결합법칙
$k(\boldsymbol{a}+\boldsymbol{b})=k\boldsymbol{a}+k\boldsymbol{b}$	분배법칙

교환법칙이 성립하는 것을 다음과 같이 증명할 수 있다.

$$\begin{aligned} \boldsymbol{a}+\boldsymbol{b} &= (a_1+b_1,\ a_2+b_2,\ \cdots,\ a_n+b_n) \\ &= (b_1+a_1,\ b_2+a_2,\ \cdots,\ b_n+a_n) \\ &= \boldsymbol{b}+\boldsymbol{a} \end{aligned}$$

벡터의 성분 a_i, b_i는 실수이기 때문에 교환법칙이 가능하다. 그러므로 벡터의 교환법칙이 성립하는 것이다.

또한 벡터에 대해서 다음과 같이 영벡터, 마이너스벡터, 벡터의 차가 정의된다.

$$\mathbf{0} = (0,\ 0,\ \cdots,\ 0)$$
$$-\boldsymbol{a} = (-a_1,\ -a_2,\ \cdots,\ -a_n)$$
$$\boldsymbol{a}-\boldsymbol{b} = \boldsymbol{a}+(-1)\boldsymbol{b} = (a_1-b_1,\ a_2-b_2,\ \cdots,\ a_n-b_n)$$

1.2.5 벡터의 기하학적 표현

벡터를 기하학적으로 나타내기 위해서 2차원 공간(R^2)에서 예를 들어 보기로 하자.

지금 2차원 공간상의 한 점 $\boldsymbol{a} = (a_1,\ a_2)$ 벡터는, 원점 (0, 0)을 시점으로 하고 좌표상의 $(a_1,\ a_2)$를 종점으로 하는 크기와 방향을 가지는 유향성분으로 나타낼 수 있다. <그림 1.1>은 벡터 $\boldsymbol{a}$를 나타내고 있다.

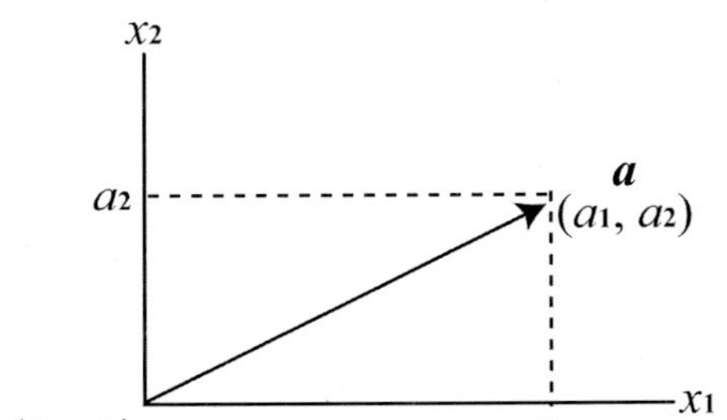

〈그림 1.1〉

벡터를 이렇게 원점으로부터의 유향성분으로 나타내면, 벡터의 스칼라곱, 벡터의 덧셈과 뺄셈 등을 그래프로 쉽게 나타낼 수 있다.

첫째, 벡터에 스칼라(실수)를 곱하는 문제를 생각해 보자.

스칼라 k에 대해서 ka벡터는 $\boldsymbol{a}$벡터를 k배 한 벡터를 의미한다. $k>0$이면 같은 방향으로, $k<0$이면 반대 방향으로 나타나게 된다. 그리고 k의 크기가 $0<k<1$ 이면 벡터 $\boldsymbol{a}$를 축소시키게 된다.

예를 들어 $\boldsymbol{a}=(2,\ 1)$, $k=2$라 하면 ka벡터는 $ka=2(2,\ 1)=(4,\ 2)$가 되어 $\boldsymbol{a}$를 2배로 늘린 벡터가 되며, $k=-2$라 하면 $ka=-2(2,\ 1)=(-4,\ -2)$가 되어 반대 방향으로 $\boldsymbol{a}$를 2배로 늘린 벡터가 된다. <그림 1.2>에 이 예가 표시되어 있다.

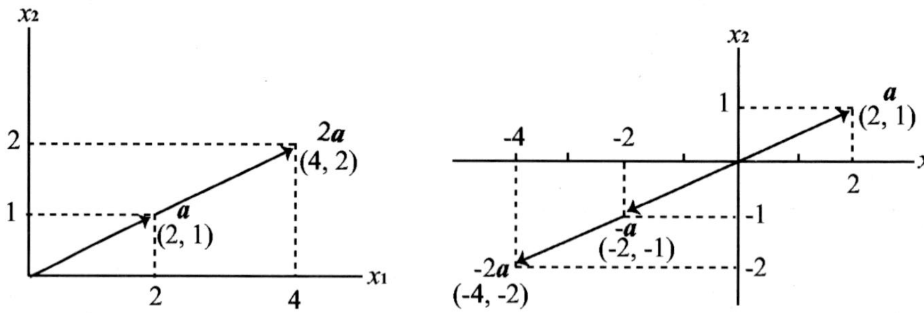

〈그림 1.2〉

둘째, 두 벡터의 덧셈에 관한 문제를 생각해 보자.

지금 두 벡터를 $\boldsymbol{a}=(2,\ 1)$, $\boldsymbol{b}=(1,\ 3)$이라 하고 두 벡터를 합한 벡터를 $\boldsymbol{c}$ 라 하면, $\boldsymbol{c}=\boldsymbol{a}+\boldsymbol{b}=(3,\ 4)$가 된다. $\boldsymbol{c}$ 벡터는 원점에서 출발하여 (3, 4)를 종점으로 하는 벡터가 된다. <그림 1.3>의 (a)에 이 예가 나타나 있다.

벡터의 연산 중 덧셈에서 교환법칙이 성립하는 것을 보았는데, <그림 1.3>의 (a)에서 이것을 확인할 수 있다. 즉 $\boldsymbol{a}$벡터에 $\boldsymbol{b}$벡터를 더하는 것($a+b$)은, a벡터의 끝 점에 b벡터를 평행이동 하여 놓고, b벡터의 끝 점을 원점에서 연결한 유향성분으로 나타낸 것이다. 한편 b벡터에서 a 벡터를 더하는 것($b+a$)은, b벡터의 끝 점에 a벡터를 평행이동 하여 놓고, a벡터의 끝 점을 원점에서 연결한 유향성분으로 나타낸 것이다. 그런데 이 두 경우가 같다는 것을 알 수 있다. 이것을 벡터의 덧셈에 관한 평행사변형법칙이라 한다.

셋째, 두 벡터의 뺄셈에 관한 문제를 생각해 보자.

a벡터와 b벡터의 차 $a-b$는, a벡터와 $-b$벡터의 합인 $a+(-1)b$로 나타낼 수 있다. 그러므로 먼저 $b=(1, 3)$에서 $-b=(-1, -3)$을 그리고 나서, a벡터와 $-b$벡터의 합을 평행사변형법칙을 이용하여 그리면 된다. 이 예가 <그림 1.3>의 (b)에 그려져 있다.

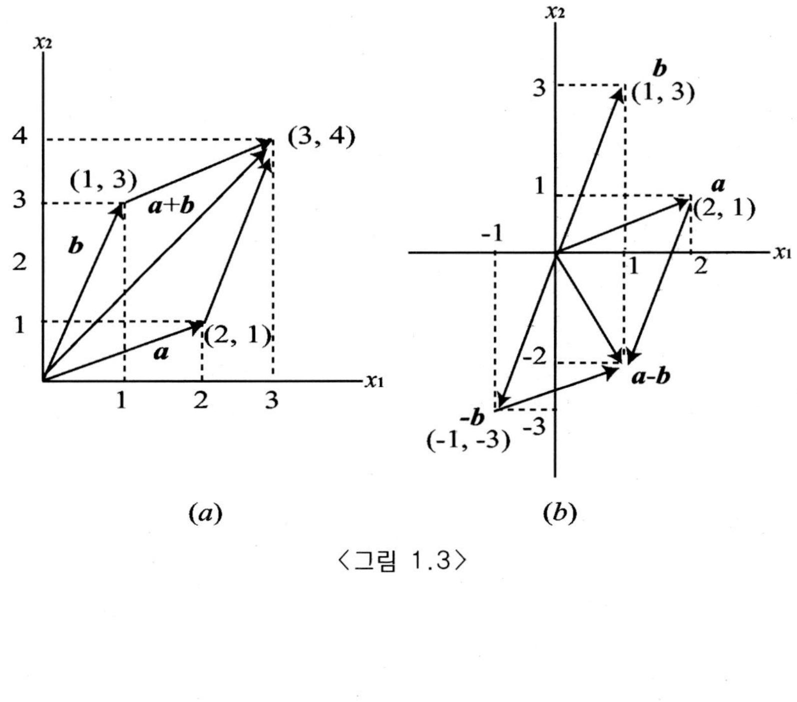

〈그림 1.3〉

1.3 1차독립과 1차종속

1.3.1 1차결합

$\boldsymbol{a}_1$, $\boldsymbol{a}_2$, $\cdots$, $\boldsymbol{a}_m$이 n차원 벡터이고, λ_1, λ_2, $\cdots$, λ_m이 스칼라일 때

$$\lambda_1\boldsymbol{a}_1 + \lambda_2\boldsymbol{a}_2 + \cdots + \lambda_m\boldsymbol{a}_m$$

을 $\boldsymbol{a}_1$, $\boldsymbol{a}_2$, $\cdots$, $\boldsymbol{a}_m$의 1차결합(linear combination) 또는 선형결합이라 한다. 이때 λ_i를 벡터의 계수라 한다.

예 1

$\boldsymbol{a}_1 = (2, 1)$, $\boldsymbol{a}_2 = (1, 3)$일 때

$\boldsymbol{b} = (8, 9)$는 다음과 같이 $\boldsymbol{a}_1$, $\boldsymbol{a}_2$벡터의 1차결합으로 나타낼 수 있다.

$\boldsymbol{b} = 3\boldsymbol{a}_1 + 2\boldsymbol{a}_2$

예 2

$e_1 = (1, 0)$, $e_2 = (0, 1)$의 두 벡터는 2차원(평면)에서 기본벡터라 한다. 평면에서 임의의 벡터 $\boldsymbol{a} = (a_1, a_2)$는 다음과 같이 두 기본벡터의 1차결합으로 나타낼 수 있다.

$\boldsymbol{a} = a_1e_1 + a_2e_2$

즉, $a_1(1, 0) + a_2(0, 1) = (a_1, 0) + (0, a_2) = (a_1, a_2)$

1.3.2 1차독립과 1차종속

$$\lambda_1 \boldsymbol{a}_1 + \lambda_2 \boldsymbol{a}_2 + \cdots + \lambda_m \boldsymbol{a}_m = \mathbf{0}$$

의 관계가 성립하는 데 있어서,

(1) $\lambda_1 = \lambda_2 = \cdots = \lambda_m = 0$일 때에만 성립하면 벡터 $\boldsymbol{a}_1, \boldsymbol{a}_2, \cdots, \boldsymbol{a}_m$은 1차독립(linearly independent)이라 한다.

(2) 1차독립이 아닐 때, 즉 적어도 하나 0이 아닌 λ_i가 존재하면 벡터 $\boldsymbol{a}_1, \boldsymbol{a}_2, \cdots, \boldsymbol{a}_m$은 1차종속(linearly dependent)이라 한다.

벡터들의 1차결합이 영벡터(0)가 되는 것은, 모든 계수 λ_i들이 0이면 항상 성립한다. 즉, $\lambda_1 = \lambda_2 = \cdots = \lambda_m = 0$이면 항상 성립한다. 그런데 λ_i 중에서 적어도 하나가 0이 아닌데도 불구하고 위의 관계가 성립한다면 벡터들 사이에 어떤 특별한 관계가 존재한다는 것을 의미한다. 즉, 벡터들이 어떤 종속적인 관계에 있다는 것이다.

예 1

$\boldsymbol{a}_1 = (2,\ 1)$, $\boldsymbol{a}_2 = (1,\ 3)$일 때 $\boldsymbol{a}_1$, $\boldsymbol{a}_2$는 1차독립인가 1차종속인가?

$\lambda_1 \boldsymbol{a}_1 + \lambda_2 \boldsymbol{a}_2 = \mathbf{0}$의 관계를 설정하여 0이 아닌 λ_i가 존재하는지를 검토하면 된다.

$\lambda_1(2,\ 1) + \lambda_2(1,\ 3) = (0,\ 0)$

$(2\lambda_1,\ \lambda_1) + (\lambda_2,\ 3\lambda_2) = (0,\ 0)$

$(2\lambda_1 + \lambda_2,\ \lambda_1 + 3\lambda_2) = (0,\ 0)$

그러므로 $2\lambda_1 + \lambda_2 = 0$, $\lambda_1 + 3\lambda_2 = 0$의 연립방정식을 풀면 $\lambda_1 = \lambda_2 = 0$이 된다. 따라서 $\boldsymbol{a}_1$, $\boldsymbol{a}_2$는 1차독립이다.

예 2

$\boldsymbol{b}_1 = (2,\ 1)$, $\boldsymbol{b}_2 = (4,\ 2)$일 때 $\boldsymbol{b}_1$, $\boldsymbol{b}_2$는 1차독립인가 1차종속인가?

$\lambda_1 \boldsymbol{b}_1 + \lambda_2 \boldsymbol{b}_2 = \boldsymbol{0}$의 관계에서

$\lambda_1(2,\ 1) + \lambda_2(4,\ 2) = (0,\ 0)$
$(2\lambda_1,\ \lambda_1) + (4\lambda_2,\ 2\lambda_2) = (0,\ 0)$
$(2\lambda_1 + 4\lambda_2,\ \lambda_1 + 2\lambda_2) = (0,\ 0)$

그러므로 $2\lambda_1 + 4\lambda_2 = 0$, $\lambda_1 + 2\lambda_2 = 0$의 연립방정식을 풀면 $\lambda_1 = -2\lambda_2$의 관계가 성립한다.
여기서 만약 $\lambda_2 = 1$, $\lambda_1 = -2$라 두면, 두 계수는 모두 0이 아니지만($\lambda_1 \neq 0$, $\lambda_2 \neq 0$)

$-2(2,\ 1) + 1(4,\ 2) = (0,\ 0)$

의 관계가 성립하므로 $\boldsymbol{b}_1$, $\boldsymbol{b}_2$는 1차종속이다. 이 경우 두 벡터 사이는 $\boldsymbol{b}_2 = 2\boldsymbol{b}_1$의 특수한 관계가 존재하는 것을 알 수 있다.

예 3

세 벡터 $\boldsymbol{a}_1$, $\boldsymbol{a}_2$, $\boldsymbol{a}_3$가 있을 때 $\boldsymbol{a}_1 = \boldsymbol{a}_2$이면 이들 사이는 1차독립인가 1차종속인가?

세 벡터의 1차결합으로

$(-1)\boldsymbol{a}_1 + 1\boldsymbol{a}_2 + 0\boldsymbol{a}_3 = \boldsymbol{0}$

가 성립한다. 그러므로 $\boldsymbol{a}_1$, $\boldsymbol{a}_2$, $\boldsymbol{a}_3$는 1차종속이다.
즉, $\lambda_3 = 0$이지만 $\lambda_1 = -1$, $\lambda_2 = 1$로서 0이 아닌 λ가 존재하여 그 1차결합이 영벡터가 되므로 1차종속이 되는 것이다.
위의 예에서 보듯이 벡터들 중에서 어떤 벡터가 다른 벡터와 같거나, 배수로 나타낼 수 있거나, 또는 다른 벡터들의 1차결합으로 나타낼 수 있을 때 이들 벡터는 1차종속이 된다.

1.3.3 공선, 공면, 1차종속

두 벡터 $\boldsymbol{a}$, $\boldsymbol{b}$ 가 한 직선상에 놓이면 공선관계라 한다. 두 벡터가 공선 관계가 될 필요충분조건은

$$\boldsymbol{a} = \alpha \boldsymbol{b} \quad \text{또는} \quad \boldsymbol{b} = \alpha \boldsymbol{a}$$

이것은 두 벡터의 1차결합이

$$(-1)\boldsymbol{a} + \alpha \boldsymbol{b} = 0 \ \text{ 또는 } \ \alpha \boldsymbol{a} + (-1)\boldsymbol{b} = 0$$

의 관계가 성립하여 0이 아닌 계수 (-1)이 존재한다는 것을 의미하므로 $\boldsymbol{a}$, $\boldsymbol{b}$는 1차종속이 된다. 즉, 한 직선상에 두 벡터가 존재하면 1차종속이 된다.

세 벡터 $\boldsymbol{a}$, $\boldsymbol{b}$, $\boldsymbol{c}$가 한 평면상에 놓이면 공면 관계라 한다. 세 벡터가 공면 관계가 될 필요충분조건은

$$\boldsymbol{a} = \alpha \boldsymbol{b} + \beta \boldsymbol{c} \quad \text{또는} \quad \boldsymbol{b} = \alpha \boldsymbol{a} + \beta \boldsymbol{c} \quad \text{또는} \quad \boldsymbol{c} = \alpha \boldsymbol{a} + \beta \boldsymbol{b}$$

이것은 세 벡터의 1차결합이

$$(-1)\boldsymbol{a} + \alpha \boldsymbol{b} + \beta \boldsymbol{c} = 0 \ \text{ 또는 } \ \alpha \boldsymbol{a} + (-1)\boldsymbol{b} + \beta \boldsymbol{c} = 0 \ \text{ 또는}$$
$$\alpha \boldsymbol{a} + \beta \boldsymbol{b} + (-1)\boldsymbol{c} = 0$$

의 관계가 성립하여 0이 아닌 계수 (-1)이 존재한다는 것을 의미하므로 $\boldsymbol{a}$, $\boldsymbol{b}$, $\boldsymbol{c}$는 1차종속이 된다. 즉, 한 평면상에서 세 벡터가 존재하면 1차종속이 된다.

일반화하면, R^n에서 $n+1$개의 벡터가 존재하면 1차종속이 된다. 즉 차원의 수보다 벡터의 수가 많으면 그 벡터들은 1차종속이 된다.

예 1

평면(R^2)에서 $\boldsymbol{a}=(1,\ 2)$, $\boldsymbol{b}=(2,\ 1)$, $\boldsymbol{c}=(8,\ 7)$는 1차독립인가 1차종속인가?

1차종속이다. 왜냐하면 $2\boldsymbol{a}+3\boldsymbol{b}=\boldsymbol{c}$의 관계가 성립하므로 이것으로부터 1차결합이 $2\boldsymbol{a}+3\boldsymbol{b}+(-1)\boldsymbol{c}=\boldsymbol{0}$의 관계가 성립하여 계수가 0이 아닌 경우가 존재하기 때문이다. 그리고 차원의 수(2)보다 벡터의 수(3)가 많기 때문이다.

예 2

직선(R^1)에서 두 벡터 $\boldsymbol{a}=(1)$, $\boldsymbol{b}=(3)$은 1차독립인가 1차종속인가?

1차종속이다. $\boldsymbol{b}=3\boldsymbol{a}$의 관계가 성립하므로 $(-3)\boldsymbol{a}+(1)\boldsymbol{b}=\boldsymbol{0}$와 같이 계수가 0이 아닌 1차결합이 영벡터가 되기 때문이다. 그리고 차원의 수보다 벡터의 수가 많기 때문이다.

1.3.4 1차독립과 1차종속에 관한 정리

정리 1.2

$a_1,\ a_2,\ \cdots,\ a_n$이 1차종속이 될 필요충분조건은 이것들 중 적어도 하나가 다른 벡터의 1차결합이 되는 것이다.

예 1

세 벡터 $\boldsymbol{a}$, $\boldsymbol{b}$, $\boldsymbol{c}$가 1차종속이면

$$\lambda_1 \boldsymbol{a} + \lambda_2 \boldsymbol{b} + \lambda_3 \boldsymbol{c} = 0$$

와 같이 1차결합으로 나타내었을 때 0이 아닌 λ_i가 반드시 하나 존재한다. 만약 $\lambda_3 \neq 0$이라면 양변을 λ_3로 나누어 다음과 같이 $\boldsymbol{c}$를 $\boldsymbol{a}$, $\boldsymbol{b}$의 1차결합으로 나타낼 수 있다.

$$\boldsymbol{c} = \left(-\frac{\lambda_1}{\lambda_3}\right)\boldsymbol{a} + \left(-\frac{\lambda_2}{\lambda_3}\right)\boldsymbol{b}$$

정리 1.3

$\boldsymbol{a}_1$, $\boldsymbol{a}_2$, $\cdots$, $\boldsymbol{a}_n$이 1차독립이고, $\boldsymbol{a}_1$, $\boldsymbol{a}_2$, $\cdots$, $\boldsymbol{a}_n$, $\boldsymbol{b}$가 1차종속이면 $\boldsymbol{b}$는 $\boldsymbol{a}_1$, $\boldsymbol{a}_2$, $\cdots$, $\boldsymbol{a}_n$의 1차결합이다.

예 2

1.3.3의 **예 1**에서, 두 벡터 $\boldsymbol{a} = (1,\ 2)$, $\boldsymbol{b} = (2,\ 1)$는 1차독립이다. 왜냐하면 두 벡터는 같은 직선상에 있지 않기 때문이다. 그런데 세 벡터 $\boldsymbol{a}$, $\boldsymbol{b}$, $\boldsymbol{c}$는 1차종속이다. 그러므로 $\boldsymbol{c} = (8,\ 7)$는 $2\boldsymbol{a} + 3\boldsymbol{b} = \boldsymbol{c}$와 같이 $\boldsymbol{a}$, $\boldsymbol{b}$의 1차결합으로 나타낼 수 있다.

연습문제 1.3 Exercise

[1] 세 벡터 $\boldsymbol{a} = (2,\ -1,\ -3)$, $\boldsymbol{b} = (-1,\ 3,\ 5)$, $\boldsymbol{c} = (4,\ 3,\ 1)$에 대해서 다음을 구하여라.

(1) $\boldsymbol{a} + \boldsymbol{b} + \boldsymbol{c}$

(2) $3a+2b-c$

[2] 벡터 $c=(9,\ 10)$를 두 벡터 $a=(1,\ 2)$, $b=(3,\ 2)$의 1차결합으로 나타내어라.

[3] 평면(R^2)에 있어서 세 벡터 $a=(2,\ 1)$, $b=(1,\ 2)$, $c=(5,\ 4)$에 관하여 다음에 답하라.

(1) 한 벡터 a는 1차독립인가 1차종속인가?

(2) 두 벡터 a, b는 1차독립인가 1차종속인가?

(3) 세 벡터 a, b, c는 1차독립인가 1차종속인가?

[4] 평면(R^2)에서 영벡터 $0=(0,\ 0)$는 1차독립인가 1차종속인가?

1.4 기저와 내적 및 벡터의 길이

1.4.1 기저

R^n에서 n개의 벡터 a_1, a_2, $\cdots$, a_n이 1차독립이고, 이들의 1차결합에 의하여 R^n의 벡터가 생성될 때 1차독립인 벡터를 R^n에서의 기저(basis)라 한다.

예 1

평면(R^2)에서 $e_1=(1,\ 0)$, $e_2=(0,\ 1)$는 기저이다. 왜냐하면 e_1, e_2는 1차독립으로 임의의 벡터 $a=(a_1,\ a_2)$는 $a=a_1e_1+a_2e_2$ 와 같이

두 벡터의 1차결합으로 나타낼 수 있기 때문이다. 그런데 같은 이유로 평면에서 $\boldsymbol{b}=(1,\ 2)$, $\boldsymbol{c}=(2,\ 1)$도 기저이며 e_1, $\boldsymbol{b}$ 또는 e_2, $\boldsymbol{c}$도 기저가 된다. 즉, 한 차원에서 기저의 수는 무수히 많다.

1.4.2 내적

두 벡터 $\boldsymbol{a}=(a_1,\ a_2,\ \cdots,\ a_n)$, $\boldsymbol{b}=(b_1,\ b_2,\ \cdots,\ b_n)$의 대응되는 원소의 곱의 합

$$a_1b_1+a_2b_2+\cdots+a_nb_n$$

을 $\boldsymbol{a}$, $\boldsymbol{b}$의 내적(inner product) 또는 스칼라곱(scalar product, dot product)이라 하고, 다음과 같이 나타낸다.

$$(\boldsymbol{a},\ \boldsymbol{b})=a_1b_1+a_2b_2+\cdots+a_nb_n$$

예 1

$\boldsymbol{a}=(1,\ 3,\ 2)$, $\boldsymbol{b}=(4,\ 2,\ 1)$일 때

$$(\boldsymbol{a},\ \boldsymbol{b})=1\cdot 4+3\cdot 2+2\cdot 1=12$$

벡터에는 행벡터(row vector)와 열벡터(column vector)가 있다. 행벡터와 열벡터는 성질이 같으며 전치에 의해서 행벡터가 열벡터로, 열벡터가 행벡터로 변환될 수 있다. 벡터 $\boldsymbol{a}$의 전치는 $\boldsymbol{a}'$로 나타낸다.

행벡터와 열벡터를 곱하면 스칼라가 된다. 그러나 열벡터와 행벡터를 곱하면 행렬이 된다. 내적은 이러한 것을 무시하고 단지 두 벡터의

대응되는 성분의 곱의 합으로 정의된다.

예 2

$a=(1,\ 2)$, $b=(3,\ 5)$일 때

$$(a,\ b)=1\cdot 3+2\cdot 5=13$$

$$ab'=(1,\ 2)\begin{pmatrix}3\\5\end{pmatrix}=1\cdot 3+2\cdot 5=13$$

$$a'b=\begin{pmatrix}1\\2\end{pmatrix}(3,\ 5)=\begin{pmatrix}1\cdot 3 & 1\cdot 5\\ 2\cdot 3 & 2\cdot 5\end{pmatrix}=\begin{pmatrix}3 & 5\\ 6 & 10\end{pmatrix}$$

1.4.3 벡터의 길이

R^n에서 벡터 $a=(a_1,\ a_2,\ \cdots,\ a_n)$의 길이(norm)를 $\| a \|$로 나타내고 다음과 같이 정의한다.

$$\| a \| = \sqrt{(a,\ a)}=\sqrt{a_1^2+a_2^2+\cdots+a_n^2}$$

예 1

$a=(1,\ 2)$일 때

$$\| a \| = \sqrt{1^2+2^2} = \sqrt{5}$$

이것은 두 변의 길이가 2와 1인 직각삼각형의 빗변의 길이가 된다.

예 2

$e_1=(1,\ 0)$, $e_2=(0,\ 1)$에서

$\| e_1 \| = \sqrt{1^2+0^2} = 1$, $\| e_2 \| = \sqrt{0^2+1^2} = 1$

즉, 단위벡터는 그 차원에서 길이가 1인 벡터이다.

벡터의 길이에 대해서 다음의 정리가 성립한다.

정리 1.4

(1) $\| \boldsymbol{a} \| > 0$, 단 $\boldsymbol{a} \neq 0$일 때

(2) $\| -\boldsymbol{a} \| = \| \boldsymbol{a} \|$

(3) $\| k\boldsymbol{a} \| = |k| \, \| \boldsymbol{a} \|$, 단 k는 실수

예 3

$\boldsymbol{a} = (2, 1)$의 경우

(1) $\| \boldsymbol{a} \| = \sqrt{5} > 0$

(2) $-\boldsymbol{a} = (-2, -1)$이므로, $\| -\boldsymbol{a} \| = \sqrt{(-2)^2+(-1)^2} = \sqrt{5}$

따라서 $\| -\boldsymbol{a} \| = \| \boldsymbol{a} \|$

(3) $k=2$일 때 $k\boldsymbol{a} = (4, 2)$이므로

$\| k\boldsymbol{a} \| = \sqrt{4^2+2^2} = 2\sqrt{5} = k \, \| \boldsymbol{a} \|$

한편, $k=-2$일 때 $k\boldsymbol{a} = (-4, -2)$이므로

$\| k\boldsymbol{a} \| = \sqrt{(-4)^2+(-2)^2} = 2\sqrt{5} = |k| \, \| \boldsymbol{a} \|$

1.4.4 벡터의 사이 각

정리 1.5

두 벡터가 $\boldsymbol{a} = (a_1, a_2, \cdots, a_n)$, $\boldsymbol{b} = (b_1, b_2, \cdots, b_n)$이고 벡터 사

이의 각을 θ라 하면 다음이 성립한다.

$$\cos\theta = \frac{(\boldsymbol{a},\ \boldsymbol{b})}{\|\boldsymbol{a}\|\ \|\boldsymbol{b}\|}$$

벡터의 길이 $\|\boldsymbol{a}\|$, $\|\boldsymbol{b}\|$는 양수이므로 벡터 사이의 각 θ는 두 벡터의 내적 $(\boldsymbol{a},\ \boldsymbol{b})$와 관계를 가진다.

$0 \leq \theta < \frac{\pi}{2}$일 때, $(\boldsymbol{a},\ \boldsymbol{b}) > 0$ (예각)

$\theta = \frac{\pi}{2}$일 때, $(\boldsymbol{a},\ \boldsymbol{b}) = 0$ (직각)

$\frac{\pi}{2} < \theta \leq \pi$일 때, $(\boldsymbol{a},\ \boldsymbol{b}) < 0$ (둔각)

예 1

$\boldsymbol{a} = (2,\ 1)$, $\boldsymbol{b} = (1,\ 3)$일 때

$(\boldsymbol{a},\ \boldsymbol{b}) = 2\cdot1 + 1\cdot3 = 5$이므로 $\boldsymbol{a}$, $\boldsymbol{b}$ 사이의 각 θ는 예각을 이룬다.

예 2

$e_1 = (1,\ 0)$, $e_2 = (0,\ 1)$에서

$(e_1,\ e_2) = 1\cdot0 + 0\cdot1 = 0$이므로 e_1, e_2는 직각을 이룬다.

연습문제 1.4 Exercise

[1] 세 벡터 $\boldsymbol{a} = (2,\ 1)$, $\boldsymbol{b} = (1,\ 3)$, $\boldsymbol{c} = (-3,\ 1)$에 대해서 다음의 두

벡터가 이루는 각은 예각인가, 직각인가, 둔각인가?

(1) $\boldsymbol{a}$와 $\boldsymbol{b}$

(2) $\boldsymbol{a}$와 $\boldsymbol{c}$

(3) $\boldsymbol{b}$와 $\boldsymbol{c}$

[2] 두 벡터 $\boldsymbol{a}=(1,\ -3,\ 2)$, $\boldsymbol{b}=(-3,\ 1,\ c)$가 직각을 이루도록 c를 정하여라.

[3] 두 벡터 $\boldsymbol{a}=(3,\ 1)$, $\boldsymbol{b}=(1,\ 4)$에 대해서 다음을 구하여라.

(1) $\|\boldsymbol{a}\|$, $\|\boldsymbol{b}\|$

(2) $(\boldsymbol{a},\ \boldsymbol{b})$

(3) $\boldsymbol{a}$와 $\boldsymbol{b}$가 이루는 각은 예각인가, 직각인가, 둔각인가?

(4) $\|\boldsymbol{a}-\boldsymbol{b}\|$

제2장 행렬

2.1 행렬의 정의

행렬(matrix)이란 자연수 m과 n에 대해서, mn개의 실수를 다음과 같은 사각형으로 배열한 것을 의미한다.

$$\begin{pmatrix} a_{11} & a_{12} & \dots & a_{1n} \\ a_{21} & a_{22} & \dots & a_{2n} \\ \vdots & \vdots & & \vdots \\ a_{m1} & a_{m2} & \dots & a_{mn} \end{pmatrix}$$

여기서 가로줄을 행(row)이라 하고 세로줄을 열(column)이라 한다. 그리고 각 구성 요소 a_{ij}를 행렬의 원소(element)라 한다. 원소 a_{ij}의 아래첨자 i는 행을 의미하고 j는 열을 의미한다. 즉 a_{ij}는 i행 j열에 위치하고 있는 요소를 나타내는 것이다.

위의 행렬과 같이 m개의 행과 n개의 열로 구성된 행렬을 $m\times n$행렬 또는 $(m,\ n)$형 행렬이라 한다. $m\times n$을 행렬의 차원(dimension)이라고도 한다.

위의 행렬을 A라 할 때, 다음과 같이 간략하게 나타내기도 한다.

$$A = (a_{ij})$$

여기서 $\begin{pmatrix} i=1,\ 2,\ \cdots,\ m \\ j=1,\ 2,\ \cdots,\ n \end{pmatrix}$ 이다.

$m=n$일 때 정방행렬(square matrix)이라 하고, $n \times n$행렬의 경우 n차 정방행렬이라 한다.

모든 원소가 0인 행렬을 영행렬(null matrix)이라고 하고 O로 나타낸다.

$$O = \begin{pmatrix} 0 & 0 & \cdots & 0 \\ 0 & 0 & \cdots & 0 \\ \vdots & \vdots & & \vdots \\ 0 & 0 & \cdots & 0 \end{pmatrix}$$

n차 정방행렬로서 대각선의 원소가 1이고 다른 원소는 모두 0인 행렬을 단위행렬(unit matrix)이라 한다.

$$I = \begin{pmatrix} 1 & 0 & \cdots & 0 \\ 0 & 1 & \cdots & 0 \\ \vdots & \vdots & & \vdots \\ 0 & 0 & \cdots & 1 \end{pmatrix}$$

예 1

갑과 을의 경제학원론, 경영학원론, 회계학원론의 시험성적이 각각 85, 90, 84점과 87, 88, 92점이라고 할 때, A와 같이 행렬로 나타낼 수 있다.

$$A = \begin{pmatrix} 85 & 90 & 84 \\ 87 & 88 & 92 \end{pmatrix}$$

예 1 에서 제1행 (85 90 84)는 갑의 성적을 나타내는 행벡터이고, 제2행 (87 88 92)는 을의 성적을 나타내는 행벡터이다. 그리고 제1열 $\begin{pmatrix} 85 \\ 87 \end{pmatrix}$, 제2열 $\begin{pmatrix} 90 \\ 88 \end{pmatrix}$, 제3열 $\begin{pmatrix} 84 \\ 92 \end{pmatrix}$는 각각 경제학원론, 경영학원론, 회계학원론의 갑과 을의 시험성적을 나타내는 열벡터이다.

1장에서 배운 벡터를 행렬과 비교한다면, 벡터는 하나의 행으로 구성된 행렬 또는 하나의 열로 구성된 행렬로서 이해할 수 있다.

2.2 행렬의 연산

두 행렬 A, B가 다음과 같이 $m \times n$차원의 행렬이라고 하자.

$$A = (a_{ij}), \quad B = (b_{ij})$$

2.2.1 동등 관계

두 행렬이 동등 관계라는 것은 대응되는 모든 원소가 같다는 것을 의미한다. 즉,

$$A = B \quad \Leftrightarrow \quad a_{ij} = b_{ij}$$

예 1

$$A = \begin{pmatrix} a_{11} & a_{12} \\ a_{21} & a_{22} \end{pmatrix}, \ B = \begin{pmatrix} 3 & 2 \\ 5 & 1 \end{pmatrix}$$

일 때, $A=B$이면 $a_{11}=3$, $a_{12}=2$, $a_{21}=5$, $a_{22}=1$이 된다.

예 2

$$A=\begin{pmatrix} a_{11} & a_{12} \\ a_{21} & a_{22} \end{pmatrix},\ B=\begin{pmatrix} b_{11} & b_{12} & b_{13} \\ b_{21} & b_{22} & b_{23} \end{pmatrix}$$

일 때, $A=B$의 관계는 성립하지 않는다. 왜냐하면 A는 2×2차원의 행렬, B는 2×3차원의 행렬로 서로 차원이 다르기 때문이다.

2.2.2 행렬의 덧셈

두 행렬의 덧셈은 대응되는 원소를 합한 행렬을 의미한다. 즉,

$$A+B=\begin{pmatrix} a_{11}+b_{11} & a_{12}+b_{12} & \ldots & a_{1n}+b_{1n} \\ \vdots & & & \\ a_{m1}+b_{m1} & a_{m2}+b_{m2} & \ldots & a_{mn}+b_{mn} \end{pmatrix}$$

이것을 간단히 나타내면 $A+B=(a_{ij})+(b_{ij})=(a_{ij}+b_{ij})$이다.

예 1

$A=\begin{pmatrix} 6 & 1 \\ 4 & 7 \end{pmatrix}$, $B=\begin{pmatrix} 1 & 2 \\ 5 & 4 \end{pmatrix}$일 때,

$$A+B=\begin{pmatrix} 6+1 & 1+2 \\ 4+5 & 7+4 \end{pmatrix}=\begin{pmatrix} 7 & 3 \\ 9 & 11 \end{pmatrix}$$

2.2.3 스칼라곱

k를 임의의 실수라 할 때, 행렬 A에 k를 곱하는 것은 모든 원소를

k배하는 것을 의미한다. 즉,

$$kA = k(a_{ij}) = (ka_{ij})$$

예 1

$k=3,\ A = \begin{pmatrix} 2 & -1 \\ 4 & 3 \end{pmatrix}$일 때,

$$kA = 3\begin{pmatrix} 2 & -1 \\ 4 & 3 \end{pmatrix} = \begin{pmatrix} 3\times 2 & 3\times(-1) \\ 3\times 4 & 3\times 3 \end{pmatrix} = \begin{pmatrix} 6 & -3 \\ 12 & 9 \end{pmatrix}$$

앞에서 두 행렬의 합을 정의하였는데, 두 행렬의 차는 두 행렬의 대응되는 원소의 차로 정의한다.

$$A - B = (a_{ij}) - (b_{ij}) = (a_{ij} - b_{ij})$$

한편 임의의 $m\times n$행렬 $A = (a_{ij})$에 대해서 $-A$를 다음과 같이 정의한다.

$$-A = (-a_{ij}) = (-1)(a_{ij})$$

즉 $-A$란 행렬 A에 -1을 곱한 것과 같다. 이것을 이용하면 두 행렬의 차 $A-B$는 A에 $(-1)B$를 더한 것을 의미한다.

$$\begin{aligned} A + (-1)B &= (a_{ij}) + (-1)(b_{ij}) \\ &= (a_{ij}) + (-b_{ij}) \\ &= (a_{ij} - b_{ij}) \\ &= A - B \end{aligned}$$

예 2

행렬의 덧셈에서의 **예 1**의 A와 B를 이용하면

$$A-B=\begin{pmatrix}6&1\\4&7\end{pmatrix}-\begin{pmatrix}1&2\\5&4\end{pmatrix}=\begin{pmatrix}6-1&1-2\\4-5&7-4\end{pmatrix}=\begin{pmatrix}5&-1\\-1&3\end{pmatrix}$$

차원이 $m\times n$인 모든 행렬에 대해서 다음이 성립한다.

$$A+O=O+A=A$$

한편, 임의의 행렬 A에 대해서

$$A+(-A)=(-A)+A=O$$

로 되는 행렬 $-A$가 존재한다.

즉, O행렬은 행렬의 연산 중 덧셈에 있어서 실수에서의 0과 같은 역할을 한다.

이상의 결과로부터 다음 정리가 성립한다.

정리 2.1

차원이 $m\times n$인 행렬 A, B, C와 임의의 실수 λ, μ에 대해서 다음의 관계가 성립한다.

(1) $A+B=B+A$

(2) $(A+B)+C=A+(B+C)$

(3) $A+O=O+A=A$

(4) $A+(-A)=O$

(5) $\lambda(A+B)=\lambda A+\lambda B$

(6) $(\lambda+\mu)A=\lambda A+\mu A$

(7) $(\lambda\mu)A = \lambda(\mu A)$

(8) $1A = A$

2.2.4 행렬의 곱셈

두 행렬 A와 B의 곱인 $C = AB$행렬은 앞의 행렬 A의 열의 수와 뒤의 행렬 B의 행의 수가 같을 때에만 정의된다. 즉, 행렬 A가 $m \times l$행렬이고 행렬 B가 $l \times n$행렬이면, 두 행렬의 곱인 C행렬은 $m \times n$행렬이 된다.

이를 그림으로 간단히 나타내면 다음과 같다.

$$\underset{(m \times l)}{A} \quad \underset{(l \times n)}{B} \quad \rightarrow \quad \underset{(m \times n)}{C}$$

그리고 C행렬의 원소 c_{ij}는 A행렬의 i행과 B행렬의 j열의 곱의 합이 된다. 즉, 두 벡터의 내적이 된다.

$$c_{ij} = a_{i1}b_{1j} + a_{i2}b_{2j} + \cdots + a_{il}b_{lj} = \sum_{k=1}^{l} a_{ik}b_{kj}$$

이것을 그림으로 나타내면 다음과 같다.

$$\underset{m \times l}{\overset{A}{i\text{행}\begin{pmatrix} \\ a_{i1}\ a_{i2}\ \cdots\ a_{il} \\ \\ \end{pmatrix}}} \underset{l \times n}{\overset{B}{\begin{pmatrix} b_{1j} \\ b_{2j} \\ \vdots \\ b_{lj} \end{pmatrix}}}_{j\text{열}} \overset{}{=} \underset{m \times n}{\overset{C}{i\text{행}\begin{pmatrix} \\ \rightarrow c_{ij} \\ \uparrow \end{pmatrix}}}_{j\text{열}}$$

여기서 주의할 점은, 두 벡터의 내적을 계산할 때는 행벡터와 열벡터를 구분하지 않지만, 행렬의 곱셈의 계산에서는 반드시 앞쪽 행렬의 행벡터와 뒤쪽 행렬의 열벡터가 곱해져야 된다는 점이다.

예를 들어

$$A=\begin{pmatrix} a_{11} & a_{12} \\ a_{21} & a_{22} \end{pmatrix},\ B=\begin{pmatrix} b_{11} & b_{12} & b_{13} \\ b_{21} & b_{22} & b_{23} \end{pmatrix}$$

이고, C를 두 행렬의 곱이라 하면,

$$C=\begin{pmatrix} c_{11} & c_{12} & c_{13} \\ c_{21} & c_{22} & c_{23} \end{pmatrix}$$

의 c_{12}는 A행렬의 1행 벡터 $(a_{11}\, a_{12})$와 B행렬의 2열 벡터 $\begin{pmatrix} b_{12} \\ b_{22} \end{pmatrix}$의 내적이 된다.

즉, $c_{12} = a_{11}b_{12} + a_{12}b_{22}$

예 1

$A=\begin{pmatrix} 2 & 3 \\ 4 & 5 \end{pmatrix},\ B=\begin{pmatrix} 1 & 3 & 2 \\ 3 & 4 & 6 \end{pmatrix}$이면

$$\underset{A}{\begin{pmatrix} 2 & 3 \\ 4 & 5 \end{pmatrix}}\underset{B}{\begin{pmatrix} 1 & 3 & 2 \\ 3 & 4 & 6 \end{pmatrix}}=\underset{C}{\begin{pmatrix} 2(1)+3(3) & 2(3)+3(4) & 2(2)+3(6) \\ 4(1)+5(3) & 4(3)+5(4) & 4(2)+5(6) \end{pmatrix}}=\begin{pmatrix} 11 & 18 & 22 \\ 19 & 32 & 38 \end{pmatrix}$$

$n\times n$행렬 A와 n차 단위행렬의 곱셈에서 다음이 성립한다.

$$\underset{(n\times n)(n\times n)}{AI} = \underset{(n\times n)(n\times n)}{IA} = \underset{(n\times n)}{A}$$

즉, 단위행렬 I는 행렬의 곱셈에 있어서 실수에서의 1과 같은 역할을 한다.

예 2

$A=\begin{pmatrix} 3 & 2 \\ 1 & 4 \end{pmatrix}$, $I=\begin{pmatrix} 1 & 0 \\ 0 & 1 \end{pmatrix}$이면

$$AI=\begin{pmatrix} 3 & 2 \\ 1 & 4 \end{pmatrix}\begin{pmatrix} 1 & 0 \\ 0 & 1 \end{pmatrix}=\begin{pmatrix} 3 & 2 \\ 1 & 4 \end{pmatrix}$$

$$IA=\begin{pmatrix} 1 & 0 \\ 0 & 1 \end{pmatrix}\begin{pmatrix} 3 & 2 \\ 1 & 4 \end{pmatrix}=\begin{pmatrix} 3 & 2 \\ 1 & 4 \end{pmatrix}$$

행렬의 곱셈에 관해서 다음의 정리가 성립한다.

정리 2.2

(1) $A(B+C)=AB+AC$

(2) $(A+B)C=AC+BC$

(3) $(AB)C=A(BC)$

예 3

$A=\begin{pmatrix} 1 & 2 \\ 3 & 4 \end{pmatrix}$, $B=\begin{pmatrix} 4 & 5 \\ 6 & 7 \end{pmatrix}$, $C=\begin{pmatrix} 8 & 9 \\ 1 & 2 \end{pmatrix}$이면

$$B+C=\begin{pmatrix} 4 & 5 \\ 6 & 7 \end{pmatrix}+\begin{pmatrix} 8 & 9 \\ 1 & 2 \end{pmatrix}=\begin{pmatrix} 12 & 14 \\ 7 & 9 \end{pmatrix}$$

$$A(B+C)=\begin{pmatrix} 1 & 2 \\ 3 & 4 \end{pmatrix}\begin{pmatrix} 12 & 14 \\ 7 & 9 \end{pmatrix}=\begin{pmatrix} 26 & 32 \\ 64 & 78 \end{pmatrix}$$

$$AB=\begin{pmatrix} 1 & 2 \\ 3 & 4 \end{pmatrix}\begin{pmatrix} 4 & 5 \\ 6 & 7 \end{pmatrix}=\begin{pmatrix} 16 & 19 \\ 36 & 43 \end{pmatrix}$$

$$AC=\begin{pmatrix}1&2\\3&4\end{pmatrix}\begin{pmatrix}8&9\\1&2\end{pmatrix}=\begin{pmatrix}10&13\\28&35\end{pmatrix}$$

$$AB+AC=\begin{pmatrix}16&19\\36&43\end{pmatrix}+\begin{pmatrix}10&13\\28&35\end{pmatrix}=\begin{pmatrix}26&32\\64&78\end{pmatrix}$$

$$\therefore A(B+C)=AB+AC$$

2.2.5 행렬대수의 특이성

행렬의 곱셈에 있어서는 다음과 같이 실수에서의 곱셈과 다른 성질이 존재한다.

(1) 실수에서는 곱셈에서 교환법칙이 성립하나 행렬에서는 일반적으로 성립하지 않고 특수한 경우에 성립한다.

예 4

$A=\begin{pmatrix}1&2\\3&4\end{pmatrix}$, $B=\begin{pmatrix}4&5\\6&7\end{pmatrix}$이면

$$AB=\begin{pmatrix}1&2\\3&4\end{pmatrix}\begin{pmatrix}4&5\\6&7\end{pmatrix}=\begin{pmatrix}16&19\\36&43\end{pmatrix}$$

$$BA=\begin{pmatrix}4&5\\6&7\end{pmatrix}\begin{pmatrix}1&2\\3&4\end{pmatrix}=\begin{pmatrix}19&28\\27&40\end{pmatrix}$$

$$\therefore AB\neq BA$$

특수한 경우의 예로서 한쪽이 단위행렬이면 교환법칙이 성립한다. 2.2.4의 **예 2**가 그런 경우이다.

(2) 실수의 연산에서, 두 수의 곱셈에 있어서 한쪽 또는 양쪽 모두 0일 때 곱이 0이 된다. 그러나 행렬의 연산에서는 두 행렬이 영행렬이

아니면서도 그 곱은 영행렬이 되는 경우도 있다. 즉 $A \neq O$, $B \neq O$ 이라 하더라도 $AB = O$이 성립하는 경우가 존재한다.

예 5

$A = \begin{pmatrix} 1 & 0 \\ 1 & 0 \end{pmatrix}$, $B = \begin{pmatrix} 0 & 0 \\ 1 & 1 \end{pmatrix}$일 때 두 행렬은 영행렬이 아니다. 그런데 두 행렬을 곱하면 영행렬이 된다. 즉,

$$AB = \begin{pmatrix} 1 & 0 \\ 1 & 0 \end{pmatrix}\begin{pmatrix} 0 & 0 \\ 1 & 1 \end{pmatrix} = \begin{pmatrix} 0 & 0 \\ 0 & 0 \end{pmatrix} = O$$

(3) $AB = AC$가 성립할 때, $B \neq C$인 경우도 존재한다.

예 6

$A = \begin{pmatrix} 2 & 3 \\ 6 & 9 \end{pmatrix}$, $B = \begin{pmatrix} 1 & 1 \\ 1 & 2 \end{pmatrix}$, $C = \begin{pmatrix} -2 & 1 \\ 3 & 2 \end{pmatrix}$이면

$$AB = \begin{pmatrix} 2 & 3 \\ 6 & 9 \end{pmatrix}\begin{pmatrix} 1 & 1 \\ 1 & 2 \end{pmatrix} = \begin{pmatrix} 5 & 8 \\ 15 & 24 \end{pmatrix}$$

$$AC = \begin{pmatrix} 2 & 3 \\ 6 & 9 \end{pmatrix}\begin{pmatrix} -2 & 1 \\ 3 & 2 \end{pmatrix} = \begin{pmatrix} 5 & 8 \\ 15 & 24 \end{pmatrix}$$

즉, 이 경우 $AB = AC$이나 $B \neq C$의 경우가 성립한다.

연습문제 2.2 Exercise

[1] 행렬이 아래와 같이 주어졌을 때 다음을 구하여라.

$A = \begin{pmatrix} 1 & 2 \\ 4 & 5 \end{pmatrix}$, $B = \begin{pmatrix} 3 & 4 \\ 2 & 1 \end{pmatrix}$, $C = (6,\ 3)$

(1) $A+B$

(2) $3A-2B$

(3) CA

(4) BC

[2] 행렬이 아래와 같이 주어졌을 때

$$A=\begin{pmatrix} 1 & 2 \\ 0 & 5 \end{pmatrix},\ B=\begin{pmatrix} 2 & 1 \\ 3 & 0 \end{pmatrix},\ C=\begin{pmatrix} 1 & 0 \\ 2 & 4 \end{pmatrix}$$

다음이 성립하는지를 검토하여라.

(1) $AB=BA$

(2) $BC=CB$

(3) $(AB)C=A(BC)$

(4) $A(B+C)=AB+AC$

2.3 전치행렬과 역행렬

2.3.1 전치행렬

행렬 $A=(a_{ij})$의 행과 열을 바꾸어 놓은 행렬을 행렬 A의 전치행렬(transpose)이라 하고 A' 또는 A^t로 나타낸다. 이때 A의 원소 $(i,\ j)$는 전치행렬 A'의 원소 $(j,\ i)$가 된다. 즉,

$$A=\begin{pmatrix} a_{11} & a_{12} & \dots & a_{1n} \\ \vdots & & & \\ a_{m1} & a_{m2} & \dots & a_{mn} \end{pmatrix}$$

이라 할 때, A의 전치행렬 A'는 다음의 행렬이 된다.

$$A' = \begin{pmatrix} a_{11} & \cdots & a_{m1} \\ a_{12} & \cdots & a_{m2} \\ \vdots & & \vdots \\ a_{1n} & \cdots & a_{mn} \end{pmatrix}$$

A가 $m \times n$행렬이면 전치행렬 A'는 $n \times m$행렬이 된다.

예 1

$A = \begin{pmatrix} 3 & 2 \\ 4 & 3 \end{pmatrix}$이면 $A' = \begin{pmatrix} 3 & 4 \\ 2 & 3 \end{pmatrix}$이다.

$B = \begin{pmatrix} 2 & 2 & 3 \\ 1 & 0 & 2 \end{pmatrix}$이면 $B' = \begin{pmatrix} 2 & 1 \\ 2 & 0 \\ 3 & 2 \end{pmatrix}$이다.

전치행렬에 관해서 다음의 정리가 성립한다.

정리 2.3

(1) $(A')' = A$

(2) $(A+B)' = A' + B'$

(3) $(AB)' = B'A'$

예 2

$A = \begin{pmatrix} 3 & 2 \\ 4 & 3 \end{pmatrix}$이면

$A' = \begin{pmatrix} 3 & 4 \\ 2 & 3 \end{pmatrix}$이고, $(A')' = \begin{pmatrix} 3 & 2 \\ 4 & 3 \end{pmatrix}$

∴ (정리 2.3)에서 (1)식의 관계가 성립한다.

예 3

$$B=\begin{pmatrix}2 & 5\\6 & 3\end{pmatrix}\text{이면}$$

$$B'=\begin{pmatrix}2 & 6\\5 & 3\end{pmatrix}$$

한편, **예 2**의 A를 이용하면

$$A+B=\begin{pmatrix}3 & 2\\4 & 3\end{pmatrix}+\begin{pmatrix}2 & 5\\6 & 3\end{pmatrix}=\begin{pmatrix}5 & 7\\10 & 6\end{pmatrix}$$

$$(A+B)'=\begin{pmatrix}5 & 10\\7 & 6\end{pmatrix}$$

그런데 $A'+B'=\begin{pmatrix}3 & 4\\2 & 3\end{pmatrix}+\begin{pmatrix}2 & 6\\5 & 3\end{pmatrix}=\begin{pmatrix}5 & 10\\7 & 6\end{pmatrix}$

$\therefore$ (2)식의 관계가 성립한다.

예 4

$$AB=\begin{pmatrix}3 & 2\\4 & 3\end{pmatrix}\begin{pmatrix}2 & 5\\6 & 3\end{pmatrix}=\begin{pmatrix}18 & 21\\26 & 29\end{pmatrix}$$

$$(AB)'=\begin{pmatrix}18 & 26\\21 & 29\end{pmatrix}$$

한편, $B'A'=\begin{pmatrix}2 & 6\\5 & 3\end{pmatrix}\begin{pmatrix}3 & 4\\2 & 3\end{pmatrix}=\begin{pmatrix}18 & 26\\21 & 29\end{pmatrix}$

$\therefore$ (3)식의 관계가 성립한다.

2.3.2 역행렬

임의의 n차 정방행렬 A에 대해서,

$$AX=XA=I$$

가 성립하면 X를 A의 역행렬(inverse matrix)이라 한다. 그리고 이때 $X=A^{-1}$로 나타낸다. 그러므로 역행렬에 관해서 다음이 성립한다.

$$AA^{-1}=A^{-1}A=I$$

예 1

$A=\begin{pmatrix} 3 & 2 \\ 4 & 3 \end{pmatrix}$이면

$A^{-1}=\begin{pmatrix} 3 & -2 \\ -4 & 3 \end{pmatrix}$이다. 역행렬을 구하는 방법에 대해서는 제3장에서 배우게 된다.

A^{-1}가 A의 역행렬이라는 것을 증명하려면, 두 행렬을 곱하여 단위행렬이 되는 것을 보이면 된다.

$$AA^{-1}=\begin{pmatrix} 3 & 2 \\ 4 & 3 \end{pmatrix}\begin{pmatrix} 3 & -2 \\ -4 & 3 \end{pmatrix}=\begin{pmatrix} 1 & 0 \\ 0 & 1 \end{pmatrix}$$

$$A^{-1}A=\begin{pmatrix} 3 & -2 \\ -4 & 3 \end{pmatrix}\begin{pmatrix} 3 & 2 \\ 4 & 3 \end{pmatrix}=\begin{pmatrix} 1 & 0 \\ 0 & 1 \end{pmatrix}$$

그러므로 A^{-1}는 A의 역행렬이다.

그런데 A가 정방행렬이더라도 반드시 역행렬이 존재하는 것은 아니다. 존재하는 경우도 있고 존재하지 않는 경우도 있다.

예를 들어

$B=\begin{pmatrix} 1 & 2 \\ 0 & 0 \end{pmatrix}$이라 하고 그 역행렬이 $B^{-1}=\begin{pmatrix} a & b \\ c & d \end{pmatrix}$라고 하자.

그러면 두 행렬을 곱하여 단위행렬이 되어야 한다.

$$BB^{-1} = \begin{pmatrix} 1 & 2 \\ 0 & 0 \end{pmatrix} \begin{pmatrix} a & b \\ c & d \end{pmatrix} = \begin{pmatrix} 1 & 0 \\ 0 & 1 \end{pmatrix}$$

행렬의 동등 관계를 이용하면

$$\begin{aligned} a + 2c &= 1 \qquad & b + 2d &= 0 \\ 0 &= 0 \qquad & 0 &= 1 \end{aligned}$$

의 연립방정식을 풀어서 a, b, c, d를 구하면 된다. 그런데 $0 = 1$의 모순이 발생하므로, 동등관계가 성립하지 않는다. 이것은 B의 역행렬이 존재하지 않는다는 것을 의미한다.

정방행렬 A의 역행렬이 존재할 때 행렬 A를 정칙행렬 또는 비특이 행렬(non singular matrix)이라 한다. 역행렬이 존재하지 않는 경우는 특이행렬(singular matrix)이라 한다.

역행렬에 관해서 다음의 관계가 성립한다.

정리 2.4

(1) $(A^{-1})^{-1} = A$

(2) $(AB)^{-1} = B^{-1}A^{-1}$

(3) $(A')^{-1} = (A^{-1})'$

연습문제 2.3 Exercise

[1] 행렬이 다음과 같이 주어졌을 때

$$A=\begin{pmatrix}1 & 2\\ 0 & 5\end{pmatrix},\quad B=\begin{pmatrix}2 & 3\\ 1 & 2\end{pmatrix}$$

다음의 관계가 성립하는지를 검토하여라.

(1) $(A+B)'=A'+B'$

(2) $(AB)'=B'A'$

[2] 다음의 두 행렬은 서로 역행렬인지를 검토하여라.

(1) $A=\begin{pmatrix}2 & 3\\ 1 & 2\end{pmatrix},\ B=\begin{pmatrix}2 & -3\\ -1 & 2\end{pmatrix}$

(2) $A=\begin{pmatrix}2 & 1\\ 4 & 5\end{pmatrix},\ B=\dfrac{1}{6}\begin{pmatrix}5 & -1\\ -4 & 2\end{pmatrix}$

2.4 행렬의 기본변형

2.4.1 행렬의 행과 열에 관한 기본변형

다음과 같은 방법으로 행렬을 변형시킬 수 있다.

(1) 한 행을 k배 한다. $(k\neq 0)$

(2) 한 행에 다른 행의 k배를 더한다.

(3) 한 행과 다른 행을 교환한다.

(1), (2), (3)을 총칭하여 행에 관한 기본변형이라 한다.

이 방법은 열에 관해서도 성립한다.

(4) 한 열을 k배 한다.

(5) 한 열에 다른 열의 k배를 더한다.

(6) 한 열과 다른 열을 교환한다.

(4), (5), (6)을 총칭하여 열에 관한 기본변형이라 한다.

행에 관한 기본변형과 열에 관한 기본변형을 총칭하여 행렬에 관한 기본변형이라 한다.

행렬에 관한 기본변형에 관하여 다음과 같은 정리가 성립한다.

정리 2.5

임의의 $m \times n$행렬 A를 행 내지 열에 관한 기본변형을 수회 실시함으로써 다음의 표준형 $F(r)$로 변형할 수 있다.

$$F(r) = \left(\begin{array}{c|c} I_r & O \\ \hline O & O \end{array}\right) = \left(\begin{array}{cccc|c} 1 & 0 & \cdots & 0 & \\ 0 & 1 & \cdots & 0 & O \\ \vdots & \vdots & \vdots & \vdots & \\ 0 & 0 & \cdots & 1 & \\ \hline & O & & & O \end{array}\right) \begin{array}{l} \left.\vphantom{\begin{array}{c}1\\0\\ \vdots\\0\end{array}}\right\} r \\ \left.\vphantom{O}\right\} m-r \end{array}$$

(위의 두 블록 열의 폭은 각각 r, $n-r$)

단, $0 \le r \le m,\ n$

$m \times n$ 행렬 A를 다음과 같다고 하면,

$$A = \begin{pmatrix} a_{11} & a_{12} & \cdots\cdots & a_{1n} \\ a_{21} & a_{22} & \cdots\cdots & a_{2n} \\ & & \vdots & \\ & & \vdots & \\ a_{m1} & a_{m2} & \cdots\cdots & a_{mn} \end{pmatrix}$$

이 행렬 A를 표준형 $F(r)$로 변환시키는 순서와 방법은, 대각선상에 있는 $a_{11}, a_{22}, \cdots$을 1로 변환시키고, 나머지 원소를 0으로 변환시켜 가면

된다.

(1) 먼저 1행 1열의 원소 a_{11}을 1로 변환 : 1행 전체에 대해서 $\frac{1}{a_{11}}$를 곱한다. 그러면 A행렬은 다음과 같은 B행렬이 될 것이다.
여기서 $b_{12,}$ $\cdots$ b_{1n}은 $\frac{a_{12}}{a_{11}}, \cdots, \frac{a_{1n}}{a_{11}}$이다.

$$B = \begin{pmatrix} 1 & b_{12} & \cdots\cdots & b_{1n} \\ a_{21} & a_{22} & \cdots\cdots & a_{2n} \\ & & \vdots & \\ a_{m1} & a_{m2} & \cdots\cdots & a_{mn} \end{pmatrix}$$

(2) 1열의 $a_{21,}$ $\cdots$, a_{m1}을 0으로 변환 : 1행×$(-a_{21})$을 2행에 더하고, ⋯, 1행×$(-a_{m1})$을 m행에 더한다. 그러면 B행렬은 C행렬이 된다. 이 과정에서 1열 중 2행부터 m행까지의 모든 원소가 변환된다.

$$C = \begin{pmatrix} 1 & b_{12} & \cdots\cdots & b_{1n} \\ 0 & c_{22} & \cdots\cdots & c_{2n} \\ & & \vdots & \\ 0 & c_{m2} & \cdots\cdots & c_{mn} \end{pmatrix}$$

(3) 다음으로, 2열 2행의 c_{22}를 1로 변환시키고, $c_{32}, \cdots , c_{m2}$를 0으로 변환시키기 위하여 위의 (1), (2)의 순서와 방법을 따른다. 이런 순서와 방법으로 그 이후의 행에서 원소들이 0만 남아 있을 때까지 실시하는데, 그것을 r행까지 변환하였다고 하고 다음의 D행렬이 된다.

$$D=\left(\begin{array}{cccc:c} 1 & b_{12} & \cdots\cdots & b_{1r} & O \\ 0 & 1 & \cdots\cdots & d_{2r} & \\ 0 & 0 & \cdots\cdots & 1 & \\ \hdashline & & O & & O \end{array}\right)\begin{matrix} \left.\vphantom{\begin{matrix}1\\1\\1\end{matrix}}\right\}r \\ \}m-r \end{matrix}$$

(위쪽 괄호: 앞의 열들 r, 뒤의 열들 $n-r$)

(4) 행렬 D의 1행의 $b_{12}, \cdots, b_{1r}$을 0으로 변환 : 1열에 $(-b_{12})$를 곱하여 2열에 더하고, …, 1열에 $(-b_{1r})$를 곱하여 r열에 더한다. 2열, 3열, …, $r-1$열의 남아 있는 원소들도 같은 순서와 방법으로 변환시키면 표준형 $F(r)$이 된다.

예 1

다음 행렬의 표준형을 구해 보자.

$$A=\begin{pmatrix} 2 & 3 \\ 4 & 5 \end{pmatrix}$$

$\begin{pmatrix} 2 & 3 \\ 4 & 5 \end{pmatrix}$ 1행$\times\left(\frac{1}{2}\right)$

↓

$\begin{pmatrix} 1 & \frac{3}{2} \\ 4 & 5 \end{pmatrix}$ 1행$\times(-4)$를 2행에 더한다.

↓

$\begin{pmatrix} 1 & \frac{3}{2} \\ 0 & -1 \end{pmatrix}$ 2행$\times(-1)$

↓

$\begin{pmatrix} 1 & \frac{3}{2} \\ 0 & 1 \end{pmatrix}$ 2행$\times\left(-\frac{3}{2}\right)$을 1행에 더한다.

↓ 또는, 1열$\times\left(-\frac{3}{2}\right)$을 2열에 더한다.

$\begin{pmatrix} 1 & 0 \\ 0 & 1 \end{pmatrix}$

그러므로 행렬 A의 표준형은 $F(2)$이다.

예 2

다음 행렬의 표준형을 구해 보자.

$$B=\begin{pmatrix} 2 & 3 \\ 4 & 6 \end{pmatrix}$$

$\begin{pmatrix} 2 & 3 \\ 4 & 6 \end{pmatrix}$ 1행$\times\left(\frac{1}{2}\right)$

↓

$\begin{pmatrix} 1 & \frac{3}{2} \\ 4 & 6 \end{pmatrix}$ 1행$\times(-4)$를 2행에 더한다.

↓

$\begin{pmatrix} 1 & \frac{3}{2} \\ 0 & 0 \end{pmatrix}$ 1열$\times\left(-\frac{3}{2}\right)$을 2열에 더한다.

↓

$\begin{pmatrix} 1 & 0 \\ 0 & 0 \end{pmatrix}$

그러므로 행렬 B의 표준형은 $F(1)$이다.

예 3

다음 행렬의 표준형을 구해 보자.

$$C=\begin{pmatrix} 2 & 3 & 4 \\ 5 & 6 & 7 \end{pmatrix}$$

$\begin{pmatrix} 2 & 3 & 4 \\ 5 & 6 & 7 \end{pmatrix}$ 1행$\times\left(\frac{1}{2}\right)$

↓

$\begin{pmatrix} 1 & \frac{3}{2} & 2 \\ 5 & 6 & 7 \end{pmatrix}$ 1행$\times(-5)$를 2행에 더한다.

↓

$\begin{pmatrix} 1 & \frac{3}{2} & 2 \\ 0 & -\frac{3}{2} & -3 \end{pmatrix}$ 2행$\times-\left(\frac{2}{3}\right)$

↓

$\begin{pmatrix} 1 & \frac{3}{2} & 2 \\ 0 & 1 & 2 \end{pmatrix}$ 1열$\times-\left(\frac{2}{3}\right)$를 2열에 더한다.

$$\downarrow \quad \begin{matrix} 1열\times(-2)를\ 3열에\ 더한다. \\ 2열\times(-2)를\ 3열에\ 더한다. \end{matrix}$$

$$\begin{pmatrix} 1 & 0 & 0 \\ 0 & 1 & 0 \end{pmatrix}$$

그러므로 행렬 C의 표준형은 $F(2)$이다.

2.4.2 rank의 정의

행렬 A의 표준형이 $F(r)$일 때, r은 행렬 A에 의하여 일의적으로 정하여진다. 이 정수 r을 행렬 A의 rank라 하고, $r(A)$ 또는 $rank(A)=r$로 나타낸다.

rank를 다른 표현으로 정의할 수 있다. 즉, $m\times n$형 행렬 A에 있어서 n개의 열벡터 중에서 1차독립인 벡터의 최대 개수를 r이라 하면 이 r을 행렬 A의 rank라 한다. 또는 m개의 행벡터 중에서 1차독립인 벡터의 최대 개수를 r이라 하면 이 r을 행렬 A의 rank라 한다.

예 1

앞의 2.4.1의 **예 1**에서 $A=\begin{pmatrix} 2 & 3 \\ 4 & 5 \end{pmatrix}$는 표준형으로 변형하여 $r=2$가 되었다. A를 행벡터 (2, 3), (4, 5)의 두 벡터로 나타내면 두 벡터는 같은 직선상에 놓이지 않으므로 1차독립이다. 그러므로 1차독립인 벡터의 최대 개수는 2이므로 $rank(A)=2$가 된다. 열벡터 $\begin{pmatrix} 2 \\ 4 \end{pmatrix}$, $\begin{pmatrix} 3 \\ 5 \end{pmatrix}$에 대해서도 마찬가지이다.

예 2

앞의 2.4.1의 **예 2**에서 $B=\begin{pmatrix} 2 & 3 \\ 4 & 6 \end{pmatrix}$은 표준형으로 변형하여 r=1이

되었다. B를 행벡터 (2, 3), (4, 6)의 두 벡터로 나타내면 두 벡터는 같은 직선상에 놓이므로 1차종속이다. 그런데 각각의 벡터는 영벡터가 아니므로 1차독립이다. 즉, 1차독립인 벡터의 최대 개수는 1이므로 $rank(B)=1$이 된다. 열벡터 $\begin{pmatrix}2\\4\end{pmatrix}$, $\begin{pmatrix}3\\6\end{pmatrix}$의 두 벡터에 관해서도 마찬가지이다.

예 3

앞의 2.4.1의 **예 3**에서 $C=\begin{pmatrix}2 & 3 & 4\\5 & 6 & 7\end{pmatrix}$는 표준형으로 변형하여 $r=2$가 되었다. C를 행벡터 (2, 3, 4), (5, 6, 7)의 두 벡터로 나타내면 두 벡터는 같은 직선상에 놓이지 않으므로 1차독립이다. 즉, 1차독립인 벡터의 최대 개수는 2이다. 한편, C를 열벡터 $\begin{pmatrix}2\\5\end{pmatrix}$, $\begin{pmatrix}3\\6\end{pmatrix}$, $\begin{pmatrix}4\\7\end{pmatrix}$의 세 벡터로 나타내면, 2차원에서 세 벡터가 존재하므로 세 벡터는 1차종속이 된다. 그런데 세 벡터 중 임의의 두 벡터는 같은 직선상에 놓이지 않으므로 1차독립이 된다. 따라서 1차독립인 벡터의 최대 개수는 2이다.

연습문제 2.4 Exercise

[1] 다음 행렬의 표준형을 이용하여 $rank$를 구하여라.

(1) $\begin{pmatrix}2 & 5\\1 & 3\end{pmatrix}$　　(2) $\begin{pmatrix}1 & 3\\3 & 9\end{pmatrix}$

(3) $\begin{pmatrix}2 & 1 & 4\\3 & 2 & 5\end{pmatrix}$　　(4) $\begin{pmatrix}3 & 6 & 9\\1 & 2 & 3\end{pmatrix}$

[2] 다음 행렬의 $rank$를 1차독립인 벡터의 수로 구하여라.

(1) $A=\begin{pmatrix}2 & 5\\1 & 3\end{pmatrix}$ (2) $B=\begin{pmatrix}1 & 3\\3 & 9\end{pmatrix}$

(3) $C=\begin{pmatrix}2 & 1 & 4\\3 & 2 & 5\end{pmatrix}$ (4) $D=\begin{pmatrix}3 & 6 & 9\\1 & 2 & 3\end{pmatrix}$

2.5 행렬에 관한 기본변형과 적당한 행렬의 곱

2.5.1 행에 관한 기본변형과 적당한 행렬의 곱

행에 관한 기본변형을 실시하는 것은 행렬의 왼쪽에 특수한 행렬을 곱하는 것과 같다.

행렬 A를 다음과 같은 3×3형 행렬이라고 하자.

$$A=\begin{pmatrix}a_{11} & a_{12} & a_{13}\\a_{21} & a_{22} & a_{23}\\a_{31} & a_{32} & a_{33}\end{pmatrix}$$

(1) 한 행을 k배 한다$(k\neq0)$

$P_1=\begin{pmatrix}1 & 0 & 0\\0 & k & 0\\0 & 0 & 1\end{pmatrix}$ 이라 하면, P_1A는

$$\begin{pmatrix}1 & 0 & 0\\0 & k & 0\\0 & 0 & 1\end{pmatrix}\begin{pmatrix}a_{11} & a_{12} & a_{13}\\a_{21} & a_{22} & a_{23}\\a_{31} & a_{32} & a_{33}\end{pmatrix}=\begin{pmatrix}a_{11} & a_{12} & a_{13}\\ka_{21} & ka_{22} & ka_{23}\\a_{31} & a_{32} & a_{33}\end{pmatrix}$$

즉, 행렬 A의 2행을 k배 하는 것은 단위행렬에서 제(2, 2)의 원소가 k인 행렬 P_1을 A의 왼쪽에서 곱하는 것과 같다.

예 1

$A=\begin{pmatrix}1&2&3\\4&5&6\\7&8&10\end{pmatrix}$이라 할 때 2행을 3배 하는 것은 단위행렬에서 (2, 2)의 원소가 3인 행렬을 A의 왼쪽에서 곱하면 된다.

$$\begin{pmatrix}1&0&0\\0&3&0\\0&0&1\end{pmatrix}\begin{pmatrix}1&2&3\\4&5&6\\7&8&9\end{pmatrix}=\begin{pmatrix}1&2&3\\3\times4&3\times5&3\times6\\7&8&9\end{pmatrix}=\begin{pmatrix}1&2&3\\12&15&18\\7&8&9\end{pmatrix}$$

일반화 **행렬 A의 i행을 k배 하는 것은 단위행렬에서 $(i,\ i)$의 원소가 k인 행렬을 A의 왼쪽에서 곱하는 것과 같다.**

(2) 한 행에 다른 행의 k배를 더한다

$Q_1=\begin{pmatrix}1&0&0\\0&1&k\\0&0&1\end{pmatrix}$이라 하면, Q_1A는

$$\begin{pmatrix}1&0&0\\0&1&k\\0&0&1\end{pmatrix}\begin{pmatrix}a_{11}&a_{12}&a_{13}\\a_{21}&a_{22}&a_{23}\\a_{31}&a_{32}&a_{33}\end{pmatrix}=\begin{pmatrix}a_{11}&a_{12}&a_{13}\\a_{21}+ka_{31}&a_{22}+ka_{32}&a_{23}+ka_{33}\\a_{31}&a_{32}&a_{33}\end{pmatrix}$$

즉, 행렬 A의 2행에 3행의 k배를 더하는 것은 단위행렬에서 제(2, 3)의 원소가 k인 행렬 Q_1을 A의 왼쪽에서 곱하는 것과 같다.

예 2

예 1의 행렬 A의 2행에 3행의 4배를 더하는 것은 단위행렬에서 (2, 3)의 원소가 4인 행렬을 A의 왼쪽에서 곱하면 된다.

$$\begin{pmatrix}1&0&0\\0&1&4\\0&0&1\end{pmatrix}\begin{pmatrix}1&2&3\\4&5&6\\7&8&10\end{pmatrix}=\begin{pmatrix}1&2&3\\4+4\times7&5+4\times8&6+4\times10\\7&8&10\end{pmatrix}$$

$$=\begin{pmatrix} 1 & 2 & 3 \\ 32 & 37 & 46 \\ 7 & 8 & 10 \end{pmatrix}$$

일반화 행렬 A의 i행에 j행의 k배를 더하는 것은 단위행렬에서 $(i,\ j)$의 원소가 k인 행렬을 A의 왼쪽에서 곱하는 것과 같다.

(3) 한 행과 다른 행을 교환한다

$R_1=\begin{pmatrix} 1 & 0 & 0 \\ 0 & 0 & 1 \\ 0 & 1 & 0 \end{pmatrix}$이라 하면, R_1A는

$$\begin{pmatrix} 1 & 0 & 0 \\ 0 & 0 & 1 \\ 0 & 1 & 0 \end{pmatrix}\begin{pmatrix} a_{11} & a_{12} & a_{13} \\ a_{21} & a_{22} & a_{23} \\ a_{31} & a_{32} & a_{33} \end{pmatrix}=\begin{pmatrix} a_{11} & a_{12} & a_{13} \\ a_{31} & a_{32} & a_{33} \\ a_{21} & a_{22} & a_{23} \end{pmatrix}$$

즉, 행렬 A의 2행과 3행을 교환하는 것은 단위행렬에서 2행과 3행을 교환한 행렬을 A의 왼쪽에서 곱하는 것과 같다.

예 3

예 1의 행렬 A의 2행과 3행을 교환하는 것은 단위행렬에서 2행과 3행이 교환된 행렬을 A의 왼쪽에서 곱하면 된다.

$$\begin{pmatrix} 1 & 0 & 0 \\ 0 & 0 & 1 \\ 0 & 1 & 0 \end{pmatrix}\begin{pmatrix} 1 & 2 & 3 \\ 4 & 5 & 6 \\ 7 & 8 & 10 \end{pmatrix}=\begin{pmatrix} 1 & 2 & 3 \\ 7 & 8 & 10 \\ 4 & 5 & 6 \end{pmatrix}$$

일반화 행렬 A의 i 행과 j 행을 교환하는 것은 단위행렬에서 i 행과 j행을 교환한 행렬을 A의 왼쪽에서 곱하는 것과 같다.

(4) P_1, Q_1, R_1은 모두 정칙행렬

여기서 P_1, Q_1, R_1은 모두 정칙행렬이다. 즉, 이 행렬들의 역행렬이 각각 다음과 같이 존재하여

$$P_1^{-1}=\begin{pmatrix}1 & 0 & 0\\ 0 & \frac{1}{k} & 0\\ 0 & 0 & 1\end{pmatrix},\ Q_1^{-1}=\begin{pmatrix}1 & 0 & 0\\ 0 & 1 & -k\\ 0 & 0 & 1\end{pmatrix},\ R_1^{-1}=\begin{pmatrix}1 & 0 & 0\\ 0 & 0 & 1\\ 0 & 1 & 0\end{pmatrix}$$

$$P_1P_1^{-1}=I,\quad Q_1Q_1^{-1}=I,\quad R_1R_1^{-1}=I$$

이 된다.

이와 같은 사실에 근거하여 행에 관한 기본변형에 관하여 다음의 정리가 성립한다.

정리 2.6

$m\times n$행렬 A에 행에 관한 기본변형을 실시하는 것은 적당한 m차 정칙행렬을 A의 왼쪽에서 곱하는 것과 같다.

2.5.2 열에 관한 기본변형과 적당한 행렬의 곱

열에 관한 기본변형을 실시하는 것은 행렬의 오른쪽에 특수한 행렬을 곱하는 것과 같다.

(1) 한 열을 k배 한다

$$\begin{pmatrix} a_{11} & a_{12} & a_{13} \\ a_{21} & a_{22} & a_{23} \\ a_{31} & a_{32} & a_{33} \end{pmatrix}\begin{pmatrix} 1 & 0 & 0 \\ 0 & k & 0 \\ 0 & 0 & 1 \end{pmatrix}=\begin{pmatrix} a_{11} & ka_{12} & a_{13} \\ a_{21} & ka_{22} & a_{23} \\ a_{31} & ka_{32} & a_{33} \end{pmatrix}$$

즉, 행렬 A의 2열을 k배 하는 것은 단위행렬에서 (2, 2)의 원소가 k인 행렬 P_1을 A의 오른쪽에서 곱하는 것과 같다.

예 1

2.5.1의 **예 1**의 행렬 A에서 2열을 3배 하는 것은 단위행렬에서 (2, 2)의 원소가 3인 행렬을 A의 오른쪽에서 곱하면 된다.

$$\begin{pmatrix} 1 & 2 & 3 \\ 4 & 5 & 6 \\ 7 & 8 & 10 \end{pmatrix}\begin{pmatrix} 1 & 0 & 0 \\ 0 & 3 & 0 \\ 0 & 0 & 1 \end{pmatrix}=\begin{pmatrix} 1 & 3\times 2 & 3 \\ 4 & 3\times 5 & 6 \\ 7 & 3\times 8 & 10 \end{pmatrix}=\begin{pmatrix} 1 & 6 & 3 \\ 4 & 15 & 6 \\ 7 & 24 & 10 \end{pmatrix}$$

일반화 **행렬 A의 i열을 k배 하는 것은 단위행렬에서 (i, i)의 원소가 k인 행렬을 A의 오른쪽에서 곱하는 것과 같다.**

(2) 한 열에 다른 열의 k배를 더한다

$$\begin{pmatrix} a_{11} & a_{12} & a_{13} \\ a_{21} & a_{22} & a_{23} \\ a_{31} & a_{32} & a_{33} \end{pmatrix}\begin{pmatrix} 1 & 0 & 0 \\ 0 & 1 & k \\ 0 & 0 & 1 \end{pmatrix}=\begin{pmatrix} a_{11} & a_{12} & ka_{12}+a_{13} \\ a_{21} & a_{22} & ka_{22}+a_{23} \\ a_{31} & a_{32} & ka_{32}+a_{33} \end{pmatrix}$$

즉, 행렬 A의 2열의 k배를 3열에 더하는 것은 단위행렬에서 (2, 3)의 원소가 k인 행렬 Q_1을 A의 오른쪽에서 곱하는 것과 같다.

예 2

2.5.1의 **예 1**의 행렬 A에서 2열의 3배를 3열에 더하는 것은 단위

에서 (2, 3)의 원소가 3인 행렬을 A의 오른쪽에서 곱하면 된다.

$$\begin{pmatrix} 1 & 2 & 3 \\ 4 & 5 & 6 \\ 7 & 8 & 10 \end{pmatrix}\begin{pmatrix} 1 & 0 & 0 \\ 0 & 1 & 3 \\ 0 & 0 & 1 \end{pmatrix}=\begin{pmatrix} 1 & 2 & 3\times 2+3 \\ 4 & 5 & 3\times 5+6 \\ 7 & 8 & 3\times 8+10 \end{pmatrix}=\begin{pmatrix} 1 & 2 & 9 \\ 4 & 5 & 21 \\ 7 & 8 & 34 \end{pmatrix}$$

일반화 행렬 A의 i열의 k배를 j열에 더하려면 단위행렬에서 (i, j)의 원소가 k인 행렬을 A의 오른쪽에서 곱하는 것과 같다.

(3) 한 열과 다른 열을 교환한다

$$\begin{pmatrix} a_{11} & a_{12} & a_{13} \\ a_{21} & a_{22} & a_{23} \\ a_{31} & a_{32} & a_{33} \end{pmatrix}\begin{pmatrix} 1 & 0 & 0 \\ 0 & 0 & 1 \\ 0 & 1 & 0 \end{pmatrix}=\begin{pmatrix} a_{11} & a_{13} & a_{12} \\ a_{21} & a_{23} & a_{22} \\ a_{31} & a_{33} & a_{32} \end{pmatrix}$$

즉, 행렬 A의 2열과 3열을 교환하는 것은 단위행렬에서 2열과 3열이 교환된 행렬 R_1을 A의 오른쪽에서 곱하는 것과 같다.

예 3

2.5.1의 **예 1**의 행렬 A의 2열과 3열을 교환하는 것은 단위행렬에서 2열과 3열이 교환된 행렬을 A의 오른쪽에서 곱하면 된다.

$$\begin{pmatrix} 1 & 2 & 3 \\ 4 & 5 & 6 \\ 7 & 8 & 10 \end{pmatrix}\begin{pmatrix} 1 & 0 & 0 \\ 0 & 0 & 1 \\ 0 & 1 & 0 \end{pmatrix}=\begin{pmatrix} 1 & 3 & 2 \\ 4 & 6 & 5 \\ 7 & 10 & 8 \end{pmatrix}$$

일반화 행렬 A의 i열과 j열을 교환하는 것은 단위행렬에서 i열과 j열을 교환한 행렬을 A의 오른쪽에서 곱하는 것과 같다.

정리 2.7

$m \times n$행렬 A에 열에 관한 기본변형을 실시하는 것은 적당한 n차 정칙행렬을 A의 오른쪽에서 곱하는 것과 같다.

(정리 2.6)과 (정리 2.7)로부터 다음의 정리가 성립한다.

정리 2.8

임의의 $m \times n$행렬 A에 적당한 정칙인 m차 정방행렬 P를 왼쪽에서 곱하고, 적당한 정칙인 n차 정방행렬 Q를 오른쪽에서 곱하면, 다음과 같이 표준형으로 된다.

$$PAQ = \left(\begin{array}{c|c} I_r & O \\ \hline O & O \end{array}\right)$$

여기서 $P = P_t \cdots P_2 P_1$, $Q = Q_1 Q_2 \cdots Q_s$이다.

예 4

$A = \begin{pmatrix} 3 & 2 \\ 4 & 3 \end{pmatrix}$일 때 적당한 정칙행렬을 곱하여 표준형을 구하여라.

행에 관한 변형을 실시하기 위해서

$P_1 = \begin{pmatrix} \frac{1}{3} & 0 \\ 0 & 1 \end{pmatrix}$이라 두면, $P_1 A = \begin{pmatrix} \frac{1}{3} & 0 \\ 0 & 1 \end{pmatrix}\begin{pmatrix} 3 & 2 \\ 4 & 3 \end{pmatrix} = \begin{pmatrix} 1 & \frac{2}{3} \\ 4 & 3 \end{pmatrix}$

$P_2 = \begin{pmatrix} 1 & 0 \\ -4 & 1 \end{pmatrix}$이라 두면, $P_2(P_1 A) = \begin{pmatrix} 1 & 0 \\ -4 & 1 \end{pmatrix}\begin{pmatrix} 1 & \frac{2}{3} \\ 4 & 3 \end{pmatrix} = \begin{pmatrix} 1 & \frac{2}{3} \\ 0 & \frac{1}{3} \end{pmatrix}$

$P_3 = \begin{pmatrix} 1 & 0 \\ 0 & 3 \end{pmatrix}$이라 두면, $P_3(P_2P_1A) = \begin{pmatrix} 1 & 0 \\ 0 & 3 \end{pmatrix}\begin{pmatrix} 1 & \frac{2}{3} \\ 0 & \frac{1}{3} \end{pmatrix} = \begin{pmatrix} 1 & \frac{2}{3} \\ 0 & 1 \end{pmatrix}$

$P_4 = \begin{pmatrix} 1 & -\frac{2}{3} \\ 0 & 1 \end{pmatrix}$이라 두면, $P_4(P_3P_2P_1A) = \begin{pmatrix} 1 & -\frac{2}{3} \\ 0 & 1 \end{pmatrix}\begin{pmatrix} 1 & \frac{2}{3} \\ 0 & 1 \end{pmatrix} = \begin{pmatrix} 1 & 0 \\ 0 & 1 \end{pmatrix}$

그러므로 $rank(A) = 2$이다.

여기서 $P = P_4\,P_3\,P_2\,P_1$이라 두면

$$P = \begin{pmatrix} 1 & -\frac{2}{3} \\ 0 & 1 \end{pmatrix}\begin{pmatrix} 1 & 0 \\ 0 & 3 \end{pmatrix}\begin{pmatrix} 1 & 0 \\ -4 & 1 \end{pmatrix}\begin{pmatrix} \frac{1}{3} & 0 \\ 0 & 1 \end{pmatrix} = \begin{pmatrix} 3 & -2 \\ -4 & 3 \end{pmatrix}$$

그러므로 $PA = \begin{pmatrix} 3 & -2 \\ -4 & 3 \end{pmatrix}\begin{pmatrix} 3 & 2 \\ 4 & 3 \end{pmatrix} = \begin{pmatrix} 1 & 0 \\ 0 & 1 \end{pmatrix}$이다.

한편, $(P_3P_2P_1A) = \begin{pmatrix} 1 & \frac{2}{3} \\ 0 & 1 \end{pmatrix}$에서 열에 관한 변형을 실시하기 위해서

$Q_1 = \begin{pmatrix} 1 & -\frac{2}{3} \\ 0 & 1 \end{pmatrix}$이라 두면,

$(P_3P_2P_1A)Q_1 = \begin{pmatrix} 1 & \frac{2}{3} \\ 0 & 1 \end{pmatrix}\begin{pmatrix} 1 & -\frac{2}{3} \\ 0 & 1 \end{pmatrix} = \begin{pmatrix} 1 & 0 \\ 0 & 1 \end{pmatrix}$이다.

여기서 $P^3 = P_3P_2P_1$이라 두면,

$$P^3 = \begin{pmatrix} 1 & 0 \\ 0 & 3 \end{pmatrix}\begin{pmatrix} 1 & 0 \\ -4 & 1 \end{pmatrix}\begin{pmatrix} \frac{1}{3} & 0 \\ 0 & 1 \end{pmatrix} = \begin{pmatrix} \frac{1}{3} & 0 \\ -4 & 3 \end{pmatrix}$$

그리고 $Q = Q_1 = \begin{pmatrix} 1 & -\frac{2}{3} \\ 0 & 1 \end{pmatrix}$이라 두면,

$P^3A\,Q = \begin{pmatrix} \frac{1}{3} & 0 \\ -4 & 3 \end{pmatrix}\begin{pmatrix} 3 & 2 \\ 4 & 3 \end{pmatrix}\begin{pmatrix} 1 & -\frac{2}{3} \\ 0 & 1 \end{pmatrix} = \begin{pmatrix} 1 & 0 \\ 0 & 1 \end{pmatrix}$이다.

예 5

$B=\begin{pmatrix}2 & 3\\ 4 & 6\end{pmatrix}$일 때 적당한 정칙행렬을 곱하여 표준형을 구하여라.

행에 관한 변형을 실시하기 위해서

$P_1=\begin{pmatrix}\frac{1}{2} & 0\\ 0 & 1\end{pmatrix}$이라 두면, $P_1A=\begin{pmatrix}\frac{1}{2} & 0\\ 0 & 1\end{pmatrix}\begin{pmatrix}2 & 3\\ 4 & 6\end{pmatrix}=\begin{pmatrix}1 & \frac{3}{2}\\ 4 & 6\end{pmatrix}$

$P_2=\begin{pmatrix}1 & 0\\ -4 & 1\end{pmatrix}$이라 두면,

$P_2(P_1A)=\begin{pmatrix}1 & 0\\ -4 & 1\end{pmatrix}\begin{pmatrix}1 & \frac{3}{2}\\ 4 & 6\end{pmatrix}=\begin{pmatrix}1 & \frac{3}{2}\\ 0 & 0\end{pmatrix}$

열에 관한 변형을 실시하기 위해서

$Q_1=\begin{pmatrix}1 & -\frac{3}{2}\\ 0 & 1\end{pmatrix}$이라 두면,

$(P_2P_1A)Q_1=\begin{pmatrix}1 & \frac{3}{2}\\ 0 & 0\end{pmatrix}\begin{pmatrix}1 & -\frac{3}{2}\\ 0 & 1\end{pmatrix}=\begin{pmatrix}1 & 0\\ 0 & 0\end{pmatrix}$

그러므로 $rank(B)=1$이다.

정리 2.9

A가 정칙행렬이면 행에 관한 기본변형(열에 관한 기본변형)만으로 표준형으로 변환시킬 수 있다.

예 6

예 4에서 $A=\begin{pmatrix}3 & 2\\ 4 & 3\end{pmatrix}$는 정칙행렬이다. 여기서

$$P_1 = \begin{pmatrix} \frac{1}{3} & 0 \\ 0 & 1 \end{pmatrix},\ P_2 = \begin{pmatrix} 1 & 0 \\ -4 & 1 \end{pmatrix},\ P_3 = \begin{pmatrix} 1 & 0 \\ 0 & 3 \end{pmatrix},\ P_4 = \begin{pmatrix} 1 & -\frac{2}{3} \\ 0 & 1 \end{pmatrix}$$

이라 두고, 이들을 아래의 순서대로 곱한 행렬을 P라고 하면

$$P = P_4\, P_3\, P_2\, P_1$$

$$P = \begin{pmatrix} 1 & -\frac{2}{3} \\ 0 & 1 \end{pmatrix}\begin{pmatrix} 1 & 0 \\ 0 & 3 \end{pmatrix}\begin{pmatrix} 1 & 0 \\ -4 & 1 \end{pmatrix}\begin{pmatrix} \frac{1}{3} & 0 \\ 0 & 1 \end{pmatrix} = \begin{pmatrix} 3 & -2 \\ -4 & 3 \end{pmatrix}$$

그러므로 $PA = \begin{pmatrix} 3 & -2 \\ -4 & 3 \end{pmatrix}\begin{pmatrix} 3 & 2 \\ 4 & 3 \end{pmatrix} = \begin{pmatrix} 1 & 0 \\ 0 & 1 \end{pmatrix}$이다.

즉, 정칙행렬이면 행에 관한 기본변형만으로 표준형으로 변형시킬 수 있다. 열에 관해서도 동일하게 성립한다.

예 7

예 5에서 $B = \begin{pmatrix} 2 & 3 \\ 4 & 6 \end{pmatrix}$은 정칙행렬이 아니다.

여기서 $P = P_2 P_1$, $Q = Q_1$이라 두면,

$$P = \begin{pmatrix} 1 & 0 \\ -4 & 1 \end{pmatrix}\begin{pmatrix} \frac{1}{2} & 0 \\ 0 & 1 \end{pmatrix} = \begin{pmatrix} \frac{1}{2} & 0 \\ -2 & 1 \end{pmatrix},\quad Q = \begin{pmatrix} 1 & -\frac{3}{2} \\ 0 & 1 \end{pmatrix}$$

따라서 $PBQ = \begin{pmatrix} \frac{1}{2} & 0 \\ -2 & 1 \end{pmatrix}\begin{pmatrix} 2 & 3 \\ 4 & 6 \end{pmatrix}\begin{pmatrix} 1 & -\frac{3}{2} \\ 0 & 1 \end{pmatrix} = \begin{pmatrix} 1 & 0 \\ 0 & 0 \end{pmatrix}$

행렬 B는 정칙행렬이 아니므로 **예 4**의 행렬 A에서와 같이 행(열)에 관한 기본변형만으로 표준형으로 변환시킬 수 없다.

연습문제 2.5 Exercise

[1] 다음의 물음에서 지시하는 행렬을 구하여라.

(1) $A=\begin{pmatrix} 2 & 3 \\ 1 & 2 \end{pmatrix}$일 때, 1행을 $(\frac{1}{2})$배 하려면 어떤 행렬(P_1)을 A의 왼쪽에서 곱해야 하는지 P_1을 구하여라. 그리고 P_1A는 어떤 행렬인가?

(2) $B=\begin{pmatrix} 1 & \frac{3}{2} \\ 1 & 2 \end{pmatrix}$일 때, 1행의 (-1)배를 2행에 더하려면 어떤 행렬(P_2)을 B의 왼쪽에서 곱해야 하는지 P_2을 구하여라. 그리고 P_2B는 어떤 행렬인가?

(3) $C=\begin{pmatrix} 1 & \frac{3}{2} \\ 0 & \frac{1}{2} \end{pmatrix}$일 때, 2행을 (2)배 하려면 어떤 행렬(P_3)을 C의 왼쪽에서 곱해야 하는지 P_3을 구하여라. 그리고 P_3C는 어떤 행렬인가?

(4) $D=\begin{pmatrix} 1 & \frac{3}{2} \\ 0 & 1 \end{pmatrix}$일 때, 2행의 $(-\frac{3}{2})$배를 1행에 더하려면 어떤 행렬(P_4)을 D의 왼쪽에서 곱해야 하는지 P_4을 구하여라. 그리고 P_4D는 어떤 행렬인가?

[2] [1]에서 구한 행렬을 이용하여 다음의 행렬을 구하여라.

(1) $P=P_4P_3P_2P_1$이라 두고, P를 구하여라.

(2) PA를 구하여라.

2.6 연립1차방정식

2.6.1 연립1차방정식

n개의 미지수 x_1, x_2, $\cdots$, x_n에 관해서 1차방정식이 m개 있다고 하면 그 관계식은 (2.1)식과 같이 나타낼 수 있다.

$$\begin{cases} a_{11}x_1 + a_{12}x_2 + \cdots + a_{1n}x_n = b_1 \\ a_{21}x_1 + a_{22}x_2 + \cdots + a_{2n}x_n = b_2 \\ \vdots \\ a_{m1}x_1 + a_{m2}x_2 + \cdots + a_{mn}x_n = b_m \end{cases} \tag{2.1}$$

이것을 행렬과 벡터로 나타내면 다음과 같다.

$$\begin{pmatrix} a_{11} & a_{12} & \dots & a_{1n} \\ a_{21} & a_{22} & \dots & a_{2n} \\ \vdots & \vdots & & \vdots \\ a_{m1} & a_{m2} & \dots & a_{mn} \end{pmatrix} \begin{pmatrix} x_1 \\ x_2 \\ \vdots \\ x_n \end{pmatrix} = \begin{pmatrix} b_1 \\ b_2 \\ \vdots \\ b_n \end{pmatrix} \tag{2.2}$$

여기서 계수들의 행렬을 A라고 하면,

$$A = \begin{pmatrix} a_{11} & a_{12} & \dots & a_{1n} \\ a_{21} & a_{22} & \dots & a_{2n} \\ \vdots & \vdots & & \vdots \\ a_{m1} & a_{m2} & \dots & a_{mn} \end{pmatrix} \tag{2.3}$$

이 계수행렬을 행렬에 관한 기본변형을 실시함으로써 다음과 같은 표준형 A^F로 나타낼 수 있다. 단, 2.4.1에서 열에 관한 (4), (5)는 실시하지 않는 것으로 한다.

$$A^F = \left(\begin{array}{ccc|c} 1 & \cdots & 0 & \\ \vdots & \ddots & \vdots & G \\ 0 & \cdots & 1 & \\ \hline & O & & O \end{array}\right) \tag{2.4}$$

단, 여기서

$$G = -\begin{pmatrix} g_{11} \cdots g_{1,n-r} \\ \vdots \\ g_{r1} \cdots g_{r,n-r} \end{pmatrix} \tag{2.5}$$

한편, 계수들과 정수항을 함께 가지는 행렬을 B라 두면

$$B = \left(\begin{array}{cccc|c} a_{11} & a_{12} & \cdots & a_{1n} & b_1 \\ a_{21} & a_{22} & \cdots & a_{2n} & b_2 \\ \vdots & \vdots & & \vdots & \vdots \\ a_{m1} & a_{m2} & \cdots & a_{mn} & b_m \end{array}\right) \tag{2.6}$$

표준화된 행렬 B^F(2.4.1에서 열에 관한 (4), (5)는 실시하지 않는다)는 다음과 같이 될 것이다.

$$B^F = \left(\begin{array}{ccc|c|c} \multicolumn{3}{c}{\overbrace{\qquad\qquad}^{r}} & \overbrace{\quad}^{n-r} & \\ 1 & \cdots & 0 & & d_1 \\ \vdots & \ddots & \vdots & G & \vdots \\ 0 & \cdots & 1 & & d_r \\ \hline & & & & d_{r+1} \\ & O & & O & \vdots \\ & & & & d_m \end{array}\right) \begin{array}{l} \\ \left.\right\} r \\ \\ \left.\right\} m-r \end{array} \tag{2.7}$$

표준화된 행렬 B^F의 결과는 계수행렬의 표준화된 행렬 A^F에 정수항벡터의 변환된 부분이 추가되어 있다.

한편 (2.7)식의 결과는 연립1차방정식 (2.1)식이 다음과 같이 변환된 것을 의미한다.

$$\begin{array}{lllll} x_1 \cdots & -g_{11}x_{r+1} & \cdots & -g_{1,\,n-r}x_n & = d_1 \\ \quad\ddots & & & & \\ \qquad x_r & -g_{r1}x_{r+1} & \cdots & -g_{r,\,n-r}x_n & = d_r \\ & & & 0 & = d_{r+1} \\ & & & \vdots & \quad\vdots \\ & & & 0 & = d_m \end{array} \tag{2.8}$$

이상의 결과로부터 연립1차방정식 (2.1)식이 해를 가지기 위해서는 연립방정식 (2.8)식이 해를 가지는 것과 같다. 즉 (2.8)식이 모순이 되지 않아야 된다. 그러기 위해서는

$$d_{r+1} = \cdots = d_m = 0 \tag{2.9}$$

이 되어야 한다. 이것은 A^F의 $rank$와 B^F의 $rank$가 같아야 되는 것을 의미한다.

정리 2.10

연립1차방정식 (2.1)식이 해를 가질 필요충분조건은 계수행렬 A의 $rank$와 계수와 정수항의 행렬 B의 $rank$가 같아야 한다.

$rank(A) = rank(B) = r$이라 할 때

(1) $r < n$이면

$$\left(\begin{array}{lllll} x_1 & -g_{11}x_{r+1} & \cdots & -g_{1,\,n-r}x_n & = d_1 \\ \quad\ddots & & & & \\ \qquad x_r & -g_{r1}x_{r+1} & \cdots & -g_{r,\,n-r}x_n & = d_r \end{array}\right.$$

이므로

$$\begin{cases} x_1 = g_{11}x_{r+1} + \cdots + g_{1,\,n-r}x_n + d_1 \\ \vdots \\ x_r = g_{r1}x_{r+1} + \cdots + g_{r,\,n-r}x_n + d_r \end{cases}$$

이 된다. 여기서 $x_{r+1}, \cdots, x_n$이 임의의 값 $\alpha_1, \alpha_2, \cdots, \alpha_{n-r}$을 취하면 무수히 많은 해를 가지는데, 다음과 같이 벡터를 사용해 간단히 나타낼 수 있다.

$$\begin{pmatrix} x_1 \\ \vdots \\ x_r \\ \hline x_{r+1} \\ x_{r+2} \\ \vdots \\ x_n \end{pmatrix} = \alpha_1 \begin{pmatrix} g_{11} \\ \vdots \\ g_{r1} \\ \hline 1 \\ 0 \\ \vdots \\ 0 \end{pmatrix} + \alpha_2 \begin{pmatrix} g_{12} \\ \vdots \\ g_{r2} \\ \hline 0 \\ 1 \\ \vdots \\ 0 \end{pmatrix} + \cdots + \alpha_{n-r} \begin{pmatrix} g_{1,\,n-r} \\ \vdots \\ g_{r,\,n-r} \\ \hline 0 \\ 0 \\ \vdots \\ 1 \end{pmatrix} + \begin{pmatrix} d_1 \\ \vdots \\ d_r \\ \hline 0 \\ 0 \\ \vdots \\ 0 \end{pmatrix}$$

(2) $r = n$이면

$$\begin{pmatrix} x_1 \\ \vdots \\ x_n \end{pmatrix} = \begin{pmatrix} d_1 \\ \vdots \\ d_n \end{pmatrix}$$

즉, 한 조의 유일한 해를 가진다.

예 1

다음 연립방정식의 해를 구하여라.

$$\begin{cases} 2x_1 + 3x_2 = 8 \\ 3x_1 + 2x_2 = 7 \end{cases}$$

$$\left(\begin{array}{cc|c} 2 & 3 & 8 \\ 3 & 2 & 7 \end{array}\right) \qquad 1\text{행} \times \left(\frac{1}{2}\right)$$

$\downarrow$

$$\begin{pmatrix} 1 & \frac{3}{2} & | & 4 \\ 3 & 2 & | & 7 \end{pmatrix}$$ 1행×(−3)을 2행에 더한다.

$\downarrow$

$$\begin{pmatrix} 1 & \frac{3}{2} & | & 4 \\ 0 & -\frac{5}{2} & | & -5 \end{pmatrix}$$ 2행$\times\left(-\frac{2}{5}\right)$

$\downarrow$

$$\begin{pmatrix} 1 & \frac{3}{2} & | & 4 \\ 0 & 1 & | & 2 \end{pmatrix}$$ 2행$\times\left(-\frac{3}{2}\right)$을 1행에 더한다.

$\downarrow$

$$\begin{pmatrix} 1 & 0 & | & 1 \\ 0 & 1 & | & 2 \end{pmatrix}$$

즉, $x_1 \quad = 1$

$\quad\quad x_2 = 2$

$$\therefore \begin{pmatrix} x_1 \\ x_2 \end{pmatrix} = \begin{pmatrix} 1 \\ 2 \end{pmatrix}$$

예 2

다음 연립방정식의 해를 구하여라.

$$\begin{cases} 2x_1 + 3x_2 = 8 \\ 4x_1 + 6x_2 = 16 \end{cases}$$

$$\begin{pmatrix} 2 & 3 & | & 8 \\ 4 & 6 & | & 16 \end{pmatrix}$$ 1행$\times\left(\frac{1}{2}\right)$

$\downarrow$

$$\begin{pmatrix} 1 & \frac{3}{2} & | & 4 \\ 4 & 6 & | & 16 \end{pmatrix}$$ 1행×(−4)를 2행에 더한다.

$\downarrow$

$$\begin{pmatrix} 1 & \frac{3}{2} & | & 4 \\ 0 & 0 & | & 0 \end{pmatrix}$$

즉, $x_1 + \frac{3}{2}x_2 = 4$

여기서 $x_2 = \alpha$라 두면,

$$\therefore \begin{pmatrix} x_1 \\ \\ x_2 \end{pmatrix} = \alpha \begin{pmatrix} -\frac{3}{2} \\ 1 \end{pmatrix} + \begin{pmatrix} 4 \\ \\ 0 \end{pmatrix}$$

예 3

다음 연립방정식의 해를 구하여라.

$$\begin{cases} 2x_1 + 3x_2 = 8 \\ 4x_1 + 6x_2 = 10 \end{cases}$$

$$\left(\begin{array}{cc|c} 2 & 3 & 8 \\ 4 & 6 & 10 \end{array}\right) \qquad 1\text{행} \times \left(\frac{1}{2}\right)$$

$$\downarrow$$

$$\left(\begin{array}{cc|c} 1 & \frac{3}{2} & 4 \\ 4 & 6 & 10 \end{array}\right) \qquad 1\text{행} \times (-4)\text{를 } 2\text{행에 더한다.}$$

$$\downarrow$$

$$\left(\begin{array}{cc|c} 1 & \frac{3}{2} & 4 \\ 0 & 0 & 6 \end{array}\right)$$

즉, $x_1 + \frac{3}{2}x_2 = 4$

$0 = -6$

이 되므로 모순이다. 그러므로 이 경우 해를 구할 수 있다.

예 1, **예 2**, **예 3**을 그래프로 나타내어 보면 각각 다음과 같다.

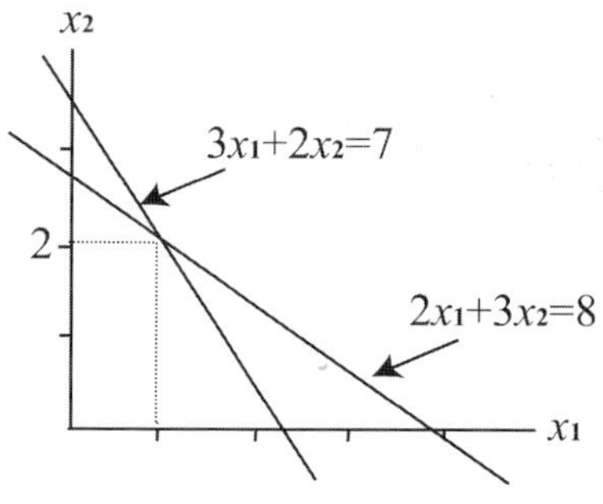

(예 1)

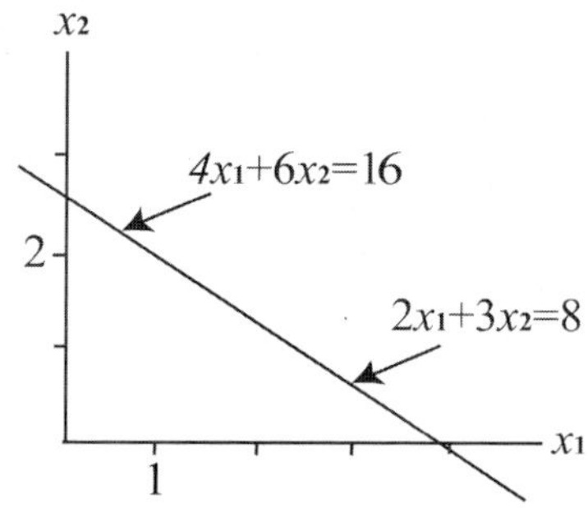

(예 2)

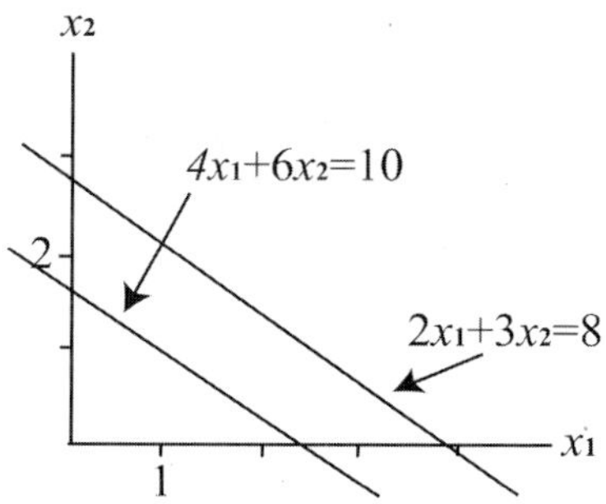

(예 3)

〈그림 2.1〉

예 4

다음 연립방정식의 해를 구하여라.

$$\begin{cases} 2x_1 + 3x_2 + 4x_3 = 16 \\ 5x_1 + 6x_2 + 7x_3 = 34 \end{cases}$$

$$\left(\begin{array}{ccc|c} 2 & 3 & 4 & 16 \\ 5 & 6 & 7 & 34 \end{array}\right) \qquad 1\text{행}\times\left(\frac{1}{2}\right)$$

$$\downarrow$$

$$\left(\begin{array}{ccc|c} 1 & \frac{3}{2} & 2 & 8 \\ 5 & 6 & 7 & 34 \end{array}\right) \qquad 1\text{행}\times(-5)\text{를 } 2\text{행에 더한다.}$$

$$\downarrow$$

$$\left(\begin{array}{ccc|c} 1 & \frac{3}{2} & 2 & 8 \\ 0 & -\frac{3}{2} & -3 & -6 \end{array}\right) \qquad 2\text{행}\times\left(-\frac{2}{3}\right)$$

$$\downarrow$$

$$\left(\begin{array}{ccc|c} 1 & \frac{3}{2} & 2 & 8 \\ 0 & 1 & 2 & 4 \end{array}\right) \qquad 2\text{행} \times \left(-\frac{3}{2}\right)\text{를 1행에 더한다.}$$

$$\downarrow$$

$$\left(\begin{array}{ccc|c} 1 & 0 & -1 & 2 \\ 0 & 1 & 2 & 4 \end{array}\right)$$

즉, $\begin{cases} x_1 \quad - x_3 = 2 \\ \quad x_2 + 2x_3 = 4 \end{cases}$

그러므로 $x_3 = \alpha$로 두면 다음과 같이 무수히 많은 해를 구할 수 있다.

$$\therefore \begin{pmatrix} x_1 \\ x_2 \\ x_3 \end{pmatrix} = \alpha \begin{pmatrix} 1 \\ -2 \\ 1 \end{pmatrix} + \begin{pmatrix} 2 \\ 4 \\ 0 \end{pmatrix}$$

2.6.2 동차연립1차방정식

연립1차방정식에서 정수항이 모두 0일 때 동차연립1차방정식이라 한다.

$$\begin{cases} a_{11}x_1 + a_{12}x_2 + \cdots + a_{1n}x_n = 0 \\ \vdots \\ a_{m1}x_1 + a_{m2}x_2 + \cdots + a_{mn}x_n = 0 \end{cases} \qquad (2.10)$$

계수행렬을 A라 하고

$$A = \begin{pmatrix} a_{11} & a_{12} & \cdots & a_{1n} \\ \vdots & & & \\ a_{m1} & a_{m2} & \cdots & a_{mn} \end{pmatrix} \qquad (2.11)$$

계수행렬과 정수항을 같이 나타낸 행렬을 B라 하면,

$$B=\left(\begin{array}{cccc|c} a_{11} & a_{12} & \cdots & a_{1n} & 0 \\ \vdots & & & & \\ a_{m1} & a_{m2} & \cdots & a_{mn} & 0 \end{array}\right) \tag{2.12}$$

행렬 A와 행렬 B의 $rank$는 같다. 그러므로 동차연립1차방정식은 항상 해를 가진다.

정리 2.11

동차연립1차방정식은 항상 해를 가진다.
계수행렬의 $rank$를 r이라 할 때,

(1) $r < n$이면,

$$\begin{pmatrix} x_1 \\ \vdots \\ x_r \\ \hline x_{r+1} \\ \vdots \\ x_n \end{pmatrix} = \alpha_1 \begin{pmatrix} g_{11} \\ \vdots \\ g_{r1} \\ \hline 1 \\ \vdots \\ 0 \end{pmatrix} + \cdots + \alpha_{n-r} \begin{pmatrix} g_{1,n-r} \\ \vdots \\ g_{r,n-r} \\ \hline 0 \\ \vdots \\ 1 \end{pmatrix}$$

(2) $r = n$이면,

$$\begin{pmatrix} x_1 \\ \vdots \\ x_n \end{pmatrix} = \begin{pmatrix} 0 \\ \vdots \\ 0 \end{pmatrix}$$

즉, 이 경우 한 조의 자명한 해(trivial solution)를 가진다.

예 1

다음 동차연립방정식의 해를 구하여라.

$$\begin{cases} 2x_1 + 3x_2 = 0 \\ 3x_1 + 2x_2 = 0 \end{cases}$$

$$\left(\begin{array}{cc|c} 2 & 3 & 0 \\ 3 & 2 & 0 \end{array}\right) \quad 1\text{행} \times \left(\frac{1}{2}\right)$$

$$\downarrow$$

$$\left(\begin{array}{cc|c} 1 & \frac{3}{2} & 0 \\ 3 & 2 & 0 \end{array}\right) \quad 1\text{행} \times (-3)\text{을 } 2\text{행에 더한다.}$$

$$\downarrow$$

$$\left(\begin{array}{cc|c} 1 & \frac{3}{2} & 0 \\ 0 & -\frac{5}{2} & 0 \end{array}\right) \quad 2\text{행} \times \left(-\frac{2}{5}\right)$$

$$\downarrow$$

$$\left(\begin{array}{cc|c} 1 & \frac{3}{2} & 0 \\ 0 & 1 & 0 \end{array}\right) \quad 2\text{행} \times \left(-\frac{3}{2}\right)\text{을 } 1\text{행에 더한다.}$$

$$\downarrow$$

$$\left(\begin{array}{cc|c} 1 & 0 & 0 \\ 0 & 1 & 0 \end{array}\right)$$

즉, $\begin{cases} x_1 \quad\; = 0 \\ \quad\; x_2 = 0 \end{cases}$

$\therefore \begin{pmatrix} x_1 \\ x_2 \end{pmatrix} = \begin{pmatrix} 0 \\ 0 \end{pmatrix}$의 자명한 해가 된다.

예 2

다음 동차연립방정식의 해를 구하여라.

$$\begin{cases} 3x_1 + 4x_2 = 0 \\ 6x_1 + 8x_2 = 0 \end{cases}$$

$$\left(\begin{array}{cc|c} 3 & 4 & 0 \\ 6 & 8 & 0 \end{array}\right) \quad 1\text{행} \times \left(\frac{1}{3}\right)$$

$$\downarrow$$

$$\left(\begin{array}{cc|c} 1 & \frac{4}{3} & 0 \\ 6 & 8 & 0 \end{array}\right) \quad 1\text{행} \times (-6)\text{을 } 2\text{행에 더한다.}$$

$$\downarrow$$

$$\left(\begin{array}{cc|c} 1 & \frac{4}{3} & 0 \\ 0 & 0 & 0 \end{array}\right)$$

즉, $x_1 + \dfrac{4}{3}x_2 = 0$

그러므로 $x_2 = \alpha$로 두면 무수히 많은 해가 존재한다.

$$\therefore \begin{pmatrix} x_1 \\ x_2 \end{pmatrix} = \alpha \begin{pmatrix} -\frac{4}{3} \\ 1 \end{pmatrix}$$

연습문제 2.6 Exercise

[1] 다음 연립1차방정식의 해를 구하여라.

(1) $\begin{cases} 3x_1 + 2x_2 = 8 \\ 2x_1 + 5x_2 = 9 \end{cases}$

(2) $\begin{cases} 2x_1 + 3x_2 = 10 \\ 4x_1 + 6x_2 = 20 \end{cases}$

[2] 다음 연립1차방정식의 해를 구하여라.

(1) $\begin{cases} x_1 + x_2 + x_3 = 6 \\ 2x_1 + 3x_2 = 8 \\ x_2 + 2x_3 = 8 \end{cases}$

(2) $\begin{cases} x_1 + 3x_3 = 4 \\ x_2 + x_3 = 3 \\ 2x_1 + 3x_2 + 9x_3 = 17 \end{cases}$

[3] 다음 동차연립1차방정식의 해를 구하여라.

(1) $\begin{cases} 3x_1 + 2x_2 = 0 \\ 4x_1 + 3x_2 = 0 \end{cases}$

(2) $\begin{cases} 2x_1 + 3x_2 = 0 \\ 4x_1 + 6x_2 = 0 \end{cases}$

제3장 행렬식

3.1 행렬식의 정의

3.1.1 우순열과 기순열

n개의 자연수 1, 2, $\cdots$, n에 대해서 이것들을 $(a_1,\ a_2,\ \cdots,\ a_n)$의 순열로 나타내면 전부 $n!$개의 경우가 가능하다.

예 1

$n=2$일 때 $(1,2), (2,1)$의 2개의 경우
$n=3$일 때 $(1,2,3), (1,3,2), (2,3,1), (2,1,3), (3,1,2),$
$(3,2,1)$의 6개의 경우

순열 $(a_1,\ a_2,\ \cdots,\ a_n)$에 있어서 옆의 두 수를 바꾸는 것을 호환이라 한다. 임의의 순열은 기본 순열 $(1,\ 2,\ \cdots,\ n)$으로부터 여러 번의 호환을 실시하여 구할 수 있는데, 짝수 번의 호환을 실시하여 구할 수 있을 때를 우순열이라 하고, 홀수번의 호환을 실시하여 구할 수 있을 때를 기순열이라 한다.

예 2

	순열	기본순열로부터의 호환 과정	회수
우순열	(1, 2, 3)	(1, 2, 3)	(0)
	(2, 3, 1)	(1, 2, 3)→(2, 1, 3)→(2, 3, 1)	(2)
	(3, 1, 2)	(1, 2, 3)→(1, 3, 2)→(3, 1, 2)	(2)
기순열	(1, 3, 2)	(1, 2, 3)→(1, 3, 2)	(1)
	(2, 1, 3)	(1, 2, 3)→(2, 1, 3)	(1)
	(3, 2, 1)	(1, 2, 3)→(2, 1, 3)→(2, 3, 1)→(3, 2, 1)	(3)

3.1.2 행렬식의 정의

n차의 정방행렬

$$A=\begin{pmatrix} a_{11} & a_{12} & \dots & a_{1n} \\ a_{21} & a_{22} & \dots & a_{2n} \\ \vdots & \vdots & & \vdots \\ a_{n1} & a_{n2} & \dots & a_{nn} \end{pmatrix} \tag{3.1}$$

에서 제1행으로부터 임의로 하나의 원소 $a_{1\alpha}$를 선택한다. 이때 α는 1, 2,⋯, n에서 임의로 선택된 열이 된다. 다음으로 제2행으로부터 α열 이외의 열로부터 임의의 한 원소, 예를 들면 β열에서 $a_{2\beta}$를 선택한다. 그 다음에는 제3행으로부터 α열과 β열 이외의 열로부터 임의의 원소 $a_{3\gamma}$를 선택한다. 같은 방법을 n회 계속하면 n개의 행의 각각으로부터 하나씩 선택한 n개의 원소 $a_{1\alpha}$, $a_{2\beta}$, $a_{3\gamma}$, ⋯, $a_{n\nu}$가 얻어진다. 여기서 첨자 α,β, γ, ⋯, ν는 서로 다른 수로 1, 2, 3, ⋯, n의 수 중에서 하나가 될 것이다. 즉, $\alpha\beta\gamma\cdots\nu$는 1로부터 n까지의 수로 구성된 하나의 순열이 된다. 위 방법에 의해서 구한 n개의 원소의 곱 $a_{1\alpha}a_{2\beta}a_{3\gamma}\cdots a_{n\nu}$는 전체로서 모두 $n!$개의 경우가 존재한다. 이것들의 각각에 대해서 다음과 같은 규칙에 의해서 +1 또는 −1의 부호를 부여하도록 한다.

즉 $\alpha\ \beta\ \gamma \cdots\ \nu$가 우순열이면 +1, 기순열이면 −1을 부여하는데, 이때 기호 $\varepsilon(\alpha\,\beta\,\gamma \cdots\ \nu)$를

$$\varepsilon(\alpha\,\beta\,\gamma \cdots\ \nu) = \begin{cases} +1 & \text{우순열일 때} \\ -1 & \text{기순열일 때} \end{cases} \tag{3.2}$$

로 정의하면, $n!$개 중에서 하나의 순열은 다음과 같이 나타낼 수 있다.

$$\varepsilon(\alpha\,\beta\,\gamma \cdots\ \nu)\, a_{1\alpha}\, a_{2\beta}\, a_{3\gamma} \cdots\ a_{n\nu} \tag{3.3}$$

여기서 $n!$개의 모든 순열 $\alpha\beta\gamma \cdots\ \nu$의 각각에 대한 곱의 합

$$\sum \varepsilon(\alpha\,\beta\,\gamma \cdots\ \nu)\, a_{1\alpha}\, a_{2\beta}\, a_{3\gamma} \cdots\ a_{n\nu} \tag{3.4}$$

을 기호

$$\begin{vmatrix} a_{11} & a_{12} & \cdots & a_{1n} \\ a_{21} & a_{22} & \cdots & a_{2n} \\ \vdots & \vdots & & \vdots \\ a_{n1} & a_{n2} & \cdots & a_{nn} \end{vmatrix} \tag{3.5}$$

로 나타내고 n차의 행렬식(determinant)이라 한다. 이것을 간단히 $|A|$, 또는 $|a_{ij}|$, $\det A$로 나타낸다.

한편 (3.4)식을 행렬식 (3.5)의 전개식이라 한다.

예 1

2차의 행렬식에 대해서 행렬식의 정의에 의해서 값을 구하면,

$$|A| = \begin{vmatrix} a_{11} & a_{12} \\ a_{21} & a_{22} \end{vmatrix} = \sum \varepsilon(\alpha\beta)\, a_{1\alpha}\, a_{2\beta} = \varepsilon(12)\, a_{11}\, a_{22} + \varepsilon(21)\, a_{12}\, a_{21}$$

이다. 순열 (12)는 우순열이고, 순열 (21)은 기순열이므로 $\varepsilon(12) = +1$, $\varepsilon(21) = -1$의 부호를 부여하면 다음과 같다.

$$|A| = (+1)a_{11}\, a_{22} + (-1)\, a_{12}\, a_{21} = a_{11}\, a_{22} - a_{12}\, a_{21}$$

예 2

$$\begin{vmatrix} 1 & 2 \\ 3 & 4 \end{vmatrix} = \sum \varepsilon(\alpha\beta)\, a_{1\alpha}\, a_{2\beta} = (+1)1 \cdot 4 + (-1)2 \cdot 3 = -2$$

예 3

3차의 행렬식에 대해서는

$$|A| = \begin{vmatrix} a_{11} & a_{12} & a_{13} \\ a_{21} & a_{22} & a_{23} \\ a_{31} & a_{32} & a_{33} \end{vmatrix} = \sum \varepsilon(\alpha\beta\gamma)\, a_{1\alpha}\, a_{2\beta}\, a_{3\gamma}$$

$$= \varepsilon(123)\, a_{11}\, a_{22}\, a_{33} + \varepsilon(231)\, a_{12}\, a_{23}\, a_{31} + \varepsilon(312)\, a_{13}\, a_{21}\, a_{32}$$

$$+ \varepsilon(132)\, a_{11}\, a_{23}\, a_{32} + \varepsilon(213)\, a_{12}\, a_{21}\, a_{33} + \varepsilon(321)\, a_{13}\, a_{22}\, a_{31}$$

그런데 (123), (231), (312)는 우순열이고, (132), (213), (321)은 기순열이므로

$$\varepsilon(123) = \varepsilon(231) = \varepsilon(312) = +1$$

$$\varepsilon(132) = \varepsilon(213) = \varepsilon(321) = -1$$

따라서

$$|A| = a_{11}\, a_{22}\, a_{33} + a_{12}\, a_{23}\, a_{31} + a_{13}\, a_{21}\, a_{32} - a_{11}\, a_{23}\, a_{32} - a_{12}\, a_{21}\, a_{33} - a_{13}\, a_{21}\, a_{31}$$

예 4

$$\begin{vmatrix} 1 & 2 & 3 \\ 4 & 5 & 6 \\ 7 & 8 & 10 \end{vmatrix} = \sum \varepsilon(\alpha\beta\gamma)\, a_{1\alpha}\, a_{2\beta}\, a_{3\gamma} = (+1)1\cdot5\cdot10 + (+1)2\cdot6\cdot7 + (+1)3\cdot4\cdot8$$
$$+(-1)1\cdot6\cdot8 + (-1)2\cdot4\cdot10 + (-1)3\cdot5\cdot7 = -3$$

3.1.3 Sarrus의 법칙

행렬식의 값은 행렬식의 정의에 의해서 구하지만, sarrus의 법칙을 이용한 간편법에 의해서 보다 간단히 구할 수 있다.

(1) 2차의 행렬식의 경우

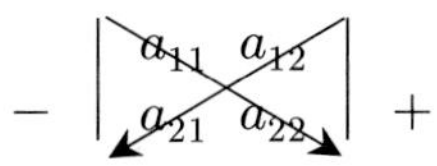

즉, 오른쪽 경사면으로 곱하여 (+1)의 부호를 부여하고, 왼쪽 경사면으로 곱하여 (−1)의 부호를 부여한다.

예 1

$= (+1)1\cdot4 + (-1)2\cdot3 = -2$

(2) 3차의 행렬식의 경우

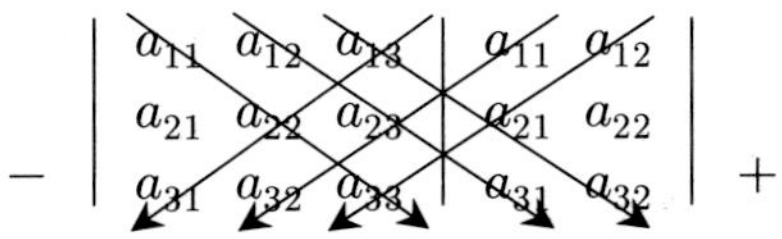

1열과 2열은 한 번씩 추가하여서 오른쪽 경사면으로 3개의 수를 곱하여 (+1)의 부호를 부여하고, 왼쪽 경사면으로 3개의 수를 곱하여 (−1)의 부호를 부여한다.

예 2

$$
- \quad \begin{vmatrix} 1 & 2 & 3 & 1 & 2 \\ 4 & 5 & 6 & 4 & 5 \\ 7 & 8 & 10 & 7 & 8 \end{vmatrix} \quad +
\begin{aligned}
&= (+1)1\cdot5\cdot10+(+1)2\cdot6\cdot7+(+1)3\cdot4\cdot8 \\
&+(-1)3\cdot5\cdot7+(-1)1\cdot6\cdot8+(-1)2\cdot4\cdot10 \\
&=-3
\end{aligned}
$$

3.2 행렬식의 성질

행렬식의 계산은 행렬식의 차수가 커질수록 대단히 복잡해지지만 다음과 같은 성질이 있으므로 이것을 이용하면 간단히 구할 수 있으며, 또는 간편하게 처리할 수 있다.

> **성질 1** 행렬 A의 전치행렬을 A'라 하면 $|A|=|A'|$이다.

예 1

$A = \begin{pmatrix} 1 & 2 \\ 3 & 4 \end{pmatrix}$이면, $A' = \begin{pmatrix} 1 & 3 \\ 2 & 4 \end{pmatrix}$

$|A| = \begin{vmatrix} 1 & 2 \\ 3 & 4 \end{vmatrix} = -2 \quad |A'| = \begin{vmatrix} 1 & 3 \\ 2 & 4 \end{vmatrix} = -2 \quad \therefore |A| = |A'|$

이 성질이 성립함으로써 행에 관한 성질은 열에 대해서도 성립한다.

성질 2 행렬식의 임의의 두 행(열)을 교환하면 절대값은 같고 부호만 바뀐다.

예 2

$|A| = \begin{vmatrix} 1 & 2 \\ 3 & 4 \end{vmatrix} = -2$에서 1행과 2행을 교환한 행렬식을 $|B|$라 하면,

$|B| = \begin{vmatrix} 3 & 4 \\ 1 & 2 \end{vmatrix} = 2$

성질 3 행렬식의 한 행(열)의 공통인수는 행렬식의 밖으로 나올 수 있다.

예 3

$|A| = \begin{vmatrix} 2 & 4 \\ 3 & 1 \end{vmatrix} = \begin{vmatrix} 2\times 1 & 2\times 2 \\ 3 & 1 \end{vmatrix} = 2\begin{vmatrix} 1 & 2 \\ 3 & 1 \end{vmatrix} = 2(1-6) = -10$

이 성질의 역으로는 다음의 성질이 성립한다. 임의의 한 행(열)에 어떤 수 k를 곱하면 원래 행렬식의 k배가 된다.

성질 4 행렬식의 두 행(열)이 같으면 행렬식의 값은 0이다.

예 4

$|A| = \begin{vmatrix} 2 & 3 \\ 2 & 3 \end{vmatrix} = 6 - 6 = 0$

이 성질로부터 다음 성질이 성립한다. 두 행(열)이 비례하면 행렬식의 값은 0이다.

예 5

2행이 1행의 3배인 행렬식 $|B|$에서

$$|B| = \begin{vmatrix} 2 & 3 \\ 6 & 9 \end{vmatrix} = \begin{vmatrix} 2 & 3 \\ 3\times2 & 3\times3 \end{vmatrix} = 3\begin{vmatrix} 2 & 3 \\ 2 & 3 \end{vmatrix} = 3\cdot 0 = 0$$

성질 5	행렬식의 한 행(열)이 두 수의 합으로 되어 있으면, 다른 행(열)의 원소는 같고 그 행(열)이 각각 두 수로 나뉜 행렬식의 합과 같다.

예 6

$$\begin{vmatrix} a_1+c_1 & a_2+c_2 \\ b_1 & b_2 \end{vmatrix} = \begin{vmatrix} a_1 & a_2 \\ b_1 & b_2 \end{vmatrix} + \begin{vmatrix} c_1 & c_2 \\ b_1 & b_2 \end{vmatrix}$$

예 7

$$\begin{vmatrix} 5 & 7 \\ 8 & 4 \end{vmatrix} = \begin{vmatrix} 3+2 & 4+3 \\ 8 & 4 \end{vmatrix} = \begin{vmatrix} 3 & 4 \\ 8 & 4 \end{vmatrix} + \begin{vmatrix} 2 & 3 \\ 8 & 4 \end{vmatrix} = (12-32)+(8-24) = -36$$

성질 6	행렬식의 한 행(열)에 다른 행(열)의 k배를 더해도 행렬식의 값은 변하지 않는다.

예 8

$|A| = \begin{vmatrix} a_1 & b_1 & c_1 \\ a_2 & b_2 & c_2 \\ a_3 & b_3 & c_3 \end{vmatrix}$일 때 1행의 k배를 3행에 더해 주면,

$$\begin{vmatrix} a_1 & b_1 & c_1 \\ a_2 & b_2 & c_2 \\ (ka_1+a_3) & (kb_1+b_3) & (kc_1+c_3) \end{vmatrix}$$

$$= \begin{vmatrix} a_1 & b_1 & c_1 \\ a_2 & b_2 & c_2 \\ ka_1 & kb_2 & kc_2 \end{vmatrix} + \begin{vmatrix} a_1 & b_1 & c_1 \\ a_2 & b_2 & c_2 \\ a_3 & b_3 & c_3 \end{vmatrix}$$

$$= k\begin{vmatrix} a_1 & b_1 & c_1 \\ a_2 & b_2 & c_2 \\ a_1 & b_1 & c_1 \end{vmatrix} + \begin{vmatrix} a_1 & b_1 & c_1 \\ a_2 & b_2 & c_2 \\ a_3 & b_3 & c_3 \end{vmatrix} = k\cdot 0 + \begin{vmatrix} a_1 & b_1 & c_1 \\ a_2 & b_2 & c_2 \\ a_3 & b_3 & c_3 \end{vmatrix} = \begin{vmatrix} a_1 & b_1 & c_1 \\ a_2 & b_2 & c_2 \\ a_3 & b_3 & c_3 \end{vmatrix}$$

예 9

$\begin{vmatrix} 3 & 2 & -5 \\ 1 & 0 & -2 \\ 2 & 3 & -4 \end{vmatrix}$에서 1열의 2배를 3열에 더한다.

$$= \begin{vmatrix} 3 & 2 & 3\times 2+(-5) \\ 1 & 0 & 1\times 2+(-2) \\ 2 & 3 & 2\times 2+(-4) \end{vmatrix} = \begin{vmatrix} 3 & 2 & 1 \\ 1 & 0 & 0 \\ 2 & 3 & 0 \end{vmatrix} = 3$$

성질 7 행렬식의 행(열)벡터가 1차종속이면 행렬식의 값은 0이다.

예 10

$|A| = \begin{vmatrix} 2 & 1 & 3 \\ 4 & 2 & 6 \\ 1 & 3 & 0 \end{vmatrix}$일 때 행렬식 $|A|$의 행벡터를 각각 $\boldsymbol{a}_1$, $\boldsymbol{a}_2$, $\boldsymbol{a}_3$라 하면, $\boldsymbol{a}_2=(4,\ 2,\ 6)$는 $\boldsymbol{a}_1=(2,\ 1,\ 3)$의 2배가 되어 $\boldsymbol{a}_2 = 2\boldsymbol{a}_1$이 성립하므로, 세 벡터 $\boldsymbol{a}_1$, $\boldsymbol{a}_2$, $\boldsymbol{a}_3$는 1차종속이다.

$$\begin{vmatrix} 2 & 1 & 3 \\ 4 & 2 & 6 \\ 1 & 3 & 0 \end{vmatrix} = 2\begin{vmatrix} 2 & 1 & 3 \\ 2 & 1 & 3 \\ 1 & 3 & 0 \end{vmatrix} = 2\cdot 0 = 0$$

성질 8 행렬식의 행(열)벡터가 1차독립이면 행렬식의 값은 0이 아니다.

예 11

$|B| = \begin{vmatrix} 3 & 2 \\ 4 & 3 \end{vmatrix}$일 때

행벡터를 각각 $b_1 = (3,\ 2)$, $b_2 = (4,\ 3)$이라고 하면 두 벡터는 같은 직선상에 놓이지 않으므로 1차독립이다.

$$\begin{vmatrix} 3 & 2 \\ 4 & 3 \end{vmatrix} = 9 - 8 = 1 \neq 0$$

연습문제 3.2 Exercise

[1] 다음 행렬식의 값을 구하여라.

(1) $|A| = \begin{vmatrix} 1 & -1 & 5 \\ 2 & 3 & -4 \\ 0 & -4 & 2 \end{vmatrix}$ (2) $|B| = \begin{vmatrix} 2 & 3 & 1 \\ 4 & 0 & 2 \\ 1 & -1 & 5 \end{vmatrix}$

[2] 다음 행렬식의 값을 행렬식의 성질을 이용하여 구하여라.

(1) $|A| = \begin{vmatrix} 1 & 2 & 3 \\ -2 & -1 & -7 \\ -3 & 3 & -12 \end{vmatrix}$ (2) $|B| = \begin{vmatrix} 2 & a & b+c \\ 2 & b & c+a \\ 2 & c & a+b \end{vmatrix}$

[3] 다음 행렬식에 관해서 등식관계가 성립하는지를 증명하여라.

(1) $|A| = \begin{vmatrix} 1 & 0 & 0 \\ 0 & 1 & 0 \\ 0 & 0 & t \end{vmatrix} = t$ (2) $|B| = \begin{vmatrix} 1 & 0 & 0 \\ t & 1 & 0 \\ 0 & 0 & 1 \end{vmatrix} = 1$

3.3 라프라스(Laplace)전개

3.3.1 소행렬식과 여인수

n차의 행렬식 $|A| = |a_{ij}|$에서 원소 a_{ij}를 포함하는 행과 열을 제외하고 생기는 $n-1$차의 행렬식을 a_{ij}에 대한 소행렬식(minor)이라 하고 $|M_{ij}|$로 나타낸다.

예 1

$$|A| = \begin{vmatrix} a_{11} & a_{12} & a_{13} \\ a_{21} & a_{22} & a_{23} \\ a_{31} & a_{32} & a_{33} \end{vmatrix} \text{에서}$$

$$|M_{12}| = \begin{vmatrix} a_{21} & a_{23} \\ a_{31} & a_{33} \end{vmatrix}, \ |M_{22}| = \begin{vmatrix} a_{11} & a_{13} \\ a_{31} & a_{33} \end{vmatrix}$$

소행렬식 $|M_{ij}|$에 $(-1)^{i+j}$를 곱한 것을 a_{ij}의 여인수(cofactor)라 하고 $|C_{ij}|$로 나타낸다.

즉, $|C_{ij}| = (-1)^{i+j}|M_{ij}|$

예 2

앞의 예에서

$$|C_{12}| = (-1)^{1+2}|M_{12}| = (-1)\begin{vmatrix} a_{21} & a_{23} \\ a_{31} & a_{33} \end{vmatrix} = -(a_{21} \cdot a_{33} - a_{23} \cdot a_{31})$$

$$|C_{22}| = (-1)^{2+2}|M_{22}| = (+1)\begin{vmatrix} a_{11} & a_{13} \\ a_{31} & a_{33} \end{vmatrix} = (a_{11} \cdot a_{33} - a_{13} \cdot a_{31})$$

예 3

$$|A|=\begin{vmatrix} 1 & -2 & 2 \\ 3 & 1 & -2 \\ 0 & 3 & 1 \end{vmatrix}$$ 일 때

a_{12}의 소행렬식은 $|M_{12}|=\begin{vmatrix} 3 & -2 \\ 0 & 1 \end{vmatrix}=3$,

a_{22}의 소행렬식은 $|M_{22}|=\begin{vmatrix} 1 & 2 \\ 0 & 1 \end{vmatrix}=1$이다.

a_{12}의 여인수는 $|C_{12}|=(-1)|M_{12}|=(-1)3=-3$

a_{22}의 여인수는 $|C_{22}|=(+1)|M_{22}|=(+1)1=1$

3.3.2 라프라스전개

행렬식에 관해서 다음의 정리가 성립한다.

정리 3.1

n차의 행렬식 $|A|$는 한 행(열)의 각각의 원소 a_{ij}와 그 여인수 $|C_{ij}|$의 곱의 합으로 나타낼 수 있다.

$$|A|=a_{i1}|c_{i1}|+a_{i2}|c_{i2}|+\cdots+a_{in}|c_{in}| \qquad (i=1,\ 2,\ \cdots,\ n)$$

$$|A|=a_{1j}|c_{1j}|+a_{2j}|c_{2j}|+\cdots+a_{nj}|c_{nj}| \qquad (j=1,\ 2,\ \cdots,\ n)$$

예 1

$$|A|=\begin{vmatrix} 2 & 3 & -4 \\ 0 & -4 & 2 \\ 1 & -1 & 5 \end{vmatrix}$$ 일 때

$$|c_{11}| = (+1)\begin{vmatrix} -4 & 2 \\ -1 & 5 \end{vmatrix} = -18,\ |c_{12}| = (-1)\begin{vmatrix} 0 & 2 \\ 1 & 5 \end{vmatrix} = 2,$$

$$|c_{13}| = (+1)\begin{vmatrix} 0 & -4 \\ 1 & -1 \end{vmatrix} = 4,$$

$$|c_{21}| = (-1)\begin{vmatrix} 3 & -4 \\ -1 & 5 \end{vmatrix} = -11,\ |c_{22}| = (+1)\begin{vmatrix} 2 & -4 \\ 1 & 5 \end{vmatrix} = 14,$$

$$|c_{23}| = (-1)\begin{vmatrix} 2 & 3 \\ 1 & -1 \end{vmatrix} = 5,$$

$$|c_{31}| = (+1)\begin{vmatrix} 3 & -4 \\ -4 & 2 \end{vmatrix} = -10,\ |c_{32}| = (-1)\begin{vmatrix} 2 & -4 \\ 0 & 2 \end{vmatrix} = -4,$$

$$|c_{33}| = (+1)\begin{vmatrix} 2 & 3 \\ 0 & -4 \end{vmatrix} = -8$$

제1행에 관해서 전개하면,

$$\begin{aligned} |A| &= a_{11}|c_{11}| + a_{12}|c_{12}| + a_{13}|c_{13}| \\ &= 2\cdot(-18) + 3\cdot 2 + (-4)\cdot 4 = -46 \end{aligned}$$

제3행에 관해서 전개하면,

$$\begin{aligned} |A| &= a_{31}|c_{31}| + a_{32}|c_{32}| + a_{33}|c_{33}| \\ &= 1\cdot(-10) + (-1)\cdot(-4) + 5\cdot(-8) = -46 \end{aligned}$$

제2열에 관해서 전개하면,

$$\begin{aligned} |A| &= a_{12}|c_{12}| + a_{22}|c_{22}| + a_{32}|c_{32}| \\ &= 3\cdot 2 + (-4)\cdot 14 + (-1)\cdot(-4) = -46 \end{aligned}$$

(정리 3.1)과 (성질 6)을 이용하면 차수가 높은 행렬식을 낮은 차수의 행렬식으로 변환하면서, 0이 많이 포함되도록 변환하여 간단하게 계산할 수도 있다.

예 2

$|B|=\begin{vmatrix} 1 & 1 & 1 & 1 \\ 2 & 2 & 5 & -4 \\ 1 & 3 & -1 & 2 \\ 2 & 4 & -2 & 4 \end{vmatrix}$ 일 때, $|B|$의 1열에 (-1)를 곱하여 2, 3, 4 열에 더하면 다음과 같다.

$|B|=\begin{vmatrix} 1 & 0 & 0 & 0 \\ 2 & 0 & 3 & -6 \\ 1 & 2 & -2 & 1 \\ 2 & 2 & -4 & 2 \end{vmatrix}$ 이 행렬식에서 1행에 관해서 전개하면 (1, 2), (1, 3), (1, 4)의 원소가 0이므로

$=\begin{vmatrix} 0 & 3 & -6 \\ 2 & -2 & 1 \\ 2 & -4 & 2 \end{vmatrix}$ 이 행렬식의 제2행에 (-1)를 곱하여 제3행에 더한다.

$=\begin{vmatrix} 0 & 3 & -6 \\ 2 & -2 & 1 \\ 0 & -2 & 1 \end{vmatrix}$ 이 행렬식의 1열에 관해서 전개한다.

$= 2\cdot(-1)\begin{vmatrix} 3 & -6 \\ -2 & 1 \end{vmatrix} = -2(3-12) = 18$

연습문제 3.3 Exercise

[1] 다음 행렬식에서 각 원소 a_{ij}의 여인수 $|C_{ij}|$를 모두 구하여라.

(1) $|A|=\begin{vmatrix} 2 & 3 & 1 \\ 4 & 0 & 2 \\ 1 & -1 & 5 \end{vmatrix}$

[2] 다음 행렬식의 값을 구하여라.

(1) $|A|=\begin{vmatrix} -3 & 3 & -3 & 3 \\ 2 & 1 & 5 & 0 \\ 5 & -5 & 5 & -5 \\ 1 & 0 & 2 & 3 \end{vmatrix}$ (2) $|B|=\begin{vmatrix} 1 & 1 & 1 & 1 \\ 3 & 3 & 4 & 2 \\ 1 & 2 & 0 & -1 \\ 3 & 4 & -2 & 4 \end{vmatrix}$

(3) $|C| = \begin{vmatrix} 1 & 0 & 0 & 0 \\ 2 & 5 & 0 & 0 \\ 3 & 6 & 8 & 0 \\ 4 & 7 & 9 & 10 \end{vmatrix}$ (4) $|D| = \begin{vmatrix} 1 & 2 & -3 & 3 \\ 3 & -1 & 1 & -2 \\ 1 & 0 & -3 & 0 \\ 4 & -2 & -12 & 2 \end{vmatrix}$

3.4 행렬식의 곱과 rank

3.4.1 행렬식의 곱

정리 3.2

n차의 정방행렬 A, B에 대해서 다음이 성립한다.

$|AB| = |A||B| = |B||A| = |BA|$

행렬의 곱에서는 A, B가 같은 차수일 때 일반적으로 $AB \neq BA$이다. 그러나 행렬식의 경우는 (정리 3.2)의 관계가 성립한다.

예 1

$A = \begin{pmatrix} 1 & 2 \\ 4 & 3 \end{pmatrix}$, $B = \begin{pmatrix} 5 & 6 \\ 8 & 7 \end{pmatrix}$일 때

$AB = \begin{pmatrix} 1 & 2 \\ 4 & 3 \end{pmatrix}\begin{pmatrix} 5 & 6 \\ 8 & 7 \end{pmatrix} = \begin{pmatrix} 21 & 20 \\ 44 & 45 \end{pmatrix}$

$BA = \begin{pmatrix} 5 & 6 \\ 8 & 7 \end{pmatrix}\begin{pmatrix} 1 & 2 \\ 4 & 3 \end{pmatrix} = \begin{pmatrix} 29 & 28 \\ 36 & 37 \end{pmatrix}$

$|A| = \begin{vmatrix} 1 & 2 \\ 4 & 3 \end{vmatrix} = -5$, $|B| = \begin{vmatrix} 5 & 6 \\ 8 & 7 \end{vmatrix} = -13$

$|A||B| = (-5)(-13) = 65$, $|B||A| = (-13)(-5) = 65$

$$|AB| = \begin{vmatrix} 21 & 20 \\ 44 & 45 \end{vmatrix} = 65, \ |BA| = \begin{vmatrix} 29 & 28 \\ 36 & 37 \end{vmatrix} = 65$$

3.4.2 정칙행렬과 그 행렬식의 값 및 rank와의 관계

(정리3.2)를 이용하여 정칙행렬 A에 대해서 다음의 여러 성질을 도출할 수 있다. 먼저 역행렬에 관한 다음의 관계로부터

$$A^{-1}A = I$$

위 식에서 양변의 행렬에서 행렬식을 구하면,

$$|A^{-1}A| = |A^{-1}||A| = |I| = 1$$

단위행렬의 행렬식은 1이므로 정칙행렬과 그 역행렬의 행렬식의 값을 곱하면 0이 아니다.

$$|A||A^{-1}| = 1 \neq 0$$

따라서 정칙행렬과 그 역행렬의 행렬식의 각각의 값은 0이 아니다. 즉,

$$|A| \neq 0, \quad |A^{-1}| \neq 0$$

한편, n차 정방행렬 A의 $rank$가 n이라면, 기본변형에 의해서 A를 다음과 같이 표준화할 수 있다.

$$PAQ = I_n$$

여기서 P, Q는 적당한 정칙행렬이다.
그런데 단위행렬의 행렬식의 값이 1이므로,

$$|PAQ| = |P||A||Q| = 1 \neq 0$$

그리고 P, Q는 정칙행렬이기 때문에 그 행렬식의 값이 0이 아니다.

$$|P| \neq 0,\ |Q| \neq 0$$

따라서 $rank$가 n인 행렬 A의 행렬식의 값도 0이 아니다.

$$|A| \neq 0$$

이러한 사실로부터 다음 정리가 성립한다.

정리 3.3

n차 정방행렬 A에 대해서 다음은 동치이다.

1. $|A| \neq 0$
2. A의 n개의 행(열)벡터는 1차독립이다.
3. $rank(A) = n$
4. A의 역행렬 A^{-1}이 존재한다.
5. A는 정칙행렬이다.

예 1

$A=\begin{pmatrix} 3 & 2 \\ 4 & 3 \end{pmatrix}$일 때

(1) $|A|=\begin{vmatrix} 3 & 2 \\ 4 & 3 \end{vmatrix}=1 \neq 0$

(2) 행벡터를 각각 $\boldsymbol{a}_1=(3,\ 2)$, $\boldsymbol{a}_2=(4,\ 3)$이라 할 때 $\boldsymbol{a}_1$, $\boldsymbol{a}_2$는 같은 직선상에 놓이지 않으므로 1차독립이다.

(3) 기본변형에 의해서 다음이 얻어지기 때문에 $rank(A)=2$가 된다.

$$\begin{pmatrix} 3 & 2 \\ 4 & 3 \end{pmatrix} \to \begin{pmatrix} 1 & \frac{2}{3} \\ 4 & 3 \end{pmatrix} \to \begin{pmatrix} 1 & \frac{2}{3} \\ 0 & \frac{1}{3} \end{pmatrix} \to \begin{pmatrix} 1 & \frac{2}{3} \\ 0 & 1 \end{pmatrix} \to \begin{pmatrix} 1 & 0 \\ 0 & 1 \end{pmatrix}$$

(4) A의 역행렬 A^{-1}는

$A^{-1}=\begin{pmatrix} 3 & -2 \\ -4 & 3 \end{pmatrix}$가 된다.(역행렬의 계산은 다음 절에서 살펴본다.)

(5) 그러므로 행렬 A는 정칙행렬이다.

3.4.3 특이행렬과 그 행렬식의 값 및 rank와의 관계

한편, n차 정방행렬 B의 $rank$가 r로서 n보다 작다면, 기본변형에 의해서 B를 다음과 같이 표준형으로 나타낼 수 있다.

$$PBQ=\left(\begin{array}{c:c} I_r & O \\ \hdashline O & O \end{array}\right)$$

그런데 오른편의 행렬식은 0이 된다.

$$\left|\begin{array}{c:c} I_r & O \\ \hdashline O & O \end{array}\right|=0$$

따라서

$$|PBQ| = |P||B||Q| = 0$$

한편 P, Q는 적당한 정칙행렬이므로

$$|P| \neq 0,\ |Q| \neq 0$$

가 된다. 그러므로

$$|P||B||Q| = 0$$

이기 위해서는

$$|B| = 0$$

이어야 한다.

이것으로부터 다음 정리가 성립한다.

정리 3.4

n차 정방행렬 B에 대해서 다음은 동치이다.

1. $|B| = 0$
2. B의 n개의 행(열)벡터는 1차종속이다.
3. $rank(B) = r < n$
4. B의 역행렬 B^{-1}가 존재하지 않는다.
5. B는 정칙행렬이 아니다.

예 1

$B=\begin{pmatrix} 1 & 2 \\ 2 & 4 \end{pmatrix}$일 때

(1) $|B|=\begin{vmatrix} 1 & 2 \\ 2 & 4 \end{vmatrix}=0$

(2) 행벡터를 각각 $\boldsymbol{b}_1=(1,\ 2)$, $\boldsymbol{b}_2=(2,\ 4)$이라 할 때 $\boldsymbol{b}_2$는 $\boldsymbol{b}_1$의 2배로 나타낼 수 있기 때문에 $\boldsymbol{b}_1$, $\boldsymbol{b}_2$는 1차종속이다.

(3) 기본변형에 의해서 다음을 얻을 수 있다.

$$\begin{pmatrix} 1 & 2 \\ 2 & 4 \end{pmatrix} \to \begin{pmatrix} 1 & 2 \\ 0 & 0 \end{pmatrix} \to \begin{pmatrix} 1 & 0 \\ 0 & 0 \end{pmatrix}$$

따라서 $rank(B)=1$이 되어 차수 2보다 작다.

(4) $|B|=0$가 되므로 역행렬 B^{-1}가 존재하지 않는다.

(5) 행렬 B는 역행렬이 존재하지 않기 때문에 정칙행렬이 아니다.

연습문제 3.4 Exercise

[1] 다음 행렬에 대해서 아래의 사항을 구하고, (정리 3.3)이 성립하는지를 검토하여라.

$A=\begin{pmatrix} 4 & 2 \\ 5 & 3 \end{pmatrix}$

(1) $|A|$

(2) 행벡터는 1차독립인가 1차종속인가?

(3) $rank(A)$

[2] 다음 행렬에 대해서 아래의 사항을 구하고, (정리 3.4)가 성립하는지를 검토하여라.

$$B = \begin{pmatrix} 4 & 2 \\ 2 & 1 \end{pmatrix}$$

(1) $|B|$

(2) 행벡터는 1차독립인가 1차종속인가?

(3) $rank(B)$

3.5 역행렬의 계산

3.5.1 라프라스전개에 의한 행렬식의 값

정리 3.5

$|A|$가 n차 행렬식일 때 다음이 성립한다.

$$a_{j1}|c_{i1}| + a_{j2}|c_{i2}| + \cdots + a_{jn}|c_{in}| = \begin{cases} |A| & i = j \\ 0 & i \neq j \end{cases}$$

$$a_{1j}|c_{1i}| + a_{2j}|c_{2i}| + \cdots + a_{nj}|c_{ni}| = \begin{cases} |A| & i = j \\ 0 & i \neq j \end{cases}$$

예 1

3.3.2의 **예 1**에서

$$|A| = \begin{vmatrix} 2 & 3 & -4 \\ 0 & -4 & 2 \\ 1 & -1 & 5 \end{vmatrix} \text{일 때}$$

1행에 관해서 전개하면 a_{1i}와 $|c_{1i}|$의 첨자가 같아져서$(i = j)$

$$a_{11}|c_{11}| + a_{12}|c_{12}| + a_{13}|c_{13}| = 2 \cdot (-18) + 3 \cdot 2 + (-4) \cdot 4 = -46$$

이 된다.

그런데 1행에 관해서 전개하면서 2행의 여인수를 대입하면

$a_{11}|c_{21}| + a_{12}|c_{22}| + a_{13}|c_{23}| = 2\cdot(-11) + 3\cdot(14) + (-4)\cdot 5 = 0$

이 되어 그 값이 0이다.

3.5.2 수반행렬(adjoint matrix)

n차 정방행렬

$$A = (a_{ij})$$

에 대해서 여인수들만의 행렬을 C라 하면,

$$C = \begin{pmatrix} |c_{11}| & |c_{12}| & \cdots & |c_{1n}| \\ \vdots & & & \\ |c_{n1}| & |c_{n2}| & \cdots & |c_{nn}| \end{pmatrix}$$

이 여인수행렬 C의 전치행렬 C'를 행렬 A의 수반행렬(adjoint matrix)이라 정의하고 다음과 같이 $adj\ A$로 나타낸다.

$$adj\ A = \begin{pmatrix} |c_{11}| & \cdots & |c_{n1}| \\ |c_{12}| & \cdots & |c_{n2}| \\ \vdots & & \vdots \\ |c_{1n}| & \cdots & |c_{nn}| \end{pmatrix}$$

그러면 다음 정리가 성립한다.

정리 3.6

A를 n차 정방행렬이라 하면
$A(adj\ A) = (adj\ A)A = |A|I$

n차 정방행렬 A와 수반행렬$(adj\ A)$을 곱한 행렬을 $B=(b_{ij})$라 하면,

$$B = A(adj\ A)$$
$$= \begin{pmatrix} a_{11} & a_{12} & \dots & a_{1n} \\ a_{21} & a_{22} & \dots & a_{2n} \\ \vdots & \vdots & & \vdots \\ a_{n1} & a_{n2} & \dots & a_{nn} \end{pmatrix} \begin{pmatrix} |c_{11}| & \cdots & |c_{n1}| \\ |c_{12}| & \cdots & |c_{n2}| \\ \vdots & & \vdots \\ |c_{1n}| & \cdots & |c_{nn}| \end{pmatrix}$$

B행렬의 i행 j열의 원소 b_{ij}는 $|c_{ij}|$를 행렬 A의 여인수행렬이라 할 때 다음과 같다.

$$b_{ij} = a_{i1}|c_{j1}| + a_{i2}|c_{j2}| + \cdots + a_{in}|c_{jn}|$$

그러므로 b_{ij}는 $i=j$이면 $|A|$이나, $i \neq j$이면 0이다.

$$b_{ij} = \begin{cases} |A| & i=j \\ 0 & i \neq j \end{cases}$$

따라서 행렬 B는 대각선상의 원소는 $|A|$이고 나머지 원소는 0인 행렬이 된다.

$$B = \begin{pmatrix} |A| & 0 & \cdots & 0 \\ 0 & |A| & \cdots & 0 \\ \vdots & & \ddots & \vdots \\ 0 & 0 & \cdots & |A| \end{pmatrix} = |A| \begin{pmatrix} 1 & 0 & \cdots & 0 \\ 0 & 1 & \cdots & 0 \\ \vdots & \vdots & \ddots & \vdots \\ 0 & 0 & \cdots & 1 \end{pmatrix} = |A|I$$

같은 방법으로 $B=(adj\ A)A$일 때에도 $(adj\ A)A=|A|I$가 성립한다.
(정리 3.6)의 결과로부터 역행렬에 관한 다음의 정리가 성립한다.

정리 3.7

$|A|\neq 0$이면, $A^{-1}=\dfrac{1}{|A|}(adj\ A)$

$|A|\neq 0$일 때 A의 역행렬이 $\dfrac{1}{|A|}(adj\ A)$가 되는 것을 증명하기 위해서는, 행렬 A와 그 역행렬의 곱이 단위행렬이 되는 것을 보이면 된다.

먼저,

$$
\begin{aligned}
AA^{-1} &= A\frac{1}{|A|}(adj\ A) \\
&= \frac{1}{|A|}A(adj\ A) \\
&= \frac{1}{|A|}|A|I \qquad \text{(정리 3.6으로부터)} \\
&= I
\end{aligned}
$$

한편,

$$
\begin{aligned}
A^{-1}A &= \frac{1}{|A|}(adj\ A)A \\
&= \frac{1}{|A|}|A|I \qquad \text{(정리 3.6으로부터)} \\
&= I
\end{aligned}
$$

그러므로 A의 역행렬은 $\dfrac{1}{|A|}(adj\ A)$이다.

3.5.3 역행렬을 구하는 방법

(정리 3.7)로부터 역행렬을 구하는 순서는 다음과 같다.

(1) $|A|$를 구한다. $|A| \neq 0$이면 역행렬이 존재한다.

(2) A의 여인수행렬 C를 구한다.

(3) 여인수행렬의 전치행렬인 수반행렬$(adj\ A)$을 구한다.

(4) $\frac{1}{|A|}(adj\ A)$를 구한다.

예 1

$A = \begin{pmatrix} 3 & 2 \\ 4 & 3 \end{pmatrix}$일 때 A의 역행렬을 구하여라.

(1) $|A| = \begin{vmatrix} 3 & 2 \\ 4 & 3 \end{vmatrix} = 1 \neq 0$

(2) $C = \begin{pmatrix} |c_{11}| & |c_{12}| \\ |c_{21}| & |c_{22}| \end{pmatrix} = \begin{pmatrix} 3 & -4 \\ -2 & 3 \end{pmatrix}$

(3) $adj\ A = \begin{pmatrix} 3 & -2 \\ -4 & 3 \end{pmatrix}$

(4) $A^{-1} = \frac{1}{|A|}(adj\ A) = \frac{1}{1}\begin{pmatrix} 3 & -2 \\ -4 & 3 \end{pmatrix} = \begin{pmatrix} 3 & -2 \\ -4 & 3 \end{pmatrix}$

한편, $AA^{-1} = I$가 되는지를 확인한다.

$\begin{pmatrix} 3 & 2 \\ 4 & 3 \end{pmatrix}\begin{pmatrix} 3 & -2 \\ -4 & 3 \end{pmatrix} = \begin{pmatrix} 1 & 0 \\ 0 & 1 \end{pmatrix}$

예 2

$A = \begin{pmatrix} 1 & 0 & 0 \\ 0 & 0 & 1 \\ 0 & 1 & 0 \end{pmatrix}$일 때 A의 역행렬을 구하라.

(1) $|A| = \begin{vmatrix} 1 & 0 & 0 \\ 0 & 0 & 1 \\ 0 & 1 & 0 \end{vmatrix} = -1 \neq 0$

(2) $|c_{11}| = +\begin{vmatrix} 0 & 1 \\ 1 & 0 \end{vmatrix} = -1,\ |c_{12}| = -\begin{vmatrix} 0 & 1 \\ 0 & 0 \end{vmatrix} = 0,\ |c_{13}| = +\begin{vmatrix} 0 & 0 \\ 0 & 1 \end{vmatrix} = 0,$

$|c_{21}| = -\begin{vmatrix} 0 & 0 \\ 1 & 0 \end{vmatrix} = 0,\ |c_{22}| = +\begin{vmatrix} 1 & 0 \\ 0 & 0 \end{vmatrix} = 0,\ |c_{23}| = -\begin{vmatrix} 1 & 0 \\ 0 & 1 \end{vmatrix} = -1,$

$|c_{31}| = +\begin{vmatrix} 0 & 0 \\ 0 & 1 \end{vmatrix} = 0,\ |c_{32}| = -\begin{vmatrix} 1 & 0 \\ 0 & 1 \end{vmatrix} = -1,\ |c_{33}| = +\begin{vmatrix} 1 & 0 \\ 0 & 0 \end{vmatrix} = 0$

$\therefore C = \begin{pmatrix} |c_{11}| & |c_{12}| & |c_{13}| \\ |c_{21}| & |c_{22}| & |c_{23}| \\ |c_{31}| & |c_{32}| & |c_{33}| \end{pmatrix} = \begin{pmatrix} -1 & 0 & 0 \\ 0 & 0 & -1 \\ 0 & -1 & 0 \end{pmatrix}$

(3) $adj\ A = \begin{pmatrix} -1 & 0 & 0 \\ 0 & 0 & -1 \\ 0 & -1 & 0 \end{pmatrix}$

(4) $A^{-1} = \frac{1}{|A|}(adj\ A) = \frac{1}{-1}\begin{pmatrix} -1 & 0 & 0 \\ 0 & 0 & -1 \\ 0 & -1 & 0 \end{pmatrix} = \begin{pmatrix} 1 & 0 & 0 \\ 0 & 0 & 1 \\ 0 & 1 & 0 \end{pmatrix}$

한편

$AA^{-1} = \begin{pmatrix} 1 & 0 & 0 \\ 0 & 0 & 1 \\ 0 & 1 & 0 \end{pmatrix}\begin{pmatrix} 1 & 0 & 0 \\ 0 & 0 & 1 \\ 0 & 1 & 0 \end{pmatrix} = \begin{pmatrix} 1 & 0 & 0 \\ 0 & 1 & 0 \\ 0 & 0 & 1 \end{pmatrix}$을 확인할 수 있다.

연습문제 3.5 Exercise

[1] 다음 행렬의 역행렬을 구하여라.

(1) $A = \begin{pmatrix} 4 & 3 \\ 5 & 4 \end{pmatrix}$

(2) $B = \begin{pmatrix} 5 & 4 \\ 6 & 5 \end{pmatrix}$

(3) $D = \begin{pmatrix} 4 & 2 \\ 5 & 3 \end{pmatrix}$

(4) $E = \begin{pmatrix} 3 & 2 \\ 2 & 3 \end{pmatrix}$

[2] 다음 행렬의 역행렬을 구하여라.

(1) $A = \begin{pmatrix} 2 & 1 & 4 \\ 1 & 0 & 3 \\ 0 & 5 & 2 \end{pmatrix}$

(2) $B = \begin{pmatrix} 3 & 0 & 0 \\ 2 & 4 & 0 \\ 1 & 3 & 5 \end{pmatrix}$

(3) $D=\begin{pmatrix}1&0&0\\0&1&0\\0&0&3\end{pmatrix}$　　　(4) $E=\begin{pmatrix}1&0&0\\0&1&5\\0&0&1\end{pmatrix}$

3.6 크래머(Cramer)의 공식

3.6.1 크래머의 공식에 의한 연립1차방정식

n개의 미지수와 n개의 방정식으로 구성된 연립방정식

$$\begin{cases}a_{11}x_1 + a_{12}x_2 + \cdots + a_{1n}x_n = b_1\\ \vdots \\ a_{n1}x_1 + a_{n2}x_2 + \cdots + a_{nn}x_n = b_n\end{cases} \tag{3.6}$$

을 행렬식을 사용하여 나타내어 보기로 한다.

$$A=\begin{pmatrix}a_{11}&a_{12}&\cdots&a_{1n}\\ \vdots&\vdots&&\vdots\\ \vdots&\vdots&&\vdots\\ a_{n1}&a_{n2}&\cdots&a_{nn}\end{pmatrix},\ X=\begin{pmatrix}x_1\\ \vdots\\ x_n\end{pmatrix},\ B=\begin{pmatrix}b_1\\ \vdots\\ b_n\end{pmatrix} \tag{3.7}$$

이라 두면, (3.6)식은

$$AX=B \tag{3.8}$$

로 나타낼 수 있다. 여기서 만약 A의 역행렬 A^{-1}가 존재하면 (3.8)식의 양변에 왼쪽에서 곱하여

$$A^{-1}AX = A^{-1}B \tag{3.9}$$

$$\overline{X} = A^{-1}B \tag{3.10}$$

가 된다. 한편, (정리 3.7)로부터

$$A^{-1} = \frac{1}{|A|}(adj\ A) \tag{3.11}$$

의 관계를 (3.10)식에 대입하면

$$\overline{X} = \frac{1}{|A|}(adj\ A)B \tag{3.12}$$

가 되는데, 이것을 다시 나타내면 다음과 같다.

$$\begin{pmatrix} \overline{x_1} \\ \vdots \\ \overline{x_n} \end{pmatrix} = \frac{1}{|A|}\begin{pmatrix} |c_{11}| \cdots |c_{n1}| \\ \vdots \qquad \vdots \\ |c_{1n}| \cdots |c_{nn}| \end{pmatrix}\begin{pmatrix} b_1 \\ \\ b_n \end{pmatrix} \tag{3.13}$$

그러므로 j번째의 해 $\overline{x_j}$는 다음과 같이 구할 수 있다.

$$\overline{x_j} = \frac{1}{|A|}(b_1|c_{1j}| + \cdots + b_n|c_{nj}|) \tag{3.14}$$

여기서 오른쪽의 ( ) 안의 정수항 벡터와 여인수의 곱의 합은, 행렬식 $|A|$에서 j번째의 열을 정수항 열벡터 B로 바꾸어 놓은 행렬식과 같다. 이것을 $|A_j|$라 하면,

$$|A_j| = \begin{vmatrix} a_{11} & \cdots & b_{1j} & \cdots & a_{1n} \\ \vdots & & \vdots & & \vdots \\ a_{n1} & \cdots & b_{nj} & \cdots & a_{nn} \end{vmatrix} \qquad (3.15)$$

그러므로 (3.14)의 해 $\overline{x_j}$는 다음과 같이 간단히 나타낼 수 있다.

$$\overline{x_j} = \frac{|A_j|}{|A|} \qquad (3.16)$$

이 결과를 크래머의 공식이라 한다.

예 1

다음 연립방정식의 해를 크래머의 공식을 이용하여 구하여라.

$$\begin{cases} 6x + 5y = 16 \\ 3x + 4y = 11 \end{cases}$$

$$|A| = \begin{vmatrix} 6 & 5 \\ 3 & 4 \end{vmatrix} = 24 - 15 = 9 \neq 0$$

$$|A_1| = \begin{vmatrix} 16 & 5 \\ 11 & 4 \end{vmatrix} = 64 - 55 = 9$$

$$|A_2| = \begin{vmatrix} 6 & 16 \\ 3 & 11 \end{vmatrix} = 66 - 48 = 18$$

$$\therefore \quad \overline{x_1} = \frac{|A_1|}{|A|} = \frac{9}{9} = 1, \quad \overline{x_2} = \frac{|A_2|}{|A|} = \frac{18}{9} = 2$$

예 2

다음 연립방정식의 해를 크래머의 공식을 이용하여 구하여라.

$$\begin{cases} 2x + 3y - z = 1 \\ 3x + 5y + 2z = 8 \\ x - 2y - 3z = -1 \end{cases}$$

$$|A|=\begin{vmatrix} 2 & 3 & -1 \\ 3 & 5 & 2 \\ 1 & -2 & -3 \end{vmatrix}=22\neq 0,$$

$$|A_1|=\begin{vmatrix} 1 & 3 & -1 \\ 8 & 5 & 2 \\ -1 & -2 & -3 \end{vmatrix}=66,$$

$$|A_2|=\begin{vmatrix} 2 & 1 & -1 \\ 3 & 8 & 2 \\ 1 & -1 & -3 \end{vmatrix}=-22, \qquad |A_3|=\begin{vmatrix} 2 & 3 & 1 \\ 3 & 5 & 8 \\ 1 & -2 & -1 \end{vmatrix}=44$$

$$\therefore \quad \overline{x}=\frac{|A_1|}{|A|}=\frac{66}{22}=3, \qquad \overline{y}=\frac{|A_2|}{|A|}=\frac{-22}{22}=-1,$$

$$\overline{z}=\frac{|A_3|}{|A|}=\frac{44}{22}=2$$

3.6.2 크래머의 공식에 의한 동차연립1차방정식

다음의 동차연립1차방정식에서

$$\begin{cases} a_{11}x_1+\cdots+a_{1n}x_n=0 \\ \quad\vdots \\ a_{n1}x_1+\cdots+a_{nn}x_n=0 \end{cases} \tag{3.17}$$

(3.7)식에서와 같이 A를 계수행렬, X를 변수의 열벡터, 그리고 $\mathbf{0}$를 영벡터라 하면,

$$AX=\mathbf{0} \tag{3.18}$$

로 나타낼 수 있다. 만약 A의 역행렬 A^{-1}가 존재하여 (3.18)식의 양변의 왼쪽에 곱하면

$$A^{-1}AX = A^{-1}0 \tag{3.19}$$

에서

$$\overline{X} = 0 \tag{3.20}$$

가 된다. 즉, 모든 해가 0인 자명한 해(trivial solution)가 된다. 그러므로 자명한 해를 가지지 않을 조건은 A의 역행렬이 존재하지 않는 것이고, 이것은 (정리 3.4)로부터

$$|A| = 0 \tag{3.21}$$

일 때이다.

예 1

다음 동차연립1차방정식의 해를 구하여라.

$$\begin{cases} 4x_1 + 3x_2 = 0 \\ 3x_1 + 4x_2 = 0 \end{cases}$$

$$|A| = \begin{vmatrix} 4 & 3 \\ 3 & 4 \end{vmatrix} = 16 - 9 = 7 \neq 0$$

그러므로 자명한 해를 가진다. 즉,

$$\begin{pmatrix} \overline{x_1} \\ \overline{x_2} \end{pmatrix} = \begin{pmatrix} 0 \\ 0 \end{pmatrix}$$

예 2

다음 동차연립1차방정식의 해를 구하여라.

$$\begin{cases} 4x_1 + 3x_2 = 0 \\ 8x_1 + 6x_2 = 0 \end{cases}$$

$$|A| = \begin{vmatrix} 4 & 3 \\ 8 & 6 \end{vmatrix} = 24 - 24 = 0$$

그러므로 자명한 해를 가지지 않고 무수히 많은 해의 조합을 가진다.

즉, x_1과 x_2의 관계는

$$x_1 = -\frac{3}{4}x_2$$

로서 x_2에 따라서 대응되는 x_1의 값은 무수히 많다.

여기서 $x_2 = \alpha$라 두면,

$$\therefore \begin{pmatrix} x_1 \\ \\ x_2 \end{pmatrix} = \alpha \begin{pmatrix} -\dfrac{3}{4} \\ 1 \end{pmatrix}$$

3.6.3 선형방정식체계에서의 해의 종류

방정식의 수와 변수의 수가 n으로 같을 때의 선형방정식체계 (3.6)식과 (3.17)식에서, 해의 종류는 다음과 같이 분류하여 나타낼 수 있다. 즉, (3.8)식과 같이 행렬을 이용하여 $AX = B$로 나타내었을 때, 계수행렬의 행렬식 $|A|$와 정수항 벡터 B에 따라서 다음과 같이 나눌 수 있다.

먼저 정수항 벡터 B가 $B \neq O$일 때(비동차연립방정식체계)

(1) $|A| \neq 0$이면, $\overline{X} \neq O$인 유일한 해가 존재한다.

(2) $|A| = 0$이면, 무수히 많은 해가 존재하거나 해가 존재하지 않는다.

다음으로 정수항 벡터 B가 $B = O$일때(동차연립방정식체계)

(3) $|A| \neq 0$이면, 자명한 해인 $\overline{X} = O$의 유일한 해가 존재한다.

(4) $|A| = 0$이면, 무수히 많은 해가 존재한다.

이상의 사실을 정리한 것이 <표 3.1>이다.

정수항 벡터 B / 행렬식 $\|A\|$	$B \neq O$ (비동차연립방정식체계)	$B = O$ (동차연립방정식체계)
$\|A\| \neq 0$	(1) $\overline{X} \neq O$인 유일한 해가 존재한다.	(3) $\overline{X} = O$인 유일한 해가 존재한다.
$\|A\| = 0$	(2) 무수히 많은 해가 존재한다	(4) 무수히 많은 해가 존재한다.
	(2) 해가 존재하지 않는다.(방정식체계가 모순)	

〈표 3.1〉

연습문제 3.6 Exercise

[1] 다음 연립방정식의 해를 크래머의 공식을 이용하여 구하여라.

(1) $\begin{cases} 3x_1 + 2x_2 = 8 \\ 2x_1 + 5x_2 = 9 \end{cases}$ (2) $\begin{cases} 2x_1 + 5x_2 = 16 \\ 3x_1 + x_2 = 11 \end{cases}$

(3) $\begin{cases} 3x_1 + 2x_2 = 9 \\ 4x_1 + 3x_2 = 13 \end{cases}$ (4) $\begin{cases} x_1 + 2x_2 = 14 \\ 5x_1 + x_2 = 25 \end{cases}$

[2] 다음 연립방정식의 해를 크래머의 공식을 이용하여 구하여라.

(1) $\begin{cases} x_1 + x_2 + x_3 = 6 \\ 2x_1 + 3x_2 = 8 \\ x_2 + 2x_3 = 8 \end{cases}$ (2) $\begin{cases} x_1 + 3x_3 = 6 \\ 3x_1 + x_2 = 11 \\ 2x_1 + 3x_2 + 9x_3 = 21 \end{cases}$

(3) $\begin{cases} x_1 + 2x_2 + \quad x_3 = 10 \\ \qquad\quad x_2 + 2x_3 = 5 \\ 4x_1 \qquad\quad + 3x_3 = 15 \end{cases}$ (4) $\begin{cases} 5x_1 + 3x_2 \qquad\quad = 8 \\ 2x_1 + 3x_2 + 4x_3 = 9 \\ x_1 \qquad\quad + 3x_3 = 4 \end{cases}$

[3] 다음의 동차연립방정식에서 $x = y = z = 0$ 이외의 해를 가지도록 k를 정하여라.

$$\begin{cases} kx \qquad + 3z = 0 \\ \qquad y + kz = 0 \\ 2x + 3y + 9z = 0 \end{cases}$$

3.7 선형방정식체계의 경제 · 경영학에의 응용

3.7.1 시장경제모형

단일의 상품시장에서 어떤 상품의 수요함수와 공급함수가 다음과 같다고 할 때 균형해를 구하여 보기로 하자.

$$\begin{aligned} &Q = a - bP && (a, b > 0) && \text{수요함수} \\ &Q = -c + dP && (c, d > 0) && \text{공급함수} \end{aligned} \tag{3.22}$$

(1) 먼저 크래머의 공식을 이용하여 (3.22)식의 균형해를 구해 보기로 한다.

(a) $\begin{aligned} Q + bP &= a \\ Q - dP &= -c \end{aligned}$

에서

$AX = B$ 또는 $\begin{pmatrix} 1 & b \\ 1 & -d \end{pmatrix}\begin{pmatrix} Q \\ P \end{pmatrix} = \begin{pmatrix} a \\ -c \end{pmatrix}$

(b) $|A| = \begin{vmatrix} 1 & b \\ 1 & -d \end{vmatrix} = -(b+d)$,

$$|A_1| = \begin{vmatrix} a & b \\ -c & -d \end{vmatrix} = -(ad-cb),$$

$$|A_2| = \begin{vmatrix} 1 & a \\ 1 & -c \end{vmatrix} = -(a+c)$$

(c) $$\overline{Q} = \frac{|A_1|}{|A|} = \frac{-(ad-cb)}{-(b+d)} = \frac{ad-cb}{b+d}$$

$$\overline{P} = \frac{|A_2|}{|A|} = \frac{-(a-c)}{-(b+d)} = \frac{a+c}{b+d}$$

(2) 다음으로 역행렬을 구하여 균형해를 구해 보기로 한다.

(a) $|c_{11}| = -d,\ |c_{12}| = -(1) = -1,$

$|c_{21}| = -(b) = -b,\ |c_{22}| = 1$

그러므로

$$C = \begin{pmatrix} -d & -1 \\ -b & 1 \end{pmatrix}$$

(b) $$C' = \begin{pmatrix} -d & -b \\ -1 & 1 \end{pmatrix} = adj\ A$$

(c) $$A^{-1} = \frac{1}{|A|} adj\ A = \frac{1}{-(b+d)} \begin{pmatrix} -d & -b \\ -1 & 1 \end{pmatrix}$$

(d) $\overline{X} = A^{-1}B$에서

$$\begin{pmatrix} \overline{Q} \\ \overline{P} \end{pmatrix} = \frac{1}{-(b+d)} \begin{pmatrix} -d & -b \\ -1 & 1 \end{pmatrix} \begin{pmatrix} a \\ -c \end{pmatrix} = \begin{pmatrix} \dfrac{ad-cb}{b+d} \\ \dfrac{a+c}{b+d} \end{pmatrix}$$

따라서

$$\overline{Q} = \frac{ad-cb}{b+d}, \quad \overline{P} = \frac{a+c}{b+d}$$

3.7.2 국민소득결정모형

다음 국민소득결정모형은 세 개의 내생변수 Y(국민소득), C(소비지

출), T(조세)와 두 개의 외생변수 I_0(투자지출), G_0(정부지출)로 구성되어 있다.

$$\begin{aligned} &Y = C + I_0 + G_0 \\ &C = \alpha + \beta(Y - T) \qquad (\alpha > 0,\ 0 < \beta < 1) \\ &T = tY \qquad (0 < t < 1) \end{aligned} \tag{3.23}$$

(3.23)식의 첫째 식은 국민소득의 균형조건을 나타낸다. 두 번째 식은 소비함수로서 소비가 가처분소득의 함수이며, 세 번째 식은 조세함수로서 조세가 국민소득의 함수를 나타낸다.

이 모형을 행렬을 사용하여 나타내면

$$\begin{aligned} Y - C \qquad &= I_0 + G_0 \\ -\beta Y + C + \beta T &= \alpha \\ -tY \qquad + T &= 0 \end{aligned}$$

에서 A를 계수행렬, X를 변수의 열벡터, 그리고 B를 정수항 벡터라 하면

$$AX = B \quad \text{또는} \quad \begin{pmatrix} 1 & -1 & 0 \\ -\beta & 1 & \beta \\ -t & 0 & 1 \end{pmatrix}\begin{pmatrix} Y \\ C \\ T \end{pmatrix} = \begin{pmatrix} I_0 + G_0 \\ \alpha \\ 0 \end{pmatrix}$$

이 모형의 균형해를 크래머의 공식과 역행렬을 이용하여 각각 구해 보기로 한다.

(1) 크래머의 공식을 이용하여 균형해를 구해 보기로 한다.

1행에 관하여 전개하여 계수행렬식 $|A|$를 구하기로 한다.

$$(a)\ |A| = \begin{vmatrix} 1 & -1 & 0 \\ -\beta & 1 & \beta \\ -t & 0 & 1 \end{vmatrix} = \begin{vmatrix} 1 & \beta \\ 0 & 1 \end{vmatrix} - (-1)\begin{vmatrix} -\beta & \beta \\ -t & 1 \end{vmatrix}$$

$$= 1-\beta+\beta t = 1-\beta(1-t) \neq 0$$

$$(b)\ |A_1| = \begin{vmatrix} I_0+G_0 & -1 & 0 \\ \alpha & 1 & \beta \\ 0 & 0 & 1 \end{vmatrix} = \alpha + I_0 + G_0$$

$$|A_2| = \begin{vmatrix} 1 & I_0+G_0 & 0 \\ -\beta & \alpha & \beta \\ -t & 0 & 1 \end{vmatrix} = \alpha - (I_0+G_0)(\beta t) + \beta(I_0+G_0)$$

$$= \alpha + \beta(1-t)(I_0+G_0)$$

$$|A_3| = \begin{vmatrix} 1 & -1 & I_0+G_0 \\ -\beta & 1 & \alpha \\ -t & 0 & 0 \end{vmatrix} = t\alpha + t(I_0+G_0) = t(\alpha+I_0+G_0)$$

(c) 따라서

$$\overline{Y} = \frac{|A_1|}{|A|} = \frac{\alpha+I_0+G_0}{1-\beta(1-t)}$$

$$\overline{C} = \frac{|A_2|}{|A|} = \frac{\alpha+\beta(1-t)(I_0+G_0)}{1-\beta(1-t)}$$

$$\overline{T} = \frac{|A_3|}{|A|} = \frac{t(\alpha+I_0+G_0)}{1-\beta(1-t)} = t\overline{Y}$$

(2) 역행렬을 이용하여 균형해를 구하기로 한다.

$$(a)\ |C_{11}| = \begin{vmatrix} 1 & \beta \\ 0 & 1 \end{vmatrix} = 1,\ |C_{12}| = -\begin{vmatrix} -\beta & \beta \\ -t & 1 \end{vmatrix} = \beta - \beta t,\ |C_{13}| = \begin{vmatrix} -\beta & 1 \\ -t & 0 \end{vmatrix} = t$$

$$|C_{21}| = -\begin{vmatrix} -1 & 0 \\ 0 & 1 \end{vmatrix} = 1,\ |C_{22}| = \begin{vmatrix} 1 & 0 \\ -t & 1 \end{vmatrix} = 1,\ |C_{23}| = -\begin{vmatrix} 1 & -1 \\ -t & 0 \end{vmatrix} = t$$

$$|C_{31}| = \begin{vmatrix} -1 & 0 \\ 1 & \beta \end{vmatrix} = -\beta,\ |C_{32}| = -\begin{vmatrix} 1 & 0 \\ -\beta & \beta \end{vmatrix} = -\beta,\ |C_{33}| = \begin{vmatrix} 1 & -1 \\ -\beta & 1 \end{vmatrix} = 1-\beta$$

그러므로 여인수행렬은

$$C = \begin{pmatrix} 1 & \beta-\beta t & t \\ 1 & 1 & t \\ -\beta & -\beta & 1-\beta \end{pmatrix}$$

$$(b)\ C' = \begin{pmatrix} 1 & 1 & -\beta \\ \beta-\beta t & 1 & -\beta \\ t & t & 1-\beta \end{pmatrix} = adj\ A$$

$$(c)\ A^{-1} = \frac{1}{|A|}\ adj\ A = \frac{1}{1-\beta(1-t)} \begin{pmatrix} 1 & 1 & -\beta \\ \beta-\beta t & 1 & -\beta \\ t & t & 1-\beta \end{pmatrix}$$

(d) $\overline{X} = A^{-1}B$에서

$$\begin{pmatrix} \overline{Y} \\ \overline{C} \\ \overline{T} \end{pmatrix} = \frac{1}{1-\beta(1-t)} \begin{pmatrix} 1 & 1 & -\beta \\ \beta-\beta t & 1 & -\beta \\ t & t & 1-\beta \end{pmatrix} \begin{pmatrix} I_0 + G_0 \\ \alpha \\ 0 \end{pmatrix}$$

따라서

$$\overline{Y} = \frac{\alpha + I_0 + G_0}{1-\beta(1-t)}$$

$$\overline{C} = \frac{\alpha + \beta(1-t)(I_0 + G_0)}{1-\beta(1-t)}$$

$$\overline{T} = \frac{t(\alpha + I_0 + G_0)}{1-\beta(1-t)} = t\overline{Y}$$

연습문제 3.7 Exercise

[1] 단일의 상품시장모형에서

$Q_D = Q_S$ 균형조건

$Q_D = a - bP$ 수요함수 $(a, b > 0)$

$Q_S = -c + dP$ 공급함수 $(c, d > 0)$

변수를 Q_D, Q_S, P의 3개로 하여 크래머의 공식을 적용하여 균형해를 구하여라. 균형해 $\overline{Q}$에서는 $\overline{Q} = \overline{Q_D} = \overline{Q_S}$가 될 것이다.

[2] 다음의 2부문 국민소득결정모형의 해를 크래머의 공식과 역행렬을 이용하여 구하여라.

$Y = C + I_0$

$C = \alpha + \beta Y \qquad (\alpha > 0,\ 0 < \beta < 1)$

여기서 Y, C는 내생변수이고, I_0는 외생변수이다.

[3] 다음의 3부문 국민소득결정모형에서 크래머의 공식을 이용하여 해를 구하여라.

$Y = C + I_0 + G_0$

$C = \alpha + \beta(Y - T) \qquad (\alpha > 0,\ 0 < \beta < 1)$

$T = r + tY \qquad (r > 0,\ 0 < t < 1)$

여기서 Y, C, T는 내생변수이고, I_0, G_0는 외생변수이다.

제4장 미분법

4.1 함수의 극한과 연속성

4.1.1 극한의 개념

함수 $y=f(x)$에서, $f(x)$가 $x=a$의 근방에서 정의되고 x가 a의 좌우로부터 a에 접근해 감에 따라 $f(x)$의 값이 어떤 일정한 값 L에 한없이 접근하는 경우, 이 사실을

$$\lim_{x \to a} f(x) = L \tag{4.1}$$

이라 하고, L을 $x=a$에서의 $f(x)$의 극한값이라 한다.

x가 어떤 값 a에 접근할 때 왼쪽(좌)에서 접근할 때가 있고($x \to a^-$), 오른쪽(우)에서 접근할 때가 있다($x \to a^+$).

$x \to a^-$일 때 y의 값이 유한한 값 L에 접근하면 L을 y의 좌측극한이라 하고, $x \to a^+$일 때 y의 값이 유한한 값 L에 접근하면 L을 y의 우측극한이라 한다. 좌측극한과 우측극한은 같을 수도 있고 같지 않을 수도 있다. 만약 두 극한값이 같을 때 y는 극한이 존재한다고 하고, (4.1)식과 같이 표시한다.

4.1.2 그림에 의한 극한의 설명

<그림 4.1>에서 $y = f(x)$의 여러 경로를 예를 들어 극한을 설명하여 보자.

그림 (A)는, 매끄러운 모양의 곡선을 보여 주며, 이 경우 변수 x가 a의 좌측과 우측에서 접근하는 좌우 극한이 동일하다. 그러므로 극한이 존재한다.

그림 (B)는, 매끄러운 곡선이 아니다. 이 경우 변수 x가 a의 좌우에서 접근할 때 함수값이 L에 접근하므로 극한은 존재한다.

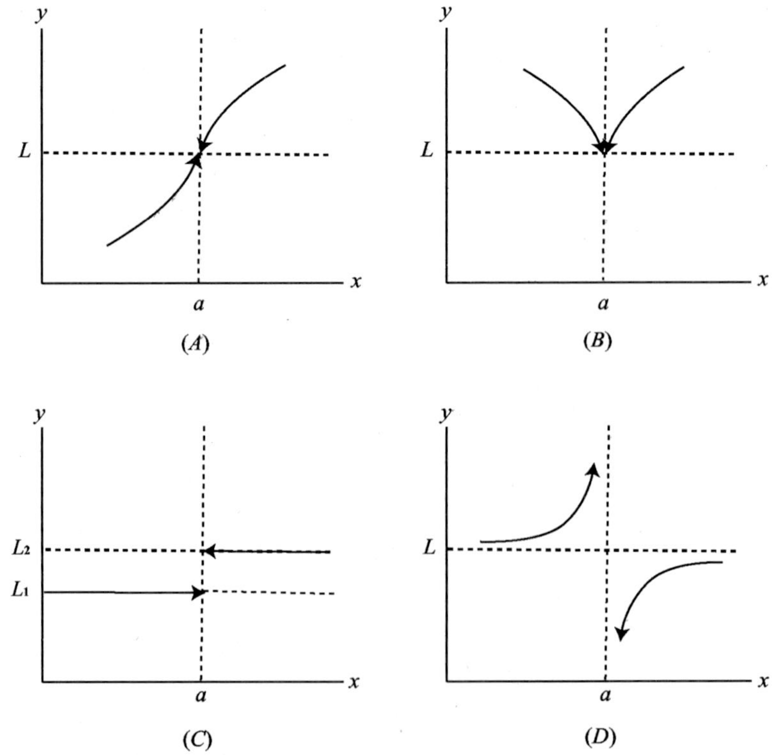

〈그림 4.1〉

그림 (C)는, x가 좌측에서 접근할 때는 함수값이 L_1에 근접하나 우측에서 접근할 때는 L_2에 근접하므로, 이 경우는 극한이 존재하지 않는다.

그림 (D)는, x가 좌측에서 접근할 때 함수값이 $+\infty$에 근접하고 우측에서 접근할 때는 $-\infty$에 근접하므로, 이 경우는 극한이 존재하지 않는다.

4.1.3 극한의 기본성질

극한값을 계산할 경우 다음의 정리를 이용하면 편리하게 계산할 수 있다.

정리 4.1

(1) 임의의 상수 c에 대해서, $\lim_{x \to a} c = c$

(2) 유리수 r에 대하여, $\lim_{x \to a} x^r = a^r$

(3) $\lim_{x \to a} f(x) = L$, $\lim_{x \to a} g(x) = N$일 때,

(a) $\lim_{x \to a} cf(x) = c\lim_{x \to a} f(x) = cL$

(b) $\lim_{x \to a} [f(x) \pm g(x)] = [\lim_{x \to a} f(x)] \pm [\lim_{x \to a} g(x)] = L \pm N$

(c) $\lim_{x \to a} f(x)g(x) = [\lim_{x \to a} f(x)]\,[\lim_{x \to a} g(x)] = LN$

(d) $\lim_{x \to a} \dfrac{f(x)}{g(x)} = \dfrac{\lim_{x \to a} f(x)}{\lim_{x \to a} g(x)} = \dfrac{L}{N}$ (단, $N \neq 0$)

(4) 다항식함수 $f(x) = a_0 x^n + a_1 x^{n-1} + \cdots + a_n$에 대해서

$$\lim_{x \to a} f(x) = a_0 a^n + a_1 a^{n-1} + \cdots + a_n = f(a)$$

예 1

함수 $y = 2x^2 + 3x + 1$이 주어졌을 때 $\lim_{x \to 3} y$를 구하여라.

$$\lim_{x \to 3}(2x^2 + 3x + 1) = 2(3)^2 + 3(3) + 1 = 28$$

예 2

함수 $y = \dfrac{2x^2 + 3}{x + 1}$이 주어졌을 때 $\lim_{x \to 1} y$를 구하여라.

$$\lim_{x \to 1} \frac{2x^2 + 3}{x + 1} = \frac{2(1)^2 + 3}{1 + 1} = \frac{5}{2}$$

4.1.4 함수의 연속성

함수 $y = f(x)$에 대해서 다음의 조건이 성립하면, $f(x)$는 $x = a$에서 연속이라 한다.

(1) $f(a)$가 정의되어 있다.

(2) $\lim_{x \to a} f(x) = L$이 존재한다.

(3) $f(a) = L$

함수 $f(x)$가 어떤 구간 내에서의 모든 x에 대해서 연속일 때, $y = f(x)$는 이 구간 내에서 연속이라고 한다. 함수 $f(x)$가 $x = a$에서 연속이 아닐 경우 이 함수는 $x = a$에서 불연속이라고 한다.

<그림 4.1>에서의 경우, (A)와 (B)의 경우는 $x = a$에서 연속이지만, (C)와 (D)의 경우는 불연속이다.

함수의 연속에 관한 정의로부터 다음의 정리가 성립한다.

정리 4.2

(1) 함수 $f(x)$, $g(x)$가 $x=a$에서 연속일 때
$f(x)\pm g(x)$, $f(x)\cdot g(x)$, $cf(x)$는 $x=a$에서 연속이다.(단, c는 상수)
그리고 $g(x)\neq 0$이면 $\dfrac{f(x)}{g(x)}$도 $x=a$에서 연속이다.

(2) 다항함수 $f(x)=a_0x^n+a_1x^{n-1}+\cdots+a_n$은 모든 점에서 연속이다.

(3) 유리함수 $f(x)=\dfrac{G(x)}{H(x)}$ (단, $G(x)$, $H(x)$는 다항함수)는, 분모 $H(x)$를 0으로 하지 않는 모든 x에서 연속이다.

연습문제 4.1 Exercise

[1] 함수 $y=x^2+2x+3$일 때 다음을 구하여라.

(a) $\lim\limits_{x\to 1} y$

(b) $\lim\limits_{x\to 0} y$

[2] 함수 $y=\dfrac{x+3}{x-1}$ (단, $x\neq 1$)일 때 다음을 구하여라.

(a) $\lim\limits_{x\to 2} y$

(b) $\lim\limits_{x\to a} y$

[3] 함수 $y=\dfrac{x^2-5x+6}{x-2}$에서

(a) $x\to 2$일 때 이 함수의 극한을 구하여라.

(b) $x=2$에서 이 함수는 연속인가?

4.2 미분법

4.2.1 미분계수

함수 $y=f(x)$에서, 변수 x가 a에서 $a+h$까지 변하였을 때, h를 $x=a$에서의 x의 증분(increment)이라 하고 Δx로 나타낸다. x가 Δx만큼 변하면 y도 Δy만큼 변하는데

$$\Delta y = f(a+\Delta x)-f(a) \tag{4.2}$$

가 된다.

한편, Δy를 Δx로 나눈 몫

$$\frac{\Delta y}{\Delta x}=\frac{f(a+\Delta x)-f(a)}{\Delta x} \tag{4.3}$$

을 $f(x)$의 평균변화율이라고 한다. 이때 Δx가 0에 접근할 때의 극한값

$$\lim_{\Delta x\to 0}\frac{\Delta y}{\Delta x}=\lim_{\Delta x\to 0}\frac{f(a+\Delta x)-f(a)}{\Delta x} \tag{4.4}$$

이 존재하면, 이 값을 $x=a$에서의 순간변화율이라 하고 $f'(a)$로 나타낸다.

$$f'(a)=\lim_{\Delta x\to 0}\frac{f(a+\Delta x)-f(a)}{\Delta x} \tag{4.5}$$

그리고 $f'(a)$를 $x=a$에서의 함수 $f(x)$의 미분계수(differential

coefficient)라 한다.

미분계수 $f'(a)$가 존재할 때 $f(x)$는 $x=a$에서 미분가능(differentiable)하다고 한다. 함수 $f(x)$가 어떤 구간에서의 모든 점에서 미분가능한 경우, $f(x)$는 그 구간에서 미분가능함수라 한다.

미분계수 $f'(a)$가 존재한다는 것은, x가 a에 접근할 때 좌측극한($x \to a^-$)과 우측극한($x \to a^+$)이 같다는 것을 의미한다. 즉, 연속함수에서 좌측극한과 우측극한이 같을 때에만 미분가능하다.

정리 4.3

$y=f(x)$에서, $x=a$에서 미분가능하면 $f(x)$는 $x=a$에서 연속이다.

이 정리의 역은 반드시 성립하지 않는다. 왜냐하면 함수 $f(x)$가 $x=a$에서 연속이라 하더라도 미분가능하지 않을 수 있기 때문이다.

예를 들면 <그림 4.1>의 (B)에서 함수 $f(x)$는 연속이지만 x가 a의 좌우로 접근할 때의 미분계수(접선의 기울기)가 다르기 때문에 미분가능하지 않다. 그러나 (A)에서는 미분계수가 같기 때문에 미분가능하다.

4.2.2 도함수

함수 $f(x)$가 어떤 구간에서 미분가능한 경우, 이 구간의 각 점 x에 대해서 그 점에서의 미분계수 $f'(x)$를 대응시킬 수 있는데, 이 함수를 $f(x)$의 도함수(derivative)라 하고 $f'(x)$ 또는 $\dfrac{dy}{dx}$로 나타낸다.

$$\frac{dy}{dx} = f'(x) = \lim_{\Delta x \to 0} \frac{\Delta y}{\Delta x} = \lim_{\Delta x \to 0} \frac{f(x+\Delta x) - f(x)}{\Delta x} \qquad (4.6)$$

도함수란 함수 $f'(x)$가 원래의 함수 $f(x)$로부터 유도된 함수라는 의미로, 이때 원래의 함수 $f(x)$를 원시함수라고 한다.

도함수를 나타내는 기호로는 다음과 같은 것들이 있다.

$$f'(x),\ \frac{dy}{dx},\ y',\ \frac{d}{dx}f(x)$$

함수 $f(x)$의 도함수 $f'(x)$를 구하는 것을 $f(x)$를 x로 미분한다(differentiate)라 하고, 이 계산법을 미분법(differentiation)이라 한다.

주어진 함수의 도함수를 구하는 과정을 다음의 4단계 계산법으로 요약할 수 있다.

(1) $y = f(x)$에 x 대신 $x + \Delta x$를, y 대신 $y + \Delta y$를 대입한다.

(2) (1)의 결과에서 $y = f(x)$를 빼고, Δy를 x와 Δx로 나타낸다.

(3) (2)의 양변을 Δx로 나눈다.

(4) Δx가 0에 접근할 때의 (3)의 극한을 구한다.

예 1

$y = f(x) = 2x^2 - 4$일 때 $\dfrac{dy}{dx}$를 구하여라.

(1) $y + \Delta y = 2(x + \Delta x)^2 - 4 = 2x^2 + 4x\Delta x + 2\Delta x^2 - 4$

(2) $\Delta y = 2x^2 + 4x\Delta x + 2\Delta x^2 - 4 - (2x^2 - 4)$

$\qquad = 4x\Delta x + 2\Delta x^2$

(3) $\dfrac{\Delta y}{\Delta x} = \dfrac{4x\Delta x + 2\Delta x^2}{\Delta x} = 4x + 2\Delta x$

(4) $\dfrac{dy}{dx} = \lim_{\Delta x \to 0} \dfrac{\Delta y}{\Delta x} = 4x$

예 2

$y = \dfrac{1}{x+1}$일 때 $\dfrac{dy}{dx}$를 구하여라.

(1) $y + \Delta y = \dfrac{1}{x + \Delta x + 1}$

(2) $\Delta y = \dfrac{1}{x + \Delta x + 1} - \dfrac{1}{x+1}$

$= \dfrac{-\Delta x}{(x + \Delta x + 1)(x+1)}$

(3) $\dfrac{\Delta y}{\Delta x} = \dfrac{-1}{(x + \Delta x + 1)(x+1)}$

(4) $\dfrac{dy}{dx} = \lim_{\Delta x \to 0} \dfrac{\Delta y}{\Delta x} = \dfrac{-1}{(x+1)^2}$

예 3

$y = \sqrt{x}$일 때 $\dfrac{dy}{dx}$를 구하여라.

(1) $y + \Delta y = \sqrt{x + \Delta x}$

(2) $\Delta y = \sqrt{x + \Delta x} - \sqrt{x}$

$= \dfrac{\sqrt{x + \Delta x} - \sqrt{x}}{1} \cdot \dfrac{\sqrt{x + \Delta x} + \sqrt{x}}{\sqrt{x + \Delta x} + \sqrt{x}}$

$= \dfrac{\Delta x}{\sqrt{x + \Delta x} + \sqrt{x}}$

(3) $\dfrac{\Delta y}{\Delta x} = \dfrac{1}{\sqrt{x + \Delta x} + \sqrt{x}}$

(4) $\dfrac{dy}{dx} = \lim_{\Delta x \to 0} \dfrac{\Delta y}{\Delta x} = \dfrac{1}{2\sqrt{x}}$ (단, $x \neq 0$)

4.2.3 도함수로부터 미분계수 구하기

함수 $f(x)$에서, $x=a$에서의 미분계수 $f'(a)$를 구하는 방법은 (1) 도함수 $f'(x)$를 구하고, (2) 도함수에 $x=a$를 대입하여 $f'(a)$를 구한다.

미분계수를 나타내는 표현법들은 다음과 같다.

$$f'(a),\ y'(a),\ \left.\frac{dy}{dx}\right|_{x=a}$$

예 1

$y=2x^2-4$일 때 $x=3$에서의 미분계수를 구하여라.

$$\frac{dy}{dx}=4x$$

그러므로 $x=3$에서의 미분계수는

$$f'(3)=\left.\frac{dy}{dx}\right|_{x=3}=4(3)=12$$

예 2

$y=\dfrac{1}{x+1}$일 때 $x=1$에서의 미분계수를 구하여라.

$$\frac{dy}{dx}=\frac{-1}{(x+1)^2}$$

그러므로 $x=1$에서의 미분계수는

$$f'(1)=\left.\frac{dy}{dx}\right|_{x=1}=\frac{-1}{(1+1)^2}=\frac{-1}{4}$$

예 3

$y=\sqrt{x}$일 때 $x=2$에서의 미분계수를 구하여라.

$$\frac{dy}{dx}=\frac{1}{2\sqrt{x}}$$

그러므로 $x=2$에서의 미분계수는

$$f'(2)=\left.\frac{dy}{dx}\right|_{x=2}=\frac{1}{2\sqrt{2}}$$

4.2.4 도함수와 미분계수의 기하학적 의미

$y=f(x)$의 그래프를 <그림 4.2>의 형태로 나타내는 경우를 살펴보자. x의 값이 a에서 $a+\Delta x$로 변할 때 y는 $f(a)$에서 $f(a+\Delta x)$로 변한다. 그러면, 이 구간에서의 평균변화율은

$$\frac{\Delta y}{\Delta x}=\frac{f(a+\Delta x)-f(a)}{\Delta x}=\frac{CD}{AD} \tag{4.7}$$

이 된다. 여기서 Δx가 점점 작아져서 0에 접근하면, 즉 $\Delta x\to 0$이면 접선의 기울기는 $\dfrac{BD}{AD}$에 접근할 것이다. 이것은 $x=a$에서의 순간변화율을 나타낸다. 따라서 $x=a$에서의 미분계수 $f'(a)$는 점 A에서 접선의 기울기가 되는 것이다. 경제·경영학에서 극대와 극소 문제를 다룰 때는 접선의 기울기가 0이므로, 즉 $f'(a)=0$이므로, 이것은 극값을 구하는 필요조건이 된다.

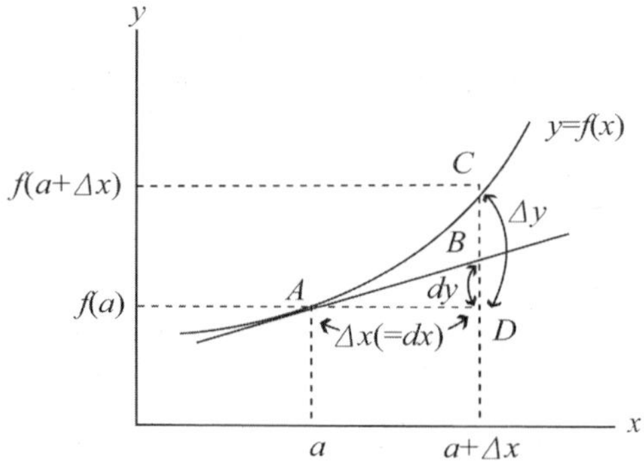

〈그림 4.2〉

4.2.5 미분공식

도함수와 미분계수를 구하는 방법은 앞에서 배운 4단계 계산법을 적용하여 구한다. 그러나 보다 편리한 공식을 이용하면 간편하게 구할 수 있다.

다음의 공식에서 $f(x)$, $g(x)$는 미분가능한 x의 임의의 함수이다.

공식 1

상수의 도함수는 0이다.

$$\frac{dc}{dx}=0 \qquad \text{단, } c\text{는 상수}$$

공식 2

한 상수와 한 함수의 곱의 도함수는 그 상수와 그 함수의 도함수를 곱한 것과 같다.

$$\frac{d}{dx}(cf(x)) = c\frac{d}{dx}f(x) = c \cdot f'(x)$$

공식 3

x의 n제곱의 도함수는 x의 $(n-1)$제곱을 n배 한 것과 같다.

$$\frac{d}{dx}(x^n) = nx^{n-1}$$

예 1

$y = x^3$이면

$$f'(x) = \frac{dy}{dx} = \frac{d}{dx}(x^3) = 3x^{3-1} = 3x^2$$

공식 4

두 함수의 합(차)의 도함수는 각 함수의 도함수의 합(차)과 같다.

$$\frac{d}{dx}(f(x) \pm g(x)) = \frac{d}{dx}f(x) \pm \frac{d}{dx}g(x) = f'(x) \pm g'(x)$$

예 2

$y = 3x^3 + 4x^2 + 5$이면

$$\frac{dy}{dx} = \frac{d}{dx}(3x^3) + \frac{d}{dx}(4x^2) + \frac{d}{dx}(5)$$

$$\frac{dy}{dx} = 9x^2 + 8x$$

공식 5

두 함수의 곱의 도함수는 각 함수를 서로 다른 편의 도함수에 곱한 것의 합과 같다.

$$\begin{aligned}\frac{d}{dx}(f(x)g(x)) &= g(x)\frac{d}{dx}f(x)+f(x)\frac{d}{dx}g(x)\\ &= g(x)f'(x)+f(x)g'(x)\end{aligned}$$

예 3

$y=(x^2+1)(x^3-x^2)$이면

$$\begin{aligned}\frac{dy}{dx} &= (x^3-x^2)\frac{d}{dx}(x^2+1)+(x^2+1)\frac{d}{dx}(x^3-x^2)\\ &= (x^3-x^2)(2x)+(x^2+1)(3x^2-2x)\\ &= 5x^4-4x^3+3x^2-2x\end{aligned}$$

공식 6

두 함수의 나눗셈의 도함수는 분자의 도함수에 분모를 곱한 것에서 분모의 도함수에 분자를 곱한 것을 빼고, 이 전체를 분모의 제곱으로 나눈 것과 같다.

$$\frac{d}{dx}\left(\frac{f(x)}{g(x)}\right)=\frac{g(x)\frac{d}{dx}f(x)-f(x)\frac{d}{dx}g(x)}{[g(x)]^2}=\frac{g(x)f'(x)-f(x)g'(x)}{[g(x)]^2}$$

예 4

$y=\dfrac{(x^2-4)}{(x^2+x)}$이면

$$\frac{dy}{dx}=\frac{(x^2+x)\frac{d}{dx}(x^2-4)-(x^2-4)\frac{d}{dx}(x^2+x)}{(x^2+x)^2}$$

$$= \frac{(x^2+x)(2x)-(x^2-4)(2x+1)}{(x^2+x)^2}$$

$$= \frac{x^2+8x+4}{(x^2+x)^2}$$

예 5

$y = \dfrac{3x^2}{2+x}$ 이면

$$\frac{dy}{dx} = \frac{(2+x)\frac{d}{dx}(3x^2)-(3x^2)\frac{d}{dx}(2+x)}{(2+x)^2}$$

$$= \frac{(2+x)(6x)-(3x^2)(1)}{(2+x)^2} = \frac{3x(4+x)}{(2+x)^2}$$

공식 7

한 함수의 n제곱의 도함수는 그 함수의 $(n-1)$제곱의 n배와 그 함수의 도함수를 곱한 것과 같다.

$$\frac{d}{dx}(f(x))^n = n(f(x))^{n-1}\frac{d}{dx}f(x)$$

예 6

$y = (x^2+1)^4$ 이면

$$\frac{dy}{dx} = 4(x^2+1)^3\frac{d}{dx}(x^2+1)$$

$$= 4(x^2+1)^3(2x) = 8x(x^2+1)^3$$

공식 8

$y = f(u)$ 이고 $u = g(x)$ 이면, x에 관한 y의 도함수는 u에 관한 y의 도함수에 x에 관한 u의 도함수를 곱하는 것과 같다.

$$\frac{dy}{dx}=\frac{dy}{du}\cdot\frac{du}{dx},\ \text{즉}\ \frac{dy}{dx}=f'(u)g'(x)$$

예 7

$y=\sqrt{u}\,,\ u=x^2+1$ 이면

$\dfrac{dy}{du}=\dfrac{1}{2\sqrt{u}},\ \dfrac{dx}{du}=2x$ 이므로

$$\frac{dy}{dx}=\frac{dy}{du}\cdot\frac{dx}{du}=\frac{1}{2\sqrt{u}}\cdot 2x$$

$$=\frac{x}{\sqrt{x^2+1}}$$

공식 9

x에 관한 y의 도함수는 y에 관한 x의 도함수의 역수와 같다.

$$\frac{dy}{dx}=\frac{1}{\frac{dx}{dy}} \qquad (\text{단, } \frac{dx}{dy}\neq 0)$$

예 8

$x=\sqrt{y^2+1}$ 일 때

$\dfrac{dx}{dy}=\dfrac{y}{\sqrt{y^2+1}}$ 이므로

$$\frac{dy}{dx}=\frac{\sqrt{y^2+1}}{y}$$

4.2.6 고계도함수

$y=f(x)$의 도함수 $f'(x)$도 x에 관한 함수이다. $f'(x)$를 1계도함수라

하고, 이것의 도함수가 존재할 때 처음 도함수의 2계도함수라 한다. 2계도함수는 다음과 같은 기호로 나타낸다.

$$\frac{d^2y}{dx^2},\ \frac{d^2}{dx^2}f(x),\quad y'',\ f''(x)$$

2계도함수 $f''(x)$도 미분가능하면 x에 대해서 다시 미분할 수 있으며, 그 결과로 3계도함수 $f'''(x)$를 얻을 수 있다. 이와 같이 미분가능의 조건만 충족된다면 4계도함수와 그 다음의 고계도함수도 구할 수 있다.

이들 고계도함수를 다음과 같이 나타낸다.

$$f'''(x),\ f^{(4)}(x),\ \cdots,\ f^{(n)}(x)$$

또는

$$\frac{d^3y}{dx^3},\ \frac{d^4y}{dx^4},\ \cdots,\ \frac{d^ny}{dx^n}$$

예 1

다음 함수의 1계에서 5계까지의 도함수를 구하여라.

$$y = f(x) = 3x^4 - x^3 + 4x^2 + 2x + 5$$

$$f'(x) = 12x^3 - 3x^2 + 8x + 2$$
$$f''(x) = 36x^2 - 6x + 8$$
$$f'''(x) = 72x - 6$$
$$f^{(4)} = 72$$
$$f^{(5)} = 0$$

예 2

다음 함수의 도함수를 1계에서 5계까지 구하여라.

$$y = f(x) = \frac{1}{1+x} \qquad (x \neq -1)$$

이 함수의 도함수는 몫의 법칙을 이용하거나 또는 함수를 $y = (1+x)^{-1}$로 변형하여 구할 수 있다.

$$y = (1+x)^{-1}$$
$$f'(x) = -1(1+x)^{-2}$$
$$f''(x) = 2(1+x)^{-3}$$
$$f'''(x) = -6(1+x)^{-4}$$
$$f^{(4)}(x) = 24(1+x)^{-5}$$
$$f^{(5)}(x) = -120(1+x)^{-6}$$

연습문제 4.2 Exercise

[1] 다음 함수의 도함수를 구하여라.

(1) $y = 4x^4(2x-5)$

(2) $y = x(x+1)(x+2)$

(3) $y = \dfrac{8x^2-6x}{x+1}$

(4) $y = \dfrac{4x^2}{1-3x}$

(5) $y = u^2,\ u = 3x^2+5$

(6) $y = (3x+9)^2$

[2] 다음 함수에서 5계도함수까지 구하여라.

(1) $y = 2x^4 + 3x^3 + 4x^2$

(2) $y = (x^3 + 1)(x + 2)$

4.3 로그함수와 지수함수의 미분법

4.3.1 로그함수의 미분법

밑수가 e인 자연로그함수 $y = \log_e x = \ln x$의 도함수는 다음과 같다.

$$\frac{dy}{dx} = \frac{d}{dx}[\ln x] = \frac{1}{x} \tag{4.8}$$

밑수가 a인 경우, 즉 $y = \log_a x$인 경우의 도함수는 다음과 같다.

$$\frac{dy}{dx} = \frac{d}{dx}[\log_a x] = \frac{1}{x} log_a e \tag{4.9}$$

(4.9)식에서, 만약 $a = e$이면 (4.8)식이 된다.

보다 일반적인 경우, $y = \ln u$에서 u가 x의 함수 $u = u(x)$일 때의 도함수는 연쇄법칙을 사용하면 다음과 같다.

$$\frac{dy}{dx} = \frac{dy}{du}\frac{du}{dx} = \frac{d}{du}[\ln u]\frac{du}{dx} = \frac{1}{u}\frac{du}{dx} \tag{4.10}$$

예 1

함수 $y = \ln(4-3x^3)$일 때 $\dfrac{dy}{dx}$를 구하여라.

$u = 4-3x^3$으로 두면, $y = \ln u$에서

$$\frac{dy}{dx} = \frac{1}{u}\frac{du}{dx} = \frac{1}{4-3x^3}(-9x^2) = -\frac{9x^2}{3x^3-4}$$

예 2

함수 $y = \ln(x^4-2x^3+7)$일 때 $\dfrac{dy}{dx}$를 구하여라.

$u = x^4-2x^3+7$로 두면, $y = \ln u$에서

$$\frac{dy}{dx} = \frac{1}{u}\frac{dy}{dx} = \frac{1}{x^4-2x^3+7}(4x^3-6x^2) = \frac{4x^3-6x^2}{x^4-2x^3+7}$$

예 3

함수 $y = \ln ax$일 때 $\dfrac{dy}{dx}$를 구하여라. 단, a는 상수이다.

$u = ax$로 두면, $y = \ln u$에서

$$\frac{dy}{dx} = \frac{1}{u}\frac{du}{dx} = \frac{1}{ax}a = \frac{1}{x}$$

이것은 $y = \ln x$의 도함수와 같다. 즉, ln식 안에 있는 x에 곱해진 상수는 미분 과정에서 없어진다.

예 4

함수 $y = k\ln x$일 때 $\dfrac{dy}{dx}$를 구하여라. 단, k는 상수이다.

$u = x^k$로 두면, $y = \ln u$에서

$$\frac{dy}{dx} = \frac{1}{u}\frac{du}{dx} = \frac{1}{x^k}kx^{k-1} = \frac{k}{x^k}x^kx^{-1} = \frac{k}{x}$$

4.3.2 지수함수의 미분법

함수 $y = e^x$의 도함수는 다음과 같다.

$$\frac{d}{dx}e^x = e^x \tag{4.11}$$

$y = e^{f(x)}$의 도함수를 구해 보면 다음과 같다.

$$\frac{d}{dx}e^{f(x)} = f'(x)e^{f(x)} \tag{4.12}$$

예 1

함수 $y = e^{rx}$에서 $\frac{dy}{dx}$를 구하여라.

$f(x) = rx$이며, $f'(x) = r$이다. 그러므로

$$\frac{dy}{dx} = \frac{d}{dx}e^{rx} = re^{rx}$$

예 2

함수 $y = e^{-x}$에서 $\frac{dy}{dx}$를 구하여라.

$u = -x$로 두면, $\frac{du}{dx} = -1$이 된다. 그러므로

$$\frac{dy}{dx} = \frac{d}{dx}e^{-x} = (-1)e^{-x} = -e^{-x}$$

예 3

함수 $y = x^2 \ln x^2$에서 $\frac{dy}{dx}$를 구하여라.

이 함수는 x^2과 $\ln x^2$의 두 개 항의 곱이므로 곱의 공식을 적용하여 구한다.

$$\begin{aligned}\frac{dy}{dx} &= (\ln x^2)\frac{d}{dx}x^2 + (x^2)\frac{d}{dx}ln x^2 \\ &= (\ln x^2)(2x) + (x^2)\frac{2x}{x^2} \\ &= 2x(\ln x^2 + 1)\end{aligned}$$

연습문제 4.3 Exercise

[1] 다음 함수의 도함수를 구하여라.

(1) $y = x^3 \ln x^3$

(2) $y = \ln 6x^2$

(3) $y = \ln(x^2 + 6x + 2)$

(4) $y = \ln(2x + 7)^2$

[2] 다음 함수의 도함수를 구하여라.

(1) $y = e^{2x}$

(2) $y = e^{x^3}$

(3) $y = 5e^{1-x^2}$

(4) $y = 3xe^{2x}$

4.4 미분법의 경제 · 경영학에의 응용

4.4.1 한계개념

경제이론에 있어서 한계(marginal)라는 접두어가 붙어 있는 용어를 많이 볼 수 있다. 예를 들면 한계효용, 한계비용, 한계생산물, 한계대체율 등이다. 한계라는 개념은 근대경제학에 있어서 매우 중요한 역할을 한다. 즉, 소비자행동에 있어서의 한계효용균등의 법칙, 기업이론에 있어서의 한계생산력균등의 법칙 등 경제학의 주요한 명제에서 한계개념을 사용하여 많은 이론이 표현되고 있는 것이다.

앞에서 예를 든 한계개념에서, 한계효용은 소비를 한 단위 추가하였을 때 총효용의 증가분을 의미하고, 한계비용은 산출량을 한 단위 추가하였을 때 총비용의 증가분을 의미한다. 여기서 '한 단위의 추가'는 극히 미세한 변동분을 의미한다.

이것을 수학적으로 설명하면, 어떤 함수의 독립변수가 추가적으로 한 단위 증가하였을 때 종속변수가 얼마만큼 변화하는가를 나타내는 것으로, 독립변수의 추가적인 한 단위가 점점 작아질 때의 극한적 의미를 포함하는 개념이다. 그러므로 미분법의 발상과 연관이 있음을 알 수 있다. 이 경우 경제학적인 함수는 연속함수로서 미분가능함수다.

지금 x를 독립변수, y를 종속변수로 하는 함수 $y = f(x)$를 생각해 보자. x가 a에서 $a+\Delta x$만큼 변하였다고 하면 y도 Δy만큼 변하게 된다. 그러면 Δy는 다음과 같다.

$$\Delta y = f(a+\Delta x) - f(a) \tag{4.13}$$

여기서 Δy와 Δx의 비

$$\frac{\Delta y}{\Delta x} = \frac{f(a+\Delta x) - f(a)}{\Delta x} \tag{4.14}$$

를 만들어 Δx를 0에 접근시킨다. 즉 $\Delta x \to 0$이라고 하자. 이때 $\frac{\Delta y}{\Delta x}$의 극한값이 존재하면,

$$\lim_{\Delta x \to 0} \frac{\Delta y}{\Delta x} = \lim_{\Delta x \to 0} \frac{f(a+\Delta x) - f(a)}{\Delta x} = f'(a) \tag{4.15}$$

$f(x)$는 $x=a$에서 미분가능이고, 그 극한값을 $f'(a)$로 나타내어 $f(x)$의 $x=a$에 있어서의 미분계수라고 부르는 것은 이미 (4.5)식에서 본 바와 같다.

여기서 $\frac{\Delta y}{\Delta x}$는 x의 변화분에 대한 y의 변화분의 비율이므로, 극한 $f'(a)$는 경제학에서의 한계개념을 수학적으로 정식화한 것이라고 생각할 수 있다.

한편, $f'(a)$는 a가 변하는 a의 함수이다. 여기서 a를 변수 기호 x로 나타내어 $f'(x)$로 표현하면 x의 함수가 되며, 이 함수를 $f(x)$의 도함수라고 한다는 것은 이미 (4.6)식에서 본 바와 같다. 그러므로 경제이론에 있어서의 한계개념은 일반화된 수학적 표현으로서 도함수를 사용하여 나

타낼 수 있다.

몇 가지 한계개념을 도함수를 사용하여 나타내어 보기로 한다.

한계효용

독립변수가 한 변수로 구성된 효용함수를 $u=u(x)$라 하자. 여기서 x는 어떤 재의 소비량, u는 총효용(total utility)을 의미하며, 재화를 소비하였을 때의 소비자의 만족감을 가리킨다.

한계효용(marginal utility : MU)이란 어떤 소비수준에서 한 단위 추가적으로 소비함으로써 소비자가 얻는 추가적인 만족감을 나타내며 수학적으로는 다음과 같이 정의된다.

$$MU=\lim_{\Delta x\to 0}\frac{\Delta u}{\Delta x}=u'(x) \tag{4.16}$$

한계효용함수 $MU=u'(x)$는 총효용함수 $u=u(x)$의 각각의 소비수준에 있어서 기울기를 나타내며, 총효용함수가 극대를 나타낼 때 한계효용은 0이 된다.

한계생산물

생산과정에서 일정한 규모가 주어졌을 때의 단기를 가정하면, 생산함수(production function) Q는 다음과 같이 노동투입 L의 함수가 된다.

$$Q=Q(L) \tag{4.17}$$

여기서 노동투입을 한 단위 추가하면 생산량도 증가하는데, 그 비율을 한계생산물(marginal product : MP)이라 한다.

$$MP = \lim_{\Delta L \to 0} \frac{\Delta Q}{\Delta L} = Q'(L) \tag{4.18}$$

한계비용

단기에 있어서 총비용(total cost : TC)은 총가변비용(total variable cost : TVC)과 총고정비용(total fixed cost : TFC)의 합이며, 생산량 Q의 함수가 된다. 그러므로 한계비용은 생산량 한 단위를 추가로 더 생산할 때의 총비용의 증가를 나타낸다. 그런데 TFC는 생산량 수준에 관계없이 일정하므로 총비용의 증가는 총가변비용의 증가와 같다. 따라서 한계비용은 2가지 방법으로 정식화된다.

$$\begin{aligned} MC &= \lim_{\Delta Q \to 0} \frac{\Delta TC}{\Delta Q} = TC'(Q) \\ &= \lim_{\Delta Q \to 0} \frac{\Delta TVC}{\Delta Q} = TVC'(Q) \end{aligned} \tag{4.19}$$

지금까지 여러 가지의 한계개념을 수학적으로 엄밀히 정의된 도함수를 사용하여 나타내었다. 그러나 경제학원론이나 경제이론의 기초를 배우는 문헌에서는 한계개념을 쉽게 설명하기 위해서 도함수를 사용하는 대신에 두 변수의 증분의 비율을 나타내는 것이 일반적이다. 즉 한계효용, 한계생산물, 한계비용을

$$MU = \frac{\Delta u}{\Delta x}, \ MP = \frac{\Delta Q}{\Delta L}, \ MC = \frac{\Delta TC}{\Delta Q} \tag{4.20}$$

등의 간편한 식으로 정의하고 있다. 이 책에서도 추후 필요에 따라서는 간편한 식으로 정의된 표현법을 사용하게 될 것이다.

예 1

총비용함수가 다음과 같을 때 한계비용함수를 구하여라.
그리고 $Q=5$일 때의 한계비용은 얼마인가?

$$TC=Q^3-9Q^2+33Q+10$$

$$MC=\frac{d(TC)}{dQ}=3Q^2-18Q+33$$

$Q=5$일 때의 $MC=3(5)^2-18(5)+33=18$

4.4.2 탄력성

일반적으로 탄력성(elasticity : E)이란 종속변수의 변화율을 독립변수의 변화율로 나눈 것이다. 예를 들어 함수 $y=f(x)$에서 x는 독립변수이고 y는 종속변수이므로 탄력성 E는 다음과 같이 정의된다.

$$E=\frac{\frac{\Delta y}{y}}{\frac{\Delta x}{x}}=\frac{\Delta y}{\Delta x}\cdot\frac{x}{y} \tag{4.21}$$

$\frac{\Delta y}{y}$와 $\frac{\Delta x}{x}$는 각각 분자와 분모의 변화율을 의미하므로, 탄력성은 독립변수가 1% 변할 때 종속변수가 몇 % 변하는가를 계측하게 된다. 즉, 독립변수가 어떤 단위이든지 상관없이 상대적인 변화율을 나타내는 것이다. 그러므로 탄력성은 기업이나 정부가 어떤 정책결정을 행할

때 반응의 민감도를 알아내는 데 많은 도움을 주는 개념이다.

앞의 탄력성의 정의는 Δx, Δy와 같이 변화폭으로 계측되므로 호탄력성(arc elasticity)이라 한다. 탄력성은 함수의 한 점에서 정의될 수 있는데 이를 점탄력성(point elasticity)이라 하고 다음과 같이 나타낸다.

$$E = \lim_{\Delta x \to 0} \left(\frac{\Delta y}{\Delta x} \cdot \frac{x}{y} \right) = \frac{dy}{dx} \cdot \frac{x}{y} \tag{4.22}$$

한편 점탄력성은 자연대수를 이용하여 다음과 같이 나타내기도 한다.

$$E = \frac{dy}{dx} \cdot \frac{x}{y} = \frac{d(\ln y)}{d(\ln x)} \tag{4.23}$$

이 정의는 x와 y에 자연대수를 취하여 도함수의 연쇄법칙을 이용하여 도출할 수 있다.

수요의 가격탄력성

수요의 가격탄력성(price elasticity of demand : E_P)은 수요량의 변화율을 가격의 변화율로 나눈 것이므로 다음과 같이 정의된다.

$$E_P = -\frac{\frac{\Delta Q}{Q}}{\frac{\Delta P}{P}} = -\frac{\Delta Q}{\Delta P} \cdot \frac{P}{Q} \tag{4.24}$$

여기서 '—'가 붙는 까닭은 수요량과 가격은 항상 역의 관계($\frac{dQ}{dP} < 0$)에 있으므로 탄력성을 '+'로 하기 위해서이다.

이 탄력성은 호탄력성이므로 점탄력성은 다음과 같이 나타낸다.

$$E_P = -\frac{dQ}{dP}\cdot\frac{P}{Q} \tag{4.25}$$

어떤 재의 시장수요는 그 시장을 구성하는 개인의 소득의 크기, 기호의 상태 등이 일정하다면 가격에 의하여 결정된다. 지금 가격을 P, 수요량을 Q라 하면 수요함수는 다음과 같다.

$$Q = f(P) \tag{4.26}$$

일반적으로 수요의 법칙(가격이 하락하면 수요량은 증가하고 가격이 상승하면 수요량은 감소하는 성질)이 성립하면 수요함수는 우하향의 성질을 가지고 있으므로 다음의 관계가 성립한다.

$$\frac{dQ}{dP} < 0 \tag{4.27}$$

수요의 가격탄력성 E_P를 그래프를 이용하여 구하는 방법을 생각해 보자.

<그림 4.3>은 수요함수를 나타낸다. 관례에 따라 가격을 수직축에 수요량을 수평축에 놓았기 때문에 일반 수학에서 사용하는 독립변수와 종속변수의 축과 비교하면 반대로 되어 있다.

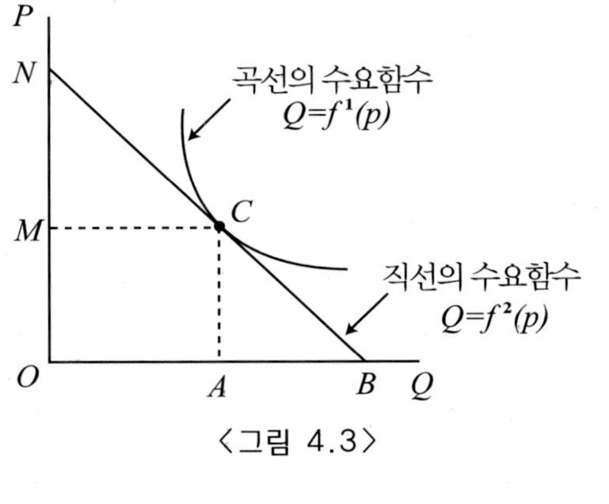

〈그림 4.3〉

먼저 수요함수가 직선이라고 가정하여(그림에서 $Q=f^2(P)$) 수요의 가격탄력성을 구해 보자.

점탄력성의 정의에 따라서 가격 P는 CA(그림에서 $MO=CA$)를, 수요량 Q는 OA를 대입한다. 그리고 $\frac{dQ}{dP}$는 그래프에서 축이 바뀐 것을 감안하여 역함수의 도함수 법칙에서

$$\frac{dQ}{dP}=-\frac{1}{\frac{dP}{dQ}} \tag{4.28}$$

을 이용하여

$$\frac{dQ}{dP}=-\frac{OB}{ON}=-\frac{AB}{CA} \tag{4.29}$$

를 대입하면 다음과 같이 구할 수 있다.

$$E_P=-\left(-\frac{AB}{CA}\cdot\frac{CA}{OA}\right)=\frac{AB}{OA} \tag{4.30}$$

즉 점탄력성은 가격에 대한 수요량을 Q축에 그리고, 이 수요량으로부터 직선의 수요함수가 Q축과 만나는 값(AB)을, 원점으로부터 수요량까지의 값(OA)으로 나누어서 구한다.

다음으로 수요함수가 곡선이라고 가정하여(그림에서 $Q=f^1(P)$) 수요의 가격탄력성을 구해 보자.

가격수준 MO에서 수요곡선에 접선을 그리면 바로 직선의 수요곡선 $Q=f^2(P)$가 되므로 같은 탄력성을 얻는다. 그러므로 수요함수가 직선으로 나타나든 곡선으로 나타나든 어떤 가격수준에서 접해 있으면 점

탄력성은 같다는 것을 알 수 있다.

예 1

수요함수가 $Q=100-P$일 때 $P=50$에서 수요의 가격탄력성을 구하여라.

(1) 먼저 정의식에 의하여 구하여 보자.

$P=50$일 때 $Q=50$, 그리고 $\frac{dQ}{dP}=-1$이므로

$E_P=-(-1\cdot\frac{50}{50})=1$

(2) 그래프를 이용하여 구하여 보자.

$P=0$일 때 $Q=100$이 된다. 그리고 $P=50$일 때 $Q=50$이므로

$OA=50$, $AB=100-50=50$

따라서 $E_P=\frac{AB}{OA}=\frac{100-50}{50}=1$

연습문제 4.4 Exercise

[1] 평균비용(AC)이 다음과 같이 주어졌을 때

$$AC=\frac{1}{3}Q^2-5Q+110+\frac{60}{Q}$$

한계비용(MC)을 구하여라.

[2] 수요함수가 $Q=100-2P$이고, 가격이 $P=25$, $P=30$일 때

(1) 정의식에 의해서 각각의 수요의 가격탄력성을 구하여라.

(2) 그래프를 이용하여 각각의 수요의 가격탄력성을 구하여라.

제5장 편미분법

5.1 편도함수

5.1.1 편도함수와 편미분계수

지금까지는 하나의 독립변수에 대한 함수만 대상으로 하였으나 이 장에서는 독립변수가 둘 이상인 함수, 즉 다변수함수의 경우를 살펴보기로 한다.

먼저 두 독립변수의 함수

$$z = f(x,\ y) \tag{5.1}$$

를 생각하자. 이 함수에서 한 변수의 값을 고정시키고 다른 변수를 변화시키면 z가 변하게 된다. 지금 y를 고정시키고 x가 Δx만큼 변화하였다면 z도 Δz만큼 변한다.

$$\Delta z = f(x + \Delta x,\ y) - f(x,\ y) \tag{5.2}$$

이때 Δx에 대한 Δz의 극한이 존재하면 x에 대한 z의 편도함수라 하고 $\frac{\partial z}{\partial x}$로 나타낸다.

$$\frac{\partial z}{\partial x}=\lim_{\Delta x\to 0}\frac{\Delta z}{\Delta x}=\frac{f(x+\Delta x,\ y)-f(x,\ y)}{\Delta x} \tag{5.3}$$

같은 방법으로 x를 고정해 놓고 y에 관한 편도함수 $\frac{\partial z}{\partial y}$를 구할 수 있다.

$$\frac{\partial z}{\partial y}=\lim_{\Delta y\to 0}\frac{\Delta z}{\Delta y}=\frac{f(x,\ y+\Delta y)-f(x,\ y)}{\Delta y} \tag{5.4}$$

이렇게 편도함수를 구하는 과정을 편미분(partial differentiation)이라고 한다.

다변수함수의 편도함수를 나타내는 데 다음과 같은 여러 가지 기호가 사용된다.

$$\begin{gathered}\frac{\partial z}{\partial x},\ \frac{\partial f}{\partial x},\ \frac{\partial f(x\ ,\ y)}{\partial x},\ f_x(x,\ y),\ f_x,\ z_x \\ \frac{\partial z}{\partial y},\ \frac{\partial f}{\partial y},\ \frac{\partial f(x\ ,\ y)}{\partial y},\ f_y(x,\ y),\ f_y,\ z_y\end{gathered} \tag{5.5}$$

일반적으로 독립변수가 n인 다변수함수

$$u=f(x_1,\ x_2,\ \cdots,\ x_n) \tag{5.6}$$

의 각 변수에 대한 편도함수는 같은 방법으로 다음과 같이 정의된다.

$$\frac{\partial u}{\partial x_1} = \lim_{\Delta x_1 \to 0} \frac{f(x_1 + \Delta x_1, x_2, \cdots, x_n) - f(x_1, x_2, \cdots, x_n)}{\Delta x_1}$$

$$\vdots$$

$$\frac{\partial u}{\partial x_n} = \lim_{\Delta x_n \to 0} \frac{f(x_1, x_2, \cdots, x_n + \Delta x_n) - f(x_1, x_2, \cdots, x_n)}{\Delta x_n} \qquad (5.7)$$

두 변수의 함수에서 한 점 (a, b)에서의 편도함수의 값을 그 점에서의 편미분계수라 하고, 다음과 같이 나타낸다.

$$f_x(a, b),\ f_y(a, b)$$

$$\left.\frac{\partial z}{\partial x}\right|_{x=a,\, y=b} \qquad \left.\frac{\partial z}{\partial y}\right|_{x=a,\, y=b} \qquad (5.8)$$

예 1

$z = f(x, y) = 2xy^3 + x^2$이면

$\frac{\partial z}{\partial x}$는 y를 상수(일정한 값)로 보고 x에 관해서 미분하는 것이므로

$$\frac{\partial z}{\partial x} = f_x = 2y^3 + 2x$$

$\frac{\partial z}{\partial y}$는 x를 상수로 보고 y에 관해서 미분하는 것이므로

$$\frac{\partial z}{\partial y} = f_y = 6xy^2$$

한편, 점 $(x, y) = (2, 1)$일 때의 편미분계수는

$f_x = 2(1^3) + 2(2) = 6, \quad f_y = 6(2)(1^3) = 12$

예 2

$u = f(x,\ y,\ z) = x^2 + 2xy + yz^3$일 때

$$\frac{\partial u}{\partial x} = f_x = 2x + 2y,\ \frac{\partial u}{\partial y} = f_y = 2x + z^3,\ \frac{\partial u}{\partial z} = f_z = 3yz^2$$

한편, 점 $(x,\ y,\ z) = (1,\ 2,\ 3)$일 때의 편미분계수는

$f_x = 2(1) + 2(2) = 6,\ f_y = 2(1) + (3^3) = 29,\ f_z = 3(2)(3^2) = 54$

5.1.2 편도함수의 기하학적 해석

함수 $z = f(x\ ,\ y)$를 <그림 5.1>에서와 같은 곡면의 방정식이라 하자. 곡면상의 한 점 R를 지나고 xz평면과 평행하게 곡면을 절단하면 곡선 ARB가 얻어진다. 여기서 y를 b에 고정하고 x를 변화시키면 z는 ARB 곡선상에서 변하게 된다.

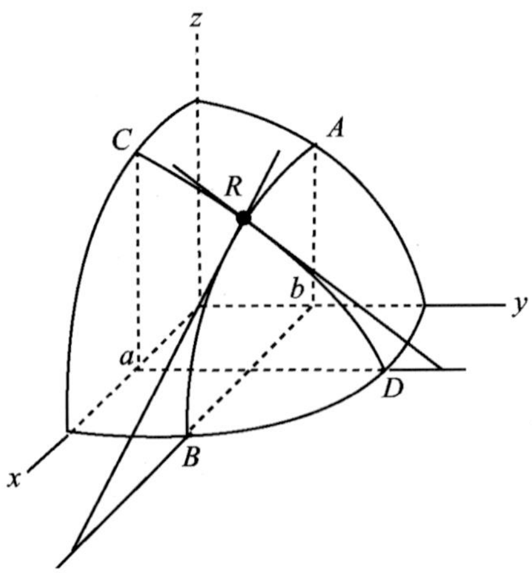

〈그림 5.1〉

이때 점 R에서의 접선의 기울기는 x에 관한 z의 변화율을 나타내는 편도함수이다. 즉,

$$\left.\frac{\partial z}{\partial x}\right|_{y=b} = R\text{에서의 } ARB\text{의 기울기}$$

같은 방법으로 x를 a에 고정하고 y를 변화시켜, z를 CRD 곡선상에서 변화시켜서 y에 관한 z의 편도함수를 나타낼 수 있다.

$$\left.\frac{\partial z}{\partial y}\right|_{x=a} = R\text{에서의 } CRD\text{의 기울기}$$

5.1.3 2계편도함수

함수 $z=f(x,\ y)$의 편도함수

$$\frac{\partial z}{\partial x}=f_x(x\ ,\ y),\ \ \frac{\partial z}{\partial y}=f_y(x,\ y)$$

는 다시 x, y의 함수이므로 이것을 또다시 x와 y에 관해서 미분할 수 있다. 이렇게 편도함수가 존재하면 이것을 x, y에 관한 z의 2계편도함수라 하고, 각각 다음과 같이 나타낸다.

$$\frac{\partial^2 z}{\partial x^2}=\frac{\partial}{\partial x}\left(\frac{\partial z}{\partial x}\right)=z_{xx}=\frac{\partial^2 f}{\partial x^2}=f_{xx}$$

$$\frac{\partial^2 z}{\partial y^2}=\frac{\partial}{\partial y}\left(\frac{\partial z}{\partial y}\right)=z_{yy}=\frac{\partial^2 f}{\partial y^2}=f_{yy}$$

$$\frac{\partial^2 z}{\partial x \partial y} = \frac{\partial}{\partial x}\left(\frac{\partial z}{\partial y}\right) = z_{yx} = \frac{\partial^2 f}{\partial x \partial y} = f_{yx}$$

$$\frac{\partial^2 z}{\partial y \partial x} = \frac{\partial}{\partial y}\left(\frac{\partial z}{\partial x}\right) = z_{xy} = \frac{\partial^2 f}{\partial y \partial x} = f_{xy} \qquad (5.9)$$

예 1

$z = f(x, y) = x^3y + 2xy^2$이면

$f_x = 3x^2y + 2y^2,\ \ f_{xx} = 6xy,\ \ f_{xy} = 3x^2 + 4y$

$f_y = x^3 + 4xy,\ \ f_{yy} = 4x,\ \ f_{yx} = 3x^2 + 4y$

예 2

$z = f(x, y) = (2x + 3)(x + 4y)$이면

$f_x = 2(x + 4y) + (2x + 3) = 4x + 8y + 3$

$f_{xx} = 4,\ \ f_{xy} = 8$

$f_y = (2x + 3)4 = 8x + 12$

$f_{yy} = 0,\ \ f_{yx} = 8$

위의 예에서 알 수 있듯이, 먼저 x에 관하여 편미분한 다음에 y에 관해서 편미분을 구한 f_{xy}와 반대의 경우의 f_{yx}가 같은 것을 알 수 있다. 이러한 성질은 편도함수가 모두 연속일 때 성립한다.

정리 5.1

함수 $z = f(x, y)$에 있어서, f_x, f_y가 연속함수이고 f_{xy}, f_{yx}도 연속함수이면 $f_{xy} = f_{yx}$이다.

연습문제 5.1 Exercise

[1] 다음의 함수 $z=f(x, y)$에서 f_x, f_y, f_{xy}, f_{yx}를 구하여라.

(1) $z=f(x, y)=x^2+4xy+y^2$

(2) $z=f(x, y)=4x^2y^3$

(3) $z=f(x, y)=(3x+4)(2x+5y)$

(4) $z=f(x, y)=(2x+4y)(x^2-3y)$

[2] 다음의 함수에서 1계편도함수를 모두 구하여라.

(1) $u=2x^2-7xy^2+z^2-2$

(2) $u=(3x+z^2)(z-y^2)$

(3) $u=\dfrac{2x+4y}{x^2-3y}$

(4) $u=\dfrac{5x+7y}{4x+2y}$

[3] 함수 $z=3x^3y-5xy^4$일 때,

(1) $f_{xy}=f_{yx}$가 되는지를 확인하여라.

(2) $f_{xxy}=f_{xyx}=f_{yxx}$가 되는지를 확인하여라.

5.2 미분과 전미분

5.2.1 미분

먼저 1변수함수 $y=f(x)$의 미분을 생각하자. 정의에 의하여 $\dfrac{\Delta y}{\Delta x}$의

극한이 도함수 $f'(x)$이므로

$$\lim_{\Delta x \to 0} \frac{\Delta y}{\Delta x} = f'(x) \tag{5.10}$$

따라서 평균변화율 $\frac{\Delta y}{\Delta x}$는 다음과 같이 나타낼 수 있다.

$$\frac{\Delta y}{\Delta x} = f'(x) + \varepsilon \tag{5.11}$$

여기서 ε은 Δx를 충분히 작게 취함으로써 얼마든지 작게
이것은 다시

$$\Delta y = f'(x)\Delta x + \varepsilon\Delta x \tag{5.12}$$

로 나타낼 수 있다.

ε과 Δx는 아주 작은 수로 서로 곱하면 무시할 수 있으므로, $f'(x)\Delta x$로서 Δy의 근사치를 나타낼 수 있고, 이것을 $f(x)$의 미분이라 부르고 dy로 나타낸다. 즉

$$dy = f'(x)\Delta x \tag{5.13}$$

여기서 독립변수의 미분 dx는 그 증분 Δx와 같다고 정의하면 다음과 같다.

$$dy = f'(x)dx \tag{5.14}$$

한편 도함수 $\frac{dy}{dx}$는 x의 변화에 대한 y의 변화, 즉 두 변화의 비를 나타내나, 미분 dy는 x의 미세한 변화에 대한 y의 미세한 변화의 크기를 나타낸다고 볼 수 있다.

예 1

$y = 3x^2$이면

$f'(x) = 6x$

따라서 $dy = f'(x)dx = 6xdx$

예 2

$y = 5x^3 + 2x^2 - 4x + 6$이면

$f'(x) = 15x^2 + 4x - 4$

따라서 $dy = f'(x)dx = (15x^2 + 4x - 4)dx$

5.2.2 전미분

두 개의 독립변수를 가진 함수 $z = f(x, y)$에서, x와 y가 증분 $\Delta x, \Delta y$만큼 변화하면 함수의 증분 Δz는

$$\Delta z = f(x + \Delta x, y + \Delta y) - f(x, y) \tag{5.15}$$

만큼 변한다.

일반적으로 Δz에 대해서 다음의 정리가 성립한다.

정리 5.2

$z=f(x, y)$에서 z와 그 1계편도함수 z_x, z_y가 점 (x, y)와 그 근방에서 연속이면, 다음이 성립한다.

$$\Delta z=\frac{\partial z}{\partial x}\Delta x+\frac{\partial z}{\partial y}\Delta y+\epsilon_1\Delta x+\epsilon_2\Delta y$$

단, $\lim\limits_{\substack{\Delta x\to 0,\\ \Delta y\to 0}}\epsilon_1=0$, $\lim\limits_{\substack{\Delta x\to 0,\\ \Delta y\to 0}}\epsilon_2=0$

이 정리로부터 Δx와 Δy가 충분히 작아져서 0에 접근하면 Δz의 값은 처음 두 항만의 합으로 나타낼 수 있다. 이 합을 z의 전미분(total differential)이라 하고 dz로 나타낸다.

$$dz=\frac{\partial z}{\partial x}\Delta x+\frac{\partial z}{\partial y}\Delta y \tag{5.16}$$

여기서 각 독립변수의 미분은 그 증분과 같다고 정의하면, 즉 $dx=\Delta x$, $dy=\Delta y$라 하면 다음과 같은 일반식으로 나타낼 수 있다.

$$dz=\frac{\partial z}{\partial x}dx+\frac{\partial z}{\partial y}dy \tag{5.17}$$

함수 $z=f(x, y)$에서 편도함수 f_x, f_y와 전미분 dz의 차이를 비교하면 다음과 같다.

편도함수는 두 독립변수 중에서 하나의 독립변수가 일정할 때 다른 독립변수의 변화에 대한 종속변수의 상대적 변화율을 나타낸다. 즉 f_x는 y가 일정할 때의 z에 대한 x의 변화율을 나타내고, f_y는 x가 일정할 때의 z에 대한 y의 변화율을 나타낸다. 그에 비해서 전미분 dz는 두 독립변수 x와 y가 각각 dx, dy만큼 모두 변할 때 종속변수 z에 미치는 영향력의 크기를 나타내는 것이 다른 점이다.

예 1

$z = f(x, y) = x^3 + 4xy + 2y^2$이면

$f_x = 3x^2 + 4y$, $f_y = 4x + 4y$

$dz = (3x^2 + 4y)dx + (4x + 4y)dy$

예 2

$z = \dfrac{x+y}{x+1}$일 때

$\dfrac{\partial z}{\partial x} = \dfrac{1-y}{(x+1)^2}$, $\dfrac{\partial z}{\partial y} = \dfrac{1}{(x+1)}$

$dz = \dfrac{(1-y)}{(x+1)^2}dx + \dfrac{1}{(x+1)}dy$

예 3

저축함수를 $S = S(Y, i)$라고 하자. 여기서 S는 저축, Y는 국민소득, i는 이자율이다. 그러면 저축함수의 전미분은 다음 식이 된다.

$dS = S_Y dY + S_i di$

이 식이 의미하는 바는, 국민소득 Y가 dY만큼 미세하게 변하고 이자율 i도 미세하게 di만큼 변할 때, 이것이 저축에 미치는 전체적인 변화는 dS가 된다는 것이다.

편도함수 S_Y와 S_i는 각각 이자율과 국민소득이 일정하다고 하였을 때 국민소득 Y와 이자율 i가 변할 때의 종속변수 S에 미치는 상대적인 영향력을 나타낸다. 반면에 전미분 dS는 두 독립변수 Y와 i가

서로 독립적으로 미세하게 변할 때 종속변수 S에 미치는 전체적인 변화의 크기를 나타낸다.

일반적으로 n개의 독립변수 $x_1, x_2, \cdots, x_n$으로 구성된 다변수함수

$$u = u(x_1, x_2, \cdots, x_n) \tag{5.18}$$

의 경우, 전미분 du는 다음 식이 된다.

$$\begin{aligned} du &= \frac{\partial u}{\partial x_1}dx_1 + \frac{\partial u}{\partial x_2}dx_2 + \cdots + \frac{\partial u}{\partial x_n}dx_n \\ &= u_1 dx_1 + u_2 dx_2 + \cdots + u_n dx_n \end{aligned} \tag{5.19}$$

예 4

$u = u(x, y, z) = xy^3z^2$이면

$$u_x = y^3z^2,\ u_y = 3xz^2y^2,\ u_z = 2xy^3z$$

$$du = y^3z^2dx + 3xz^2y^2dy + 2xy^3zdz$$

미분과 전미분은 지금까지의 식에 의해서 구할 수 있는데, 다음의 미분 공식을 이용하여 쉽게 구할 수도 있다.

정리 5.3

u, v, w가 함수이고 c가 상수일 때

(1) $d(cu^n) = ncu^{n-1}du$

(2) $d(u \pm v) = du \pm dv$

(3) $d(uv) = vdu + udv$

(4) $d(\frac{u}{v}) = \frac{vdu - udv}{v^2}$

예 5

$z = x^3 + 4xy + 2y^2$일 때

$$\begin{aligned} dz &= d(x^3 + 4xy + 2y^2) \\ &= d(x^3) + d(4xy) + d(2y^2) \\ &= 3x^2dx + 4(ydx + xdy) + 4ydy \\ &= (3x^2 + 4y)dx + (4x + 4y)dy \end{aligned}$$

예 6

$z = \dfrac{x+y}{x+1}$일 때

$$\begin{aligned} dz &= \frac{(x+1)d(x+y) - (x+y)d(x+1)}{(x+1)^2} \\ &= \frac{(x+1)(dx+dy) - (x+y)dx}{(x+1)^2} \\ &= \frac{(1-y)}{(x+1)^2}dx + \frac{1}{(x+1)}dy \end{aligned}$$

5.2.3 2계전미분

함수 $z = f(x, y)$에서 전미분 dz는 다음과 같았다.

$$dz = f_x dx + f_y dy = \frac{\partial z}{\partial x}dx + \frac{\partial z}{\partial y}dy \tag{5.20}$$

그런데 f_x와 f_y는 다시 x, y의 함수가 된다. 즉,

$$f_x = g(x,\ y), \quad f_y = h(x,\ y) \tag{5.21}$$

그러므로 f_x와 f_y로 구성된 전미분 dz도 x, y의 함수가 된다.

먼저 f_x와 f_y의 전미분을 구하여 보자

$$\begin{aligned} d(f_x) &= d(g_{(x,\ y)}) = g_x dx + g_y dy = f_{xx}dx + f_{xy}dy \\ d(f_y) &= d(h_{(x,\ y)}) = h_x dx + h_y dy = f_{yx}dx + f_{yy}dy \end{aligned} \tag{5.22}$$

다음으로 전미분 dz의 전미분 $d(dz)$는

$$\begin{aligned} d(dz) &= d(f_x dx + f_y dy) = d(f_x dx) + d(f_y dy) \\ &= d(f_x)dx + d(f_y)dy \\ &= (f_{xx}dx + f_{xy}dy)dx + (f_{yx}dx + f_{yy}dy)dy \\ &= f_{xx}dx^2 + 2f_{xy}dxdy + f_{yy}dy^2 \end{aligned} \tag{5.23}$$

여기서 $f_{xy} = f_{yx}$, $(dx)(dx) = dx^2$, $(dy)(dy) = dy^2$이며, dx와 dy는 상수로 취급되었다.

$d(dz) = d^2z$로 두면,

$$d^2z = f_{xx}dx^2 + 2f_{xy}dxdy + f_{yy}dy^2 \tag{5.24}$$

이 d^2z를 함수 $z = f(x,\ y)$의 2계전미분(second-order total differential)이라 한다.

예 1

$z = x^3 + 4xy + 2y^2$이면,

$f_x = 3x^2 + 4y,\ f_{xy} = 4,\ f_{xx} = 6x$

$f_y = 4x + 4y \quad f_{yy} = 4$

$$d^2z = f_{xx}dx^2 + 2f_{xy}dxdy + f_{yy}dy^2$$
$$= 6xdx^2 + 2(4)dxdy + 4dy^2$$
$$= 6xdx^2 + 8dxdy + 4dy^2$$

예 2

$z = 3x^2 + 4y^3$이면

$f_x = 6x,\ f_{xy} = 0,\ f_{xx} = 6$

$f_y = 12y^2,\ f_{yy} = 24y$

$$d^2z = 6dx^2 + 2(0)dxdy + 24ydy^2$$
$$= 6dx^2 + 24ydy^2$$

예 3

$z = \dfrac{x+y}{x+1}$이면

$f_x = \dfrac{1-y}{(x+1)^2},\quad f_{xy} = \dfrac{-1}{(x+1)^2},\quad f_{xx} = \dfrac{-2(1-y)}{(x+1)^3}$

$f_y = \dfrac{1}{x+1},\quad f_{yy} = 0$

$$d^2z = \frac{-2(1-y)}{(x+1)^3}dx^2 - \frac{2}{(x+1)^2}dxdy$$

연습문제 5.2 Exercise

[1] 아래의 함수 $z = f(x, y)$에서 dz를 구하여라.

(1) $z = 4x^2 + 5y^2$

(2) $z = x^4 + 3xy + 8y^3$

(3) $z = 3x^2y + 2y^5x^3$

(4) $z = (2x + 5y)(3x + 2y)$

(5) $z = \dfrac{2x + 6y}{x - 5y}$

(6) $z = \dfrac{x - y}{x + y}$

[2] 아래의 함수 $z = f(x, y)$에서 d^2z를 구하여라.

(1) $z = 4x^2 + 5y^2$

(2) $z = x^4 + 3xy + 8y^3$

(3) $z = 3x^2y + 2y^5x^3$

(4) $z = (2x + 5y)(3x + 2y)$

5.3 전도함수

5.3.1 전도함수

함수 $z = f(x, y)$에서 두 변수 x와 y가 서로 독립이 아니고 어떤 관계가 존재할 때의 도함수를 구하는 방법을 생각해 보자.

먼저 함수 z가 x와 y의 함수이고, x와 y가 모두 t의 함수인 경우를 생각해 보자.

정리 5.4

함수 $z=f(x,\ y)$이고, $x=h(t),\ y=g(t)$이면

$$\frac{dz}{dt}=\frac{\partial z}{\partial x}\frac{dx}{dt}+\frac{\partial z}{\partial y}\frac{dy}{dt}=f_x\frac{dx}{dt}+f_y\frac{dy}{dt}$$

이 정리에서 $\frac{dz}{dt}$를 z의 t에 관한 전도함수(total derivative)라 한다. t가 z에 영향을 주는 경로를 그림으로 나타내면 다음과 같다.

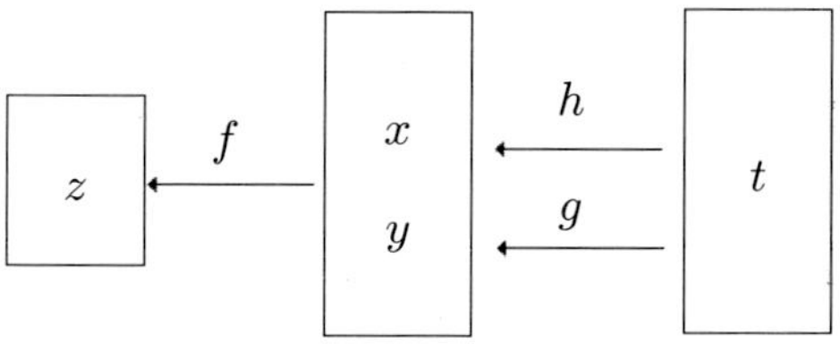

즉, t는 함수 h를 통해서 x에 영향을 미치고 이것이 다시 f를 통해서 z에 영향을 미치는 경로와, g를 통해서 y에 영향을 미치고 이것이 다시 f를 통해서 z에 영향을 미치는 두 경로를 생각할 수 있다.

예 1

$z=f(x,\ y)=x^2+y^2,\ x=h(t)=t^2+1,\ y=g(t)=t+1$일 때 전도함수 $\frac{dz}{dt}$를 구하여라.

$\frac{\partial z}{\partial x}=2x,\ \frac{\partial z}{\partial y}=2y,\ \frac{dx}{dt}=2t,\ \frac{dy}{dt}=1$이므로

$$\begin{aligned}\frac{dz}{dt}&=\frac{\partial z}{\partial x}\frac{dx}{dt}+\frac{\partial z}{\partial y}\frac{dy}{dt}=(2x)(2t)+(2y)1\\&=4t(t^2+1)+2(t+1)\\&=4t^3+6t+2\end{aligned}$$

이 정리를 일반화하면 다음과 같은 정리가 성립한다.

정리 5.5

$u=f(x_1, x_2, \cdots, x_n)$이고, $x_1, x_2, \cdots, x_n$이 모두 t의 함수이면

$$\frac{du}{dt}=\frac{\partial u}{\partial x_1}\frac{dx_1}{dt}+\frac{\partial u}{\partial x_2}\frac{dx_2}{dt}+\cdots+\frac{\partial u}{dx_n}\frac{dx_n}{dt}$$

5.3.2 전도함수의 변형 (1)

함수 z가 x와 y의 함수이고, y가 x의 함수인 경우를 생각해 보자.

정리 5.6

함수 $z=f(x\ ,\ y)$이고, $y=g(x)$이면

$$\frac{dz}{dx}=\frac{\partial z}{\partial x}+\frac{\partial z}{\partial y}\frac{dy}{dx}=f_x+f_y\frac{dy}{dx}$$

이 정리에서 x가 z에 영향을 주는 경로를 그림으로 나타내면 다음과 같다.

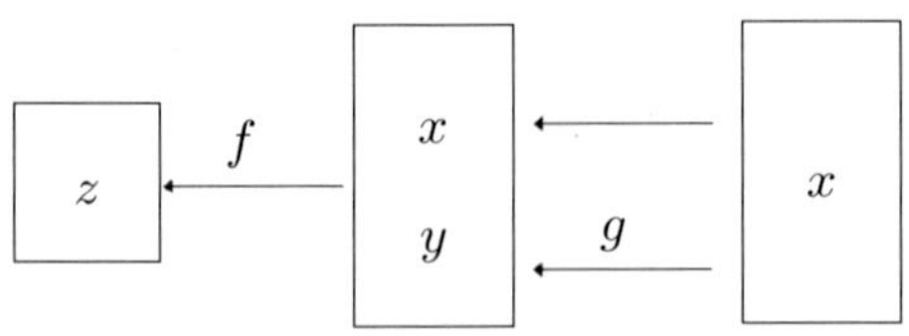

즉, x는 함수 g를 통해서 y에 영향을 미치고, 이것이 다시 f를 통해서 z에 영향을 미치는 간접적인 경로와, x 자신에 영향을 미치고(이때

x 자신에 대한 영향은 1이다. 즉, $\frac{dx}{dx}=1$) 다시 f를 통해서 z에 직접적으로 영향을 미치고 있다.

예 1

$z=f(x,\ y)=2x^2-y,\ y=g(x)=x^2+3x+1$일 때

$\frac{\partial z}{\partial x}=4x,\ \frac{\partial z}{\partial y}=-1,\ \frac{dy}{dx}=2x+3$

그러므로

$$\begin{aligned}\frac{dz}{dx}=\frac{\partial z}{\partial x}+\frac{\partial z}{\partial y}\frac{dy}{dx}&=4x+(-1)(2x+3)\\&=2x-3\end{aligned}$$

5.3.3 전도함수의 변형 (2)

함수 z가 $x,\ y,\ w$의 함수이고, x와 y가 다른 한 변수인 w의 함수인 경우를 생각해 보자.

정리 5.7

함수 $z=f(x,\ y,\ w)$이고, $x=g(w),\ y=h(w)$이면

$$\frac{dz}{dw}=\frac{\partial z}{\partial x}\frac{dx}{dw}+\frac{\partial z}{\partial y}\frac{dy}{dw}+\frac{\partial z}{\partial w}=f_x\frac{dx}{dw}+f_y\frac{dy}{dw}+f_w$$

이 정리에서 w가 z에 영향을 주는 경로를 그림으로 나타내면 다음과 같다.

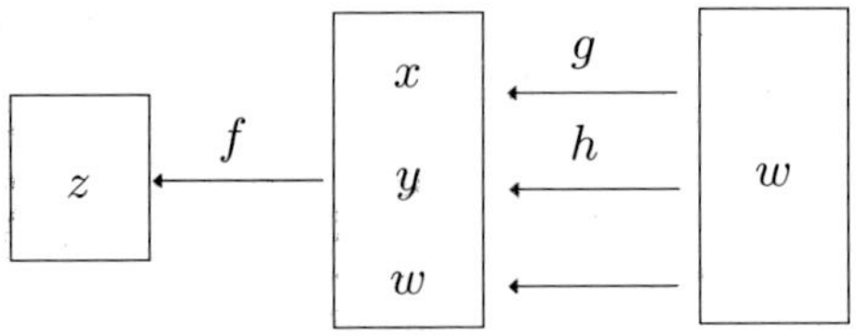

즉, w는 두 가지 간접적인 경로를 통해서 z에 영향을 미친다. 하나는 함수 g를 통해서 x에 영향을 미치고, 다른 하나는 함수 h를 통해서 y에 영향을 미치며, 다시 f를 통해서 z에 영향을 미치는 경로이다. 그리고 직접적인 영향도 f를 통해서 미친다. 이 경우에도 w가 자신에게 미치는 영향은 $\frac{dw}{dw}=1$이므로 생략됐다.

예 1

생산함수 $Q=Q(L, K, t)$에서, 자본 K와 노동 L이 모두 시간 t의 함수라고 한다면 $K=K(t)$, $L=L(t)$로 나타낼 수 있다. 이 경우 $\frac{dQ}{dt}$는 다음과 같이 구한다.

$$\frac{dQ}{dt}=\frac{\partial Q}{\partial k}\frac{dk}{dt}+\frac{\partial Q}{\partial L}\frac{dL}{dt}+\frac{\partial Q}{\partial t}$$

(정리 5.7)을 일반화하면 다음 정리가 성립한다.

정리 5.8

$u=f(x_1, x_2, \cdots, x_n)$이고 변수 $x_2, \cdots, x_n$이 모두 x_1의 함수이면

$$\frac{du}{dx_1}=\frac{\partial u}{\partial x_1}+\frac{\partial u}{\partial x_2}\frac{dx_2}{dx_1}+\cdots+\frac{\partial u}{\partial x_n}\frac{dx_n}{dx_1}=f_1+f_2\frac{dx_2}{dx_1}+\cdots+f_n\frac{dx_n}{dx_1}$$

5.3.4 전도함수의 변형 (3)

함수 z가 x와 y의 함수이고, x와 y가 u와 v의 함수인 경우를 생각해 보자.

정리 5.9

함수 $z=f(x, y)$이고, $x=g(u, v)$, $y=h(u, v)$이면

$$\frac{\partial z}{\partial u}=\frac{\partial z}{\partial x}\frac{\partial x}{\partial u}+\frac{\partial z}{\partial y}\frac{\partial y}{\partial u}$$

$$\frac{\partial z}{\partial v}=\frac{\partial z}{\partial x}\frac{\partial x}{\partial v}+\frac{\partial z}{\partial y}\frac{\partial y}{\partial v}$$

이 정리에서 u와 v가 z에 영향을 주는 경로를 그림으로 나타내면 다음과 같다.

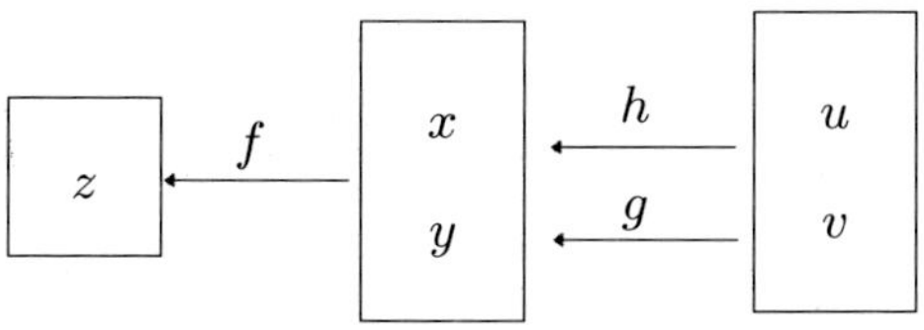

예 1

$z=f(x, y)=x^2+y^2$이고, $x=g(u, v)=3u^2+2v$, $y=h(u, v)=u-3v^2$이면

$\frac{\partial z}{\partial x}=2x$, $\frac{\partial z}{\partial y}=2y$,

$$\frac{\partial x}{\partial u}=6u,\ \frac{\partial y}{\partial u}=1,\ \frac{\partial x}{\partial v}=2,\ \frac{\partial y}{\partial v}=-6v$$

그러므로

$$\begin{aligned}\frac{\partial z}{\partial u}=\frac{\partial z}{\partial x}\frac{\partial x}{\partial u}+\frac{\partial z}{\partial y}\frac{\partial y}{\partial u}&=(2x)(6u)+(2y)(1)\\&=12u(3u^2+2v)+2(u-3v^2)\\&=36u^3+24uv+2u-6v^2\end{aligned}$$

$$\begin{aligned}\frac{\partial z}{\partial v}=\frac{\partial z}{\partial x}\frac{\partial x}{\partial v}+\frac{\partial z}{\partial y}\frac{\partial y}{\partial v}&=(2x)(2)+(2y)(-6v)\\&=4(3u^2+2v)-12v(u-3v^2)\\&=12u^2+8v-12uv+36v^3\end{aligned}$$

연습문제 5.3 Exercise

[1] 다음의 함수 $z=f(x, y)$에서 전도함수를 구하여라.

(1) $z=4x^2+3y^3$이고, $x=g(t)=2t-5$, $y=h(t)=t^3$일 때 $\frac{dz}{dt}$

(2) $z=x^2-y^2+w$이고, $x=g(w)=3w+2$, $y=h(w)=w^3$일 때 $\frac{dz}{dw}$

(3) $z=2x^3+y^3$이고, $y=g(x)=x^2-3$일 때 $\frac{dz}{dx}$

(4) $z=8xy+x^3$이고, $y=g(x)=6x+10$일 때 $\frac{dz}{dx}$

[2] 함수 $z=6xy-3x^2$이고, $x=g(u, v)=3u-2v$, $y=h(u, v)=u+v^2$ 일 때

(1) $\frac{\partial z}{\partial u}$를 구하여라.

(2) $\frac{\partial z}{\partial v}$를 구하여라.

5.4 야코비행렬식

야코비행렬식은 함수들 사이의 종속성(의존 관계)을 판정하기 위해서 정의된 행렬식이다.

2변수로 구성된 두 함수 y_1, y_2를 생각하자.

$$\begin{aligned} y_1 &= f^1(x_1, x_2) \\ y_2 &= f^2(x_1, x_2) \end{aligned} \tag{5.25}$$

이들의 편도함수들로 이루어진 다음과 같은 2×2행렬을 야코비행렬 J라 한다.

$$J = J(x_1, x_2) = \begin{pmatrix} \frac{\partial y_1}{\partial x_1} & \frac{\partial y_1}{\partial x_2} \\ \frac{\partial y_2}{\partial x_1} & \frac{\partial y_2}{\partial x_2} \end{pmatrix} \tag{5.26}$$

즉, 이 J행렬은, 1행은 첫 번째 함수 y_1에 대한 두 변수 x_1, x_2의 편도함수이고, 2행은 두 번째 함수 y_2에 대한 두 변수 x_1, x_2의 편도함수이다.

이 야코비행렬의 행렬식을 야코비행렬식(Jacobian determinant) 또는 간단히 야코비안(Jacobian)이라고 하며, $|J|$로 나타낸다.

$$|J|=|J(x_1\,,\,x_2)|=\left|\frac{\partial(y_1\,,\,y_2)}{\partial(x_1\,,\,x_2)}\right|=\begin{vmatrix}\dfrac{\partial y_1}{\partial x_1} & \dfrac{\partial y_1}{\partial x_2}\\ \dfrac{\partial y_2}{\partial x_1} & \dfrac{\partial y_2}{\partial x_2}\end{vmatrix} \tag{5.27}$$

예 1

$y_1 = f^1(x_1,\, x_2) = 3x_1 + 2x_2$

$y_2 = f^2(x_1,\, x_2) = 9x_1^2 + 12x_1x_2 + 4{x_2}^2$이면

$$\frac{\partial y_1}{\partial x_1} = 3, \qquad \frac{\partial y_1}{\partial x_2} = 2$$

$$\frac{\partial y_2}{\partial x_1} = 18x_1 + 12x_2, \qquad \frac{\partial y_2}{\partial x_2} = 12x_1 + 8x_2$$

$$\therefore |J| = \begin{vmatrix}\dfrac{\partial y_1}{\partial x_1} & \dfrac{\partial y_1}{\partial x_2}\\ \dfrac{\partial y_2}{\partial x_1} & \dfrac{\partial y_2}{\partial x_2}\end{vmatrix} = \begin{vmatrix} 3 & 2 \\ 18x_1 + 12x_2 & 12x_1 + 8x_2 \end{vmatrix}$$

일반화하면, n개의 변수로 구성된 n개의 함수가 주어졌을 때 야코비 행렬식은 다음과 같은 $n \times n$행렬식이 된다.

$$\begin{aligned} y_1 &= f^1(x_1\,,\, x_2\,,\, \cdots,\, x_n) \\ y_2 &= f^2(x_1\,,\, x_2\,,\, \cdots,\, x_n) \\ &\vdots \\ y_n &= f^n(x_1\,,\, x_2\,,\, \cdots,\, x_n) \end{aligned} \tag{5.28}$$

이면,

$$|J| = \left| \frac{\partial(y_1, y_2, \cdots, y_n)}{\partial(x_1, x_2, \cdots, x_n)} \right| = \begin{vmatrix} \frac{\partial y_1}{\partial x_1} & \frac{\partial y_1}{\partial x_2} & \cdots & \frac{\partial y_1}{\partial x_n} \\ \cdots & \cdots & \cdots & \cdots \\ \frac{\partial y_n}{\partial x_1} & \frac{\partial y_n}{\partial x_2} & \cdots & \frac{\partial y_n}{\partial x_n} \end{vmatrix} \tag{5.29}$$

n개의 함수가 주어졌을 때 야코비행렬식 $|J|$의 값은, 이들 사이에 함수적 종속 관계가 존재하는지를 판정하는 기준이 된다.

앞의 **예 1**에서 야코비행렬식 $|J|$를 구하면 0이다. 즉,

$$|J| = 3(12x_1 + 8x_2) - 2(18x_1 + 12x_2) = 0$$

이 경우 두 함수의 관계는 y_1의 함수를 제곱하면 y_2의 함수가 되는 것을 알 수 있다.

함수적 종속성과 야코비행렬식 $|J|$에 관해서 다음의 정리가 성립한다.

정리 5.10

n개의 함수의 집합 중에서 함수적 종속 관계에 관해서 다음이 성립한다.

(1) $|J| = 0$이면 함수적으로 종속이다.

(2) $|J| \neq 0$이면 함수적으로 독립이다.

예 2

$y_1 = x_1^2 + 3x_2$

$y_2 = 2x_1^2 + 6x_2$일 때

$$|J| = \begin{vmatrix} \frac{\partial y_1}{\partial x_1} & \frac{\partial y_1}{\partial x_2} \\ \frac{\partial y_2}{\partial x_1} & \frac{\partial y_2}{\partial x_2} \end{vmatrix} = \begin{vmatrix} 2x_1 & 3 \\ 4x_1 & 6 \end{vmatrix} = 12x_1 - 12x_1 = 0$$

이 경우는, y_1함수를 2배 하면 y_2의 함수가 되는 것을 알 수 있다.

한편, n개의 변수 $x_1,\ x_2,\ \cdots,\ x_n$과 n개의 방정식으로 구성된 다음과 같은 1차(선형)방정식체계를 생각해 보자

$$\begin{cases} a_{11}x_1 + a_{12}x_2 + \cdots + a_{1n}x_n = d_1 \\ \vdots \\ a_{n1}x_1 + a_{n2}x_2 + \cdots + a_{nn}x_n = d_n \end{cases} \tag{5.30}$$

여기서 계수행렬을 A라 하고 변수 벡터를 X, 정수항 벡터를 D라 하면,

$$A = \begin{pmatrix} a_{11} & a_{12} & \cdots & a_{1n} \\ \vdots & & & \\ a_{n1} & a_{n2} & \cdots & a_{nn} \end{pmatrix},\ X = \begin{pmatrix} x_1 \\ \vdots \\ x_n \end{pmatrix},\quad D = \begin{pmatrix} d_1 \\ \vdots \\ d_n \end{pmatrix} \tag{5.31}$$

에서 간단히

$$AX = D \tag{5.32}$$

로 나타낼 수 있다.

이 선형방정식체계에서 계수행렬의 행렬식 $|A|$이 0이면, 즉

$$|A| = \begin{vmatrix} a_{11} & a_{12} & \cdots & a_{1n} \\ \vdots & & & \\ a_{n1} & a_{n2} & \cdots & a_{nn} \end{vmatrix} = 0$$

이면, 방정식의 유일한 해가 존재하지 않으며, 계수행렬 A의 n개의 행 또는 열의 벡터는 1차종속이 된다는 것을 알고 있다. 그런데 이 선형방정식체계에서 각 행을 함수로 보면 n개의 함수로 구성되어 있다.

$$\begin{cases} y_1 = f^1(x_1, x_2, \cdots, x_n) = a_{11}x_1 + a_{12}x_2 + \cdots + a_{1n}x_n = d_1 \\ \vdots \\ y_n = f^n(x_1, x_2, \cdots, x_n) = a_{n1}x_1 + a_{n2}x_2 + \cdots + a_{nn}x_n = d_n \end{cases} \quad (5.33)$$

이 선형방정식체계의 야코비행렬식 $|J|$를 구해 보면

$$|J| = \begin{vmatrix} \frac{\partial y_1}{\partial x_1} & \frac{\partial y_1}{\partial x_2} & \cdots & \frac{\partial y_1}{\partial x_n} \\ \vdots & & & \\ \frac{\partial y_n}{\partial x_1} & \frac{\partial y_n}{\partial x_2} & \cdots & \frac{\partial y_n}{\partial x_n} \end{vmatrix} = \begin{vmatrix} a_{11} & a_{12} & \cdots & a_{1n} \\ \vdots & & & \\ a_{n1} & a_{n2} & \cdots & a_{nn} \end{vmatrix} = |A|$$

이다. 즉, $|J|$와 $|A|$가 같다는 것을 알 수 있다.

그러므로 선형방정식체계에서 계수행렬의 행렬식 $|A|=0$의 판정법으로 벡터들의 1차종속을 판정하는 것은, 일반함수의 야코비행렬식 $|J|=0$의 판정법에 의한 함수적 종속성을 판정할 때의 특별한 경우가 된다는 것을 알 수 있다.

연습문제 5.4 Exercise

[1] 다음 두 함수의 야코비행렬식을 구하고 함수적 종속 관계를 결정하여라.

(1) $y_1 = f^1(x_1, x_2) = 5x_1 + 6x_2$

$$y_2 = f^2(x_1, x_2) = 9x_1 + 4x_2$$

(2) $y_1 = f^1(x_1, x_2) = 3x_1^2 + 4x_2$

$$y_2 = f^2(x_1, x_2) = 6x_1^2 + 8x_2$$

(3) $y_1 = f^1(x_1, x_2) = x_1 - 2x_2 + 2$

$$y_2 = f^2(x_1, x_2) = x_1^2 - 4x_1x_2 + 4x_2^2$$

(4) $y_1 = f^1(x_1, x_2) = x_1^2 - 2x_2 + 3$

$$y_2 = f^2(x_1, x_2) = x_1^4 - 4x_1^2x_2 + 4x_2^2$$

5.5 음함수의 미분법

5.5.1 음함수의 개념

두 변수 x와 y에 대해서 $y = f(x)$의 형태로 주어진 함수를 양함수(explicit function)라고 한다. 그런데 방정식 $F(y, x) = 0$으로 주어진 관계는 함수가 아니며, 어떤 조건을 만족할 때 $y = f(x)$의 함수관계를 가지게 된다. 이때 이 함수를 음함수(implicit function)라고 한다.

예 1

$y = f(x) = 3x^2$은 양함수이다. 그러나 $F(y, x) = y - 3x^2 = 0$은 x와 y 사이의 관계를 나타낼 뿐 함수관계가 아니다. 단지 묵시적으로 $y = 3x^2$의 함수관계의 가능성이 존재할 따름이다.

일반적으로 표현하면 방정식

$$F(y,\ x_1,\ x_2,\ \cdots,\ x_n) = 0 \tag{5.34}$$

이 함수

$$y = f(x_1,\ x_2,\ \cdots,\ x_n) \tag{5.35}$$

으로 정의될 수 있을 때 이 함수를 음함수라 한다. 그러면 방정식 F가 함수 f로 되기 위한 조건은 어떤 것이 있는가. 그것에 관한 정리가 다음의 음함수정리(implicit function theorem)이다.

정리 5.11 (음함수정리)

$F(y,\ x_1,\ x_2,\ \cdots,\ x_n) = 0$에서, (1) F가 연속 편도함수 $F_y,\ F_1,\ \cdots,\ F_n$이 존재하고, (2) 방정식 F를 만족하는 점 $(y_0,\ x_{10}, \cdots,\ x_{n0})$에서 $F_y \neq 0$이면, 점 $(x_{10},\ x_{20},\ \cdots,\ x_{n0})$의 근방에서 $y = f(x_1,\ x_2,\ \cdots,\ x_n)$의 음함수가 존재한다.

예 2

예 1의 방정식 $F(y, x) = y - 3x^2 = 0$에서, $F_y = 1,\ F_x = -6x$가 존재하고, $F_y = 1 \neq 0$이므로, 이 방정식을 만족하는 점 근방에서 $y = f(x) = 3x^2$의 음함수가 존재한다.

예 3

방정식 $F(y, x) = x^3 + y^3 - 2xy = 0$에서, $F_y = 3y^2 - 2x,\ F_x = 3x^2 - 2y$가 연속이며, 이 방정식을 만족하는 점 $(x, y) = (1, 1)$에서 $F_y = 1 \neq 0$이므로 음함수 $y = f(x)$가 존재한다. 그러나 이 음함수를 명시적으로 나타낼 수는 없다.

5.5.2 음함수의 도함수

음함수의 도함수는 먼저 방정식 $F(y,\ x_1,\ x_2,\ \cdots,\ x_n)=0$에서 음함수 $y=f(x_1,\ x_2,\ \cdots,\ x_n)$을 도출한 후에, 이 음함수로부터 구하면 된다. 그러나 주어진 방정식에서 명시적인 형태의 음함수를 구할 수 없을 경우에는, 음함수가 존재한다는 전제하에 방정식으로부터 직접 도함수를 구할 수 있다. 이것을 음함수법칙(implicit function rule)이라 한다.

예 1

방정식 $F(y,\ x)=y-3x^2=0$에서 $y=f(x)=3x^2$의 음함수가 존재하였다. 그러므로 이 음함수로부터 도함수를 구하면 $\dfrac{dy}{dx}=6x$이다. 그러나 방정식 $F(y,\ x)=x^3+y^3-2xy=0$에서는 음함수가 존재하였지만 이것을 명시적인 형태로 나타낼 수가 없었기 때문에 음함수로부터는 도함수를 구할 수 없다.

음함수법칙에 관하여 다음의 정리가 성립한다.

정리 5.12 (음함수법칙)

방정식 $F(y,\ x_1,\ x_2,\ \cdots,\ x_n)=0$에서, 만약 음함수 $y=f(x_1,\ x_2,\ \cdots,\ x_n)$이 존재한다면

$$\frac{\partial y}{\partial x_i}=-\frac{F_i}{F_y}\ \ (i=1,\ 2,\ \cdots,\ n) \qquad \text{단, } F_y\neq 0$$

음함수법칙에 따라 도함수를 도출하는 순서는 다음과 같다.

먼저, 방정식 $F(y,\ x_1,\ x_2,\ \cdots,\ x_n) = 0$에서

(1) 양변이 항등적으로 같으므로, 양변의 전미분도 같다.

$dF = d0$

(2) 방정식의 왼쪽 부분의 전미분과 오른쪽 부분의 전미분은 각각 다음과 같다.

$dF = F_y dy + F_1 dx_1 + \cdots + F_n dx_n$

$d0 = 0$

(3) 양변의 전미분이 같아야 되므로 다음이 성립한다.

$F_y dy + F_1 dx_1 + \cdots + F_n dx_n = 0$

(4) 여기서 x_1만 변하고 $x_2, \cdots, x_n$은 고정되어 있다고 가정하면

$dx_2 = dx_3 = \cdots = dx_n = 0$

이 된다. 따라서 다음 식만 남는다.

$F_y dy + F_1 dx_1 = 0$

(5) 이 식을 dx_1으로 나누고, x_1만 변하고 다른 x_i는 일정하다는 것을 고려하여 정리하면 다음의 편도함수를 구할 수 있다.

$$\left.\frac{dy}{dx_1}\right|_{x_2,\ \cdots,\ x_n\text{이 일정}} \equiv \frac{\partial y}{\partial x_1} = -\frac{F_1}{F_y}$$

예 2

방정식 $F(y, x) = y - 3x^2 = 0$에서 $F_y = 1$, $F_x = -6x$이므로

$$\frac{dy}{dx} = -\frac{F_x}{F_y} = -\frac{-6x}{1} = 6x$$

이 결과는 음함수 $y = 3x^2$를 구하고 이 음함수로부터 직접 구한 도함수와 일치하는 것을 알 수 있다.

예 3

방정식 $F(y, x) = x^3 + y^3 - 2xy = 0$에서

$F_y = 3y^2 - 2x$, $F_x = 3x^2 - 2y$이므로

$$\frac{dy}{dx} = -\frac{F_x}{F_y} = -\frac{3x^2 - 2y}{3y^2 - 2x}$$

예 4

방정식 $F(Q, L, K) = 0$은 생산함수 $Q = f(L, K)$를 묵시적으로 정의하고 있다. 각각의 편도함수를 구하면

$$\frac{\partial Q}{\partial L} = -\frac{F_L}{F_Q},\ \frac{\partial Q}{\partial K} = -\frac{F_K}{F_Q}$$

한편, $\left.\frac{\partial K}{\partial L}\right|_{Q=\text{일정}} = -\frac{F_L}{F_K}$의 편도함수는 생산량 Q가 일정할 때의 노동에 대한 자본의 변화를 나타내므로, 등량생산곡선에서의 기술적 한계대체율을 나타낸다.

음함수정리와 음함수법칙을 비교하면, 음함수정리는 방정식으로부터 음함수가 존재하는 조건에 관한 정리이고, 음함수법칙은 음함수를 명시적으로 구하지 않고 방정식으로부터 직접 도함수를 구하는 방법을 나타낸 것이라 할 수 있다. 이 관계를 그림을 사용하여 나타내면 다음과 같다.

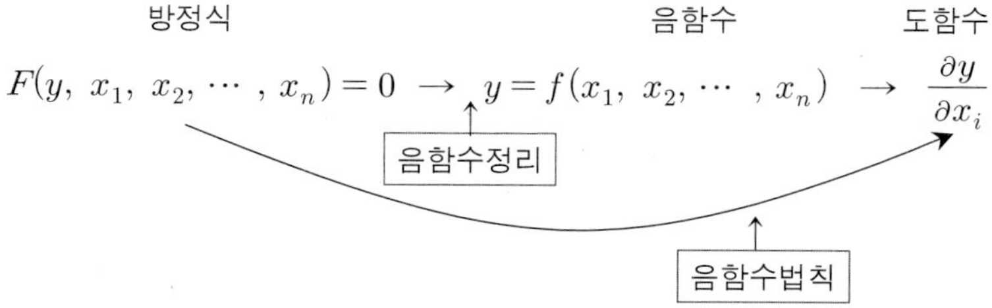

〈그림 5.2〉

5.5.3 연립방정식으로의 확장

연립방정식체계

$$\begin{cases} F^1(y_1,\ \cdots,\ y_n;\ x_1,\ \cdots,\ x_n)=0 \\ \vdots \\ F^n(y_1,\ \cdots,\ y_n;\ x_1,\ \cdots,\ x_n)=0 \end{cases} \tag{5.36}$$

에서 음함수들의 집합

$$\begin{cases} y_1 = f^1(x_1,\ \cdots,\ x_n) \\ \vdots \\ y_n = f^n(x_1,\ \cdots,\ x_n) \end{cases} \tag{5.37}$$

이 정의되는 조건은 단일방정식에서의 음함수정리와 같은 방법으로 다음과 같이 일반화된다.

정리 5.13

연립방정식체계 (5.36)에서, (1) $F^1,\ \cdots,\ F^n$이 모두 y변수와 x변수들에 대한 연속편도함수가 존재하고, (2) (5.36)을 만족하는 점

$(y_{10},\cdots, y_{n0}\,;\, x_{10},\,\cdots,\, x_{n0})$에서 다음의 야코비행렬식이 0이 아니면

$$|J| = \left|\frac{\partial(F^1,\,\cdots,\,F^n)}{\partial(y_1,\,\cdots,\,y_n)}\right| = \begin{vmatrix} \dfrac{\partial F^1}{\partial y_1} & \cdots & \dfrac{\partial F^1}{\partial y_n} \\ \vdots & & \\ \dfrac{\partial F^n}{\partial y_1} & \cdots & \dfrac{\partial F^n}{\partial y_n} \end{vmatrix} \neq 0$$

점 $(x_{10},\,\cdots,\,x_{n0})$의 근방에서 (5.37)의 음함수가 존재한다.

음함수가 존재한다는 전제하에 (5.36)식으로부터 편도함수를 직접 구하는 방법을 생각해 보자. 방법은 단일방정식에서 편도함수들을 도출하는 순서와 같다.

(1) (5.36)식 양변의 전미분을 구하여 같다고 하면 다음을 얻는다.

$$\begin{cases} \dfrac{\partial F^1}{\partial y_1}dy_1 + \cdots + \dfrac{\partial F^1}{\partial y_n}dy_n + \dfrac{\partial F^1}{\partial x_1}dx_1 + \cdots + \dfrac{\partial F^1}{\partial x_n}dx_n = 0 \\ \vdots \\ \dfrac{\partial F^n}{\partial y_1}dy_1 + \cdots + \dfrac{\partial F^n}{\partial y_n}dy_n + \dfrac{\partial F^n}{\partial x_1}dx_1 + \cdots + \dfrac{\partial F^n}{\partial x_n}dx_n = 0 \end{cases} \tag{5.38}$$

(2) (5.38)식에서 dx_i를 오른쪽으로 이동하고, x_1만 변하고 $x_2, x_3, \cdots, x_n$이 일정하다고 가정하면

$$dx_2 = dx_3 = \cdots = dx_n = 0 \tag{5.39}$$

이 된다. 이것을 정리하면 (5.40)식이 된다.

$$\begin{cases} \dfrac{\partial F^1}{\partial y_1}dy_1 + \cdots + \dfrac{\partial F^1}{\partial y_n}dy_n = -\dfrac{\partial F^1}{\partial x_1}dx_1 \\ \vdots \\ \dfrac{\partial F^n}{\partial y_1}dy_1 + \cdots + \dfrac{\partial F^n}{\partial y_n}dy_n = -\dfrac{\partial F^n}{\partial x_1}dx_1 \end{cases} \tag{5.40}$$

(3) (5.40)식의 양변을 dx_1으로 나누고 $\dfrac{dy_i}{dx_1}$를 $\dfrac{\partial y_i}{\partial x_1}$로 바꾸어 놓는다. 왜냐하면 x_1만 변하고 $x_2, \cdots, x_n$의 다른 변수는 일정하다고 가정하였으므로 $\dfrac{dy_i}{dx_1}$를 편도함수로 보아야 되기 때문이다. 그러면 다음과 같은 방정식체계로 나타낼 수 있다.

$$\begin{cases} \dfrac{\partial F^1}{\partial y_1}\left(\dfrac{\partial y_1}{\partial x_1}\right) + \cdots + \dfrac{\partial F^1}{\partial y_n}\left(\dfrac{\partial y_n}{\partial x_1}\right) = -\dfrac{\partial F^1}{\partial x_1} \\ \vdots \\ \dfrac{\partial F^n}{\partial y_1}\left(\dfrac{\partial y_1}{\partial x_1}\right) + \cdots + \dfrac{\partial F^n}{\partial y_n}\left(\dfrac{\partial y_n}{\partial x_1}\right) = -\dfrac{\partial F^n}{\partial x_1} \end{cases} \tag{5.41}$$

(4) 이 방정식체계에서 우리가 구하려고 하는 것은 n개의 편도함수 $\dfrac{\partial y_1}{\partial x_1}, \dfrac{\partial y_2}{\partial x_1}, \cdots, \dfrac{\partial y_n}{\partial x_1}$이므로 이것을 변수로 보고 행렬 기호로 다시 나타내면 다음과 같다.

$$\begin{pmatrix} \dfrac{\partial F^1}{\partial y_1} & \cdots & \dfrac{\partial F^1}{\partial y_n} \\ \vdots & & \\ \dfrac{\partial F^n}{\partial y_1} & \cdots & \dfrac{\partial F^n}{\partial y_n} \end{pmatrix} \begin{pmatrix} \dfrac{\partial y_1}{\partial x_1} \\ \vdots \\ \dfrac{\partial y_n}{\partial x_1} \end{pmatrix} = \begin{pmatrix} -\dfrac{\partial F^1}{\partial x_1} \\ \vdots \\ -\dfrac{\partial F^n}{\partial x_1} \end{pmatrix} \tag{5.42}$$

(5.42)의 행렬 표기에서 계수행렬의 행렬식은 야코비행렬식 $|J|$인 것을 알 수 있다. 그러므로 크레머의 공식을 이용하여 x_1에 관한 n개의 편도

함수 $\frac{\partial y_1}{\partial x_1}, \frac{\partial y_2}{\partial x_1}, \cdots, \frac{\partial y_n}{\partial x_1}$을 다음 식을 이용하여 한꺼번에 구할 수 있다.

$$\left(\frac{\partial y_i}{\partial x_1}\right) = \frac{|J_i|}{|J|} \qquad (i = 1, 2, \cdots, n) \tag{5.43}$$

이 도출 과정을 이용하면 $x_2, x_3, \cdots, x_n$에 관한 편도함수들도 구할 수 있다.

예 1

2부문의 국민소득결정모형을 다음과 같이 방정식체계로 나타내어 보자.

$$\begin{cases} Y - C - I_0 = 0 \\ C - \alpha - \beta Y = 0 \end{cases}$$

여기서 국민소득 Y와 소비지출 C는 내생변수, 투자지출 I_0는 외생변수, α와 β는 파라메터(parameter)이다.

위의 방정식체계를 다시

$$\begin{cases} F^1(Y, C ; I_0, \alpha, \beta) = 0 \\ F^2(Y, C ; I_0, \alpha, \beta) = 0 \end{cases}$$

로 나타낸다면, 이것은

$$\begin{cases} \overline{Y} = f^1(I_0, \alpha, \beta) \\ \overline{C} = f^2(I_0, \alpha, \beta) \end{cases}$$

의 음함수체계를 묵시적으로 가정하고 있는 것을 의미한다. 여기서 $\overline{Y}, \overline{C}$는 방정식의 균형해를 나타내며, 이 균형해가 외생변수 I_0와 파라메터 α, β의 함수가 되는 것을 의미한다.

지금 균형해의 세 가지 변수 중에서 I_0만 변하고 α와 β는 일정하다고 할 때, 편도함수 $\frac{\partial \overline{Y}}{\partial I_0}$과 $\frac{\partial \overline{C}}{\partial I_0}$를 구하는 문제를 생각해 보자.

먼저 (5.38)식으로부터, $d\alpha = d\beta = 0$이 되어 이 항들은 모형에서 없어지고, dI_0에 관한 항을 오른쪽으로 이동시키면 다음 식을 얻을 수 있다.

$$\begin{cases} \dfrac{\partial F^1}{\partial Y}dY + \dfrac{\partial F^1}{\partial C}dC = -\dfrac{\partial F^1}{\partial I_0}dI_0 \\ \dfrac{\partial F^2}{\partial Y}dY + \dfrac{\partial F^2}{\partial C}dC = -\dfrac{\partial F^2}{\partial I_0}dI_0 \end{cases}$$

이 식에서 양변을 dI_0로 나누고, dY와 dC를 균형해의 표현으로 바꾸어 준다. 그리고 I_0만 변하고 α와 β는 일정하기 때문에 $\frac{d\overline{Y}}{dI_0}$, $\frac{d\overline{C}}{dI_0}$를 $\frac{\partial \overline{Y}}{\partial I_0}$, $\frac{\partial \overline{C}}{\partial I_0}$로 바꾸어 나타내면 다음과 같다.

$$\begin{pmatrix} \dfrac{\partial F^1}{\partial Y} & \dfrac{\partial F^1}{\partial C} \\ \dfrac{\partial F^2}{\partial Y} & \dfrac{\partial F^2}{\partial C} \end{pmatrix} \begin{pmatrix} \dfrac{\partial \overline{Y}}{\partial I_0} \\ \dfrac{\partial \overline{C}}{\partial I_0} \end{pmatrix} = \begin{pmatrix} -\dfrac{\partial F^1}{\partial I_0} \\ -\dfrac{\partial F^2}{\partial I_0} \end{pmatrix}$$

여기서 국민소득결정모형으로부터 다음이 계산된다.

$$|J| = \begin{vmatrix} \dfrac{\partial F^1}{\partial Y} & \dfrac{\partial F^1}{\partial C} \\ \dfrac{\partial F^2}{\partial Y} & \dfrac{\partial F^2}{\partial C} \end{vmatrix} = \begin{vmatrix} 1 & -1 \\ -\beta & 1 \end{vmatrix} = 1-\beta, \quad \begin{pmatrix} -\dfrac{\partial F^1}{\partial I_0} \\ -\dfrac{\partial F^2}{\partial I_0} \end{pmatrix} = \begin{pmatrix} 1 \\ 0 \end{pmatrix}$$

$$|J_1| = \begin{vmatrix} 1 & -1 \\ 0 & 1 \end{vmatrix} = 1, \quad |J_2| = \begin{vmatrix} 1 & 1 \\ -\beta & 0 \end{vmatrix} = \beta$$

따라서 크레머의 공식을 이용하면 편도함수 $\frac{\partial \overline{Y}}{\partial I_0}$과 $\frac{\partial \overline{C}}{\partial I_0}$는 각각 다음과 같다.

$$\frac{\partial \overline{Y}}{\partial I_0} = \frac{|J_1|}{|J|} = \frac{1}{1-\beta}$$

$$\frac{\partial \overline{C}}{\partial I_0} = \frac{|J_2|}{|J|} = \frac{\beta}{1-\beta}$$

연습문제 5.5 Exercise

[1] 다음의 방정식으로부터 문제에서 지시하는 도함수 또는 편도함수를 구하여라.

(1) $F(y, x) = y - 5x + 3 = 0$일 때 $\dfrac{dy}{dx}$

(2) $F(y, x) = x^2 + 4xy + 10 - 5y^2 = 0$일 때 $\dfrac{dy}{dx}$

(3) $F(z, x, y) = x^2y^3 + z^3 + xyz = 0$일 때 $\dfrac{\partial z}{\partial x}, \dfrac{\partial z}{\partial y}$

(4) $F(z, x, y) = 2yx^3 - z^2y - 4y^2 + 10 = 0$일 때 $\dfrac{\partial z}{\partial x}, \dfrac{\partial z}{\partial y}$

[2] 3부분의 국민소득결정모형을 다음과 같은 방정식체계

$$\begin{cases} Y - C - I_0 - G_0 = 0 \\ C - \alpha - \beta(Y - T) = 0 \\ T - \gamma - \delta Y = 0 \end{cases}$$

로 나타내었을 때, 편도함수 $\dfrac{\partial \overline{Y}}{\partial G_0}, \dfrac{\partial \overline{C}}{\partial G_0}, \dfrac{\partial \overline{T}}{G_0}$를 구하여라.

여기서 Y, C, T는 내생변수이고, I_0, G_0는 외생변수, $\alpha, \beta, \gamma, \delta$는 파라메터이다. 그리고 $\overline{Y}, \overline{C}, \overline{T}$는 모형의 균형해이다.

5.6 비교정태분석

경제모형을 연립방정식체계로 구성하여 내생변수의 해를 구하면, 이 해들은 균형해가 되며 외생변수와 파라메터들의 함수가 된다. 이때 초기의 균형해는 외생변수와 파라메터가 변하면 달라지며, 새로운 균형을 얻는다. 경제학에서는 초기균형과 새로운 균형을 비교하는 분석방법을 비교정태분석(comparative static analysis)이라 한다. 비교정태분석은 수학적으로는 미분과 편미분을 이용하여 다룰 수 있기 때문에 제3장에서 검토한 시장모형과 국민소득모형을 예로 들어 살펴보기로 한다.

5.6.1 시장모형의 비교정태분석

제3장의 시장모형을 다시 생각해 보기로 한다.

$$Q = a - bP \qquad (a, b > 0) \qquad \text{수요} \tag{5.44}$$

$$Q = -c + dP \qquad (c, d > 0) \qquad \text{공급} \tag{5.45}$$

(5.44)식은 수요함수이고, (5.45)식은 공급함수이다. 수요와 공급이 같다는 조건($Q_D = Q_S = \overline{Q}$)에 따라 균형가격($\overline{P}$)과 균형수급량($\overline{Q}$)을 구한 것이 (5.46)식과 (5.47)식이다.

$$\overline{P} = \frac{a+c}{b+d} = \overline{P}(a,\ b,\ c,\ d) \tag{5.46}$$

$$\overline{Q} = \frac{ad-cb}{b+d} = \overline{Q}(a,\ b,\ c,\ d) \tag{5.47}$$

이 두 균형해는 모두 파라메터 a, b, c, d의 함수이다. 이 파라메터들은 분석 기간 동안에 일정하다고 가정되어 있다. 그런데 일정하다고 가정된 파라메터가 변하면 균형해도 변한다. 어떤 방향으로 얼마만큼 변하게 될 것인가를 알기 위해서는 편도함수를 구하면 된다. 이때의 편도함수를 비교정태도함수(comparative static derivative)라 한다. 지금 파라메터 a와 b가 변하였을 때 균형가격 $\overline{P}$에 어떤 영향이 미치는가를 살펴보기로 한다.

먼저 a가 변할 때의 경우를 보면

$$\frac{\partial \overline{P}}{\partial a} = \frac{1}{b+d} \tag{5.48}$$

를 구할 수 있다.

다음으로 b가 변할 때의 경우를 보면, 나눗셈에 대한 도함수의 공식을 이용하여 구하는데, a, c, d를 상수 취급하기 때문에

$$\frac{\partial \overline{P}}{\partial b} = \frac{(0)(b+d)-(a+c)(1)}{(b+d)^2} = -\frac{a+c}{(b+d)^2} \tag{5.49}$$

가 된다. 이 모형의 파라메터 a, b, c, d는 모두 양수이기 때문에 두 편도함수는 다음과 같다.

$$\frac{\partial \overline{P}}{\partial a} > 0, \quad \frac{\partial \overline{P}}{\partial b} < 0 \tag{5.50}$$

이 결과는 a가 +방향으로 변하면 균형가격 $\overline{P}$도 +의 방향으로 변하고, b가 +의 방향으로 변하면 균형해 $\overline{P}$는 −의 방향으로 변한다는 것을 의미한다.

이 결과를 그래프로 나타내면 <그림 5.3>와 같다.

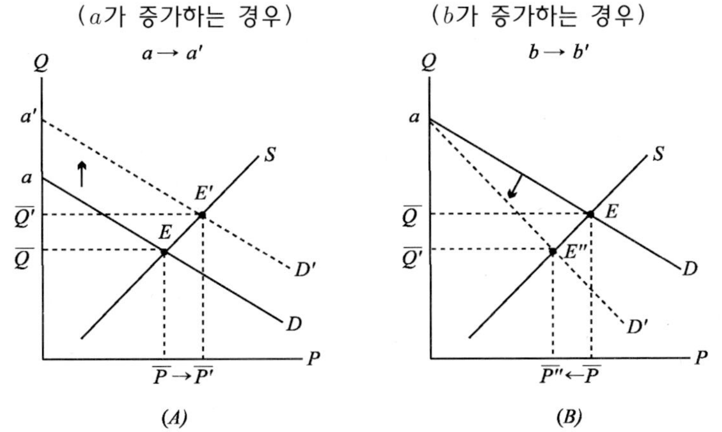

〈그림 5.3〉

<그림 5.3>의 (A)는 a가 증가하였을 때의 경우를 나타낸다. a가 증가하였을 때 수요곡선의 기울기 b는 일정하기 때문에 수요곡선 자체가 D에서 D'로 상향 이동한다. 그래서 새로운 수요곡선 D'와 공급곡선 S가 만나는 E'에서 새로운 균형가격 $\overline{P}'$가 결정되고, 이것은 처음의 균형가격 $\overline{P}$보다 높은 값이다. 즉, $\partial\overline{P}/\partial a > 0$가 되는 것이다.

<그림 5.3>의 (B)의 경우도 마찬가지로 설명할 수 있다. 이 경우 b는 수요곡선의 기울기를 나타내는데, b가 증가한다는 것은 기울기가 수직 방향으로 커지는 것을 의미한다. 그래서 새로운 수요곡선 D''와 공급곡선 S가 만나는 E''에서 새로운 균형가격 $\overline{P}''$가 결정되고, 이것은 처음의 균형가격 $\overline{P}$보다 낮은 값이다. 즉, $\partial\overline{P}/\partial b < 0$가 되는 것이다.

5.6.2 국민소득결정모형의 비교정태분석

제3장의 국민소득결정모형을 다시 생각해 보기로 한다.

$$
\begin{aligned}
&Y = C + I_0 + G_0 \\
&C = \alpha + \beta(Y - T) \qquad (\alpha > 0,\ 0 < \beta < 1) \\
&T = tY \qquad (0 < t < 1)
\end{aligned}
\tag{5.51}
$$

이 모형의 균형해는 다음과 같다.

$$\overline{Y} = \frac{\alpha + I_0 + G_0}{1 - \beta(1 - t)} \tag{5.52}$$

$$\overline{C} = \frac{\alpha + \beta(1-t)(I_0 + G_0)}{1 - \beta(1 - t)} \tag{5.53}$$

$$\overline{T} = \frac{t(\alpha + I_0 + G_0)}{1 - \beta(1 - t)} \tag{5.54}$$

이 균형해들로부터 투자지출(I_0), 정부지출(G_0) 그리고 소득세율(t)이 변할 때 균형국민소득($\overline{Y}$)이 어떻게 변하는가를 나타내어 보기로 하자.

균형해 $\overline{Y}$는 외생변수 I_0, G_o와 파라메터 α, β, t의 함수로서

$$\overline{Y} = \overline{Y}(I_o,\ G_0\,;\alpha,\ \beta,\ t) \tag{5.55}$$

로 나타낼 수 있다. 그러므로 투자지출, 정부지출, 그리고 소득세율이 변할 때 균형국민소득이 어떻게 변하는가를 나타내는 각각의 비교정태 도함수는 각각의 편도함수를 구하면 되는데, 다음과 같다.

$$\frac{\partial \overline{Y}}{\partial I_0} = \frac{1}{1-\beta(1-t)} > 0 \tag{5.56}$$

$$\frac{\partial \overline{Y}}{\partial G_0} = \frac{1}{1-\beta(1-t)} > 0 \tag{5.57}$$

$$\frac{\partial \overline{Y}}{\partial t} = -\frac{\beta(\alpha + I_0 + G_0)}{[1-\beta(1-t)]^2} = -\frac{\beta \overline{Y}}{1-\beta(1-t)} < 0 \tag{5.58}$$

(5.56)식은 투자승수, (5.57)식은 정부지출승수라고 부르며, 각각 투자와 정부지출이 증가할 때 균형국민소득도 증가하는 것을 나타내고 있다. (5.58)식은 소득세율승수라 부르는데, 정부가 소득세율을 증가시키면 균형국민소득이 감소하는 것을 나타내고 있다.

같은 방법으로 균형소비지출 $\overline{C}$와 균형조세 $\overline{T}$에 대한 비교정태분석도 실시할 수 있다.

연습문제 5.6 Exercise

[1] 시장모형

$Q = a - bP \quad (a,\ b > 0)$

$Q = -c + dP \quad (c,\ d > 0)$

에서 다음의 비교정태도함수를 구하고 그래프를 그려 설명하라.

(a) $\frac{\partial \overline{P}}{\partial c}$, (b) $\frac{\partial \overline{P}}{\partial d}$

[2] 2부문의 국민소득결정모형

$$Y = C + I_0$$
$$C = \alpha + \beta Y \qquad (\alpha > 0,\ 0 < \beta < 1)$$

에서 균형해 $\overline{Y}$에 대한 다음의 비교정태도함수를 구하여라.

(a) $\dfrac{\partial \overline{Y}}{\partial \alpha}$, (b) $\dfrac{\partial \overline{Y}}{\partial \beta}$

[3] 3부문의 국민소득결정모형

$$Y = C + I_0 + G_0$$
$$C = \alpha + \beta(Y - T) \qquad (\alpha > 0,\ 0 < \beta < 1)$$
$$T = tY \qquad (0 < t < 1)$$

에서 다음의 비교정태도함수를 구하여라.

(a) $\dfrac{\partial \overline{C}}{\partial I_0}$, (b) $\dfrac{\partial \overline{C}}{\partial \alpha}$

5.7 편미분법의 경제 · 경영학에의 응용

일변수함수의 경우 한계개념은 도함수를 이용하여 표현하였다. 다변수함수의 경우는 편도함수를 이용하여 나타낼 수 있다.

5.1.1 효용함수

한계효용

지금 x_1재와 x_2재의 두 재로 구성된 효용함수 u를 다음과 같이 나타내기로 하자.

$$u = u(x_1, x_2) \tag{5.59}$$

이때 x_2재는 일정하게 두고 x_1재를 한 단위 추가하였을 때의 총효용의 변화는 x_1재의 한계효용(MU_1)이라 하고 다음과 같이 나타낸다.

$$MU_1 = \lim_{\Delta x_1 \to 0} \frac{\Delta u}{\Delta x_1} = \frac{\partial u}{\partial x_1} \tag{5.60}$$

같은 방법으로 x_1재를 일정하게 두고 x_2재를 한 단위 추가하였을 때의 총효용의 변화는 x_2재의 한계효용(MU_2)이라 하면 다음과 같다.

$$MU_2 = \lim_{\Delta x_2 \to 0} \frac{\Delta u}{\Delta x_2} = \frac{\partial u}{\partial x_2} \tag{5.61}$$

한계대체율

효용함수가 주어졌을 때 이것으로부터 무차별곡선(indifferent curve)을 그릴 수 있다. 무차별곡선은 곡선상의 어떤 소비 벡터(x_1, x_2)도 같은 효용수준을 나타내므로 선택상 차별이 없다는 의미이다.

무차별곡선의 기울기는 소비자가 동일한 효용수준을 유지하면서 x_1재를 한 단위 추가로 소비할 때 포기해야 하는 x_2재의 비율로 해석할 수 있다. 이것을 한계대체율(marginal rate of substitution : MRS)이라 한다.

$$MRS = -\frac{dx_2}{dx_1} = \text{무차별곡선의 기울기} \tag{5.62}$$

무차별곡선이 원점에 대해서 볼록한 형태를 취할 때 한계대체율은

체감한다. 즉 주어진 무차별곡선상을 따라서 오른쪽으로 x_1재를 한 단위씩 추가할 때 포기해야 하는 x_2재의 양이 점점 감소한다는 것을 의미하며 다음과 같이 나타낸다.

$$\frac{d(MRS)}{dx_1} < 0 \quad \text{또는} \quad \frac{d^2x_2}{dx_1^2} < 0 \tag{5.63}$$

<그림 5.4>를 이용하여 한계대체율을 설명해 보기로 한다. 수평축은 x_1재, 수직축은 x_2재의 소비를 나타내고 있다.

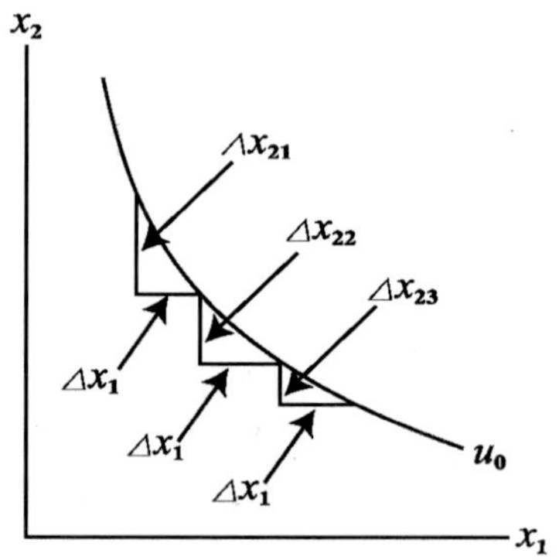

〈그림 5.4〉

u_0는 어떤 일정한 효용수준을 나타내는 무차별곡선이다. 이 무차별곡선상에서 Δx_1은 x_1재의 한 단위를 의미하고, Δx_2는 효용수준 u_0를 유지하면서 포기해야 하는 x_2재의 미세한 변화를 나타낸다. 이 경우 한계대체율은

$$MRS = -\frac{\Delta x_2}{\Delta x_1} \tag{5.64}$$

이다.

한계대체율체감의 법칙이 성립한다는 것은 무차별곡선상에서 Δx_1을 계속해서 추가하였을 때(이때 Δx_1은 한 단위를 나타내면서 매번 동일하다) Δx_2는 점점 작아진다는 것을 의미한다. <그림 5.4>에서는 $\Delta x_{21} > \Delta x_{22} > \Delta x_{23}$로 나타내고 점점 작아지는 것을 알 수 있다.

한계대체율(MRS)과 한계효용(MU_1, MU_2)과의 관계를 생각해 보자. x_1재가 Δx_1만큼 증가하면 효용은 $M_1 \cdot \Delta x_1$만큼 증가할 것이다. 반면 x_2재가 Δx_2만큼 감소하면 효용은 $M_2 \cdot \Delta x_2$만큼 감소할 것이다. 그러므로 전체 효용은 변화가 없으므로 다음 식이 성립한다.

$$\Delta u = M_1 \cdot \Delta x_1 + M_2 \cdot \Delta x_2 = 0 \tag{5.65}$$

이것을 정리하면

$$MRS = -\frac{\Delta x_2}{\Delta x_1} = \frac{MU_1}{MU_2} \tag{5.66}$$

이 된다. 즉 한계대체율은 두 한계효용의 비율로 나타낼 수 있다.

한계효용균등의 법칙

예산선을 도입하여 소비자균형조건을 구하여 보자.

소비자가 주어진 소득(Y)을 $x_1,$ x_2의 두 재화를 구입하는 데 모두 지출한다고 가정하면 수지균형식은 다음과 같다.

$$P_1 x_1 + P_2 x_2 = Y \tag{5.67}$$

여기서 P_1, P_2는 각각 x_1, x_2재의 단위당 가격이다.

이 식을 정리하면 다음의 예산선(budget line)이 된다.

$$x_2 = -\frac{P_1}{P_2}x_1 + \frac{Y}{P_2} \tag{5.68}$$

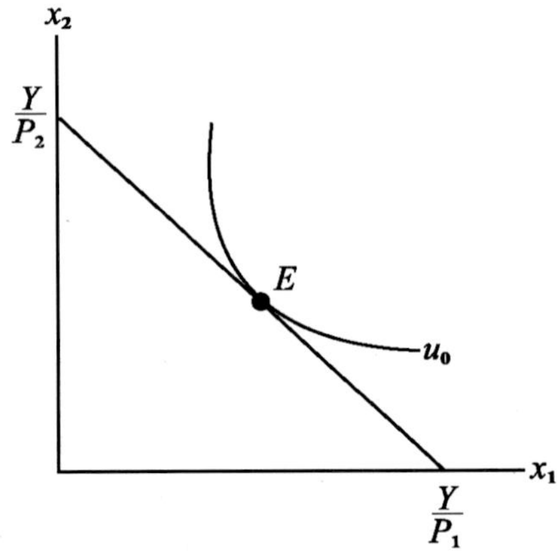

〈그림 5.5〉

<그림 5.5>에서 보는 바와 같이 소비자 균형점은 E점에서 성립한다. 이 점에서는 무차별곡선의 기울기($MRS = \frac{MU_1}{MU_2}$)와 예산선의 기울기($\frac{P_1}{P_2}$)가 같다. 즉,

$$\frac{MU_1}{MU_2} = \frac{P_1}{P_2} \tag{5.69}$$

이 조건식을 변형하면 다음 관계가 성립한다.

$$\frac{MU_1}{P_1} = \frac{MU_2}{P_2} \tag{5.70}$$

이 새로운 조건식이 한계효용균등의 법칙이며, 소비자가 화폐의 단위 가격당(1원당) 한계효용이 균등하게 되도록 두 재화를 소비할 때 극대효용을 얻을 수 있다는 의미이다.

예 1

효용함수가 다음과 같을 때 $u = u(x_{1,} x_2) = 2x_1 x_2$

(1) x_1과 x_2에 관한 한계효용을 구하여라.

(2) 한계대체율(MRS)을 구하여라.

(1) 한계효용의 정의식에서

$$MU_1 = \frac{\partial u}{\partial x_1} = 2x_2, \quad MU_2 = \frac{\partial u}{\partial x_2} = 2x_1$$

(2) $MRS = \dfrac{MU_1}{MU_2}$ 이므로 MU_1과 MU_2를 각각 대입하면

$$MRS = \frac{2x_2}{2x_1} = \frac{x_2}{x_1}$$

5.7.2 생산함수

한계생산물

생산함수(production function)란 일정한 기술 수준을 가정하고 주어진 생산요소의 투입량에 의하여 생산할 수 있는 최대 산출량과의 관계를 나타내는 함수이다.

지금 Q를 산출량, L과 K를 각각 노동과 자본의 투입량이라고 하면 생산함수는 다음과 같이 나타낼 수 있다.

$$Q = Q(L,\ K) \tag{5.71}$$

이 생산함수는 L과 K가 가변적이기 때문에 장기의 생산이론이 된다. 노동과 자본에 대한 한계생산물은 총생산을 나타내는 생산함수를 각각 노동과 자본에 대한 편도함수로 나타낼 수 있다.

$$MP_L = \lim_{\Delta L \to 0} \frac{\Delta Q}{\Delta L} = \frac{\partial Q}{\partial L} \tag{5.72}$$

$$MP_K = \lim_{\Delta K \to 0} \frac{\Delta Q}{\Delta K} = \frac{\partial Q}{\partial K} \tag{5.73}$$

노동의 한계생산물(MP_L)은 자본 K가 일정할 때 노동을 한 단위 추가하였을 때의 산출량의 변화의 크기를 나타내고, 자본의 한계생산물(MP_K)은 노동 L이 일정할 때 자본을 한 단위 추가시켰을 때의 산출량 변화의 크기를 나타낸다.

한편 산출량 수준을 일정하게 유지하면서 노동을 한 단위 추가하였을 때 포기해야 하는 자본의 양을 기술적 한계대체율(marginal rate of technical substitution : $MRTS$)이라 한다.

$$MRTS = -\frac{dK}{dL} \tag{5.74}$$

이 기술적 한계대체율은 소비자 이론에서의 한계대체율(MRS)과 같은 성질을 가지고 있으므로, 기술적 한계대체율체감의 법칙이 성립한다. 그리고 두 한계생산물의 비율과 같다.

$$MRTS = -\frac{dK}{dL} = \frac{MP_L}{MP_K} \tag{5.75}$$

노동과 자본의 단위당 가격을 각각 P_L, P_K라 하였을 때 한계생산력 균등의 법칙이 성립하는 결과를 도출할 수 있다.

$$\frac{MP_L}{P_L} = \frac{MP_K}{P_K} \tag{5.76}$$

콥-더글러스 생산함수

생산함수 중에서 잘 알려져 있는 것이 더글러스형 생산함수이며, 다음과 같이 나타낸다.

$$Q = AL^{\alpha}K^{\beta} \tag{5.77}$$

여기서 A, α, β는 일정한 값을 가지는 파라메터이다. 특히 $\alpha + \beta = 1$인 경우

$$Q = AL^{\alpha}K^{1-\alpha} \qquad (0 \le \alpha \le 1) \tag{5.78}$$

을 콥-더글러스 생산함수(Cobb-Douglas Production function)라 한다.

노동 및 자본의 한계생산물은 각각 다음과 같이 구한다.

$$MP_L = AK^{1-\alpha}\alpha L^{\alpha-1} = \alpha A\left(\frac{K}{L}\right)^{1-\alpha} \tag{5.79}$$

$$MP_K = AL^{\alpha}(1-\alpha)K^{-\alpha} = (1-\alpha)A\left(\frac{K}{L}\right)^{-\alpha} \tag{5.80}$$

콥-더글러스 생산함수에서는 MP_L과 MP_K은 모두 두 생산요소의 비율$(\frac{K}{L})$의 함수가 된다.

예 1

콥-더글러스 생산함수에 있어서 기술적 한계대체율($MRTS$)을 구하라.

$$MP_L = \alpha A(\frac{K}{L})^{1-\alpha},\ MP_K = (1-\alpha)A(\frac{K}{L})^{-\alpha}$$

을 $MRTS$의 정의식에 대입하면

$$MRTS = \frac{MP_L}{MP_K} = \frac{\alpha A(\frac{K}{L})^{1-\alpha}}{(1-\alpha)A(\frac{K}{L})^{-\alpha}} = \frac{\alpha}{1-\alpha}(\frac{K}{L})$$

즉, $MRTS$도 두 생산요소의 비$(\frac{K}{L})$의 함수가 되는 것을 알 수 있다.

이것은 콥-더글러스 생산함수가 1차 동차함수이기 때문이다.

1차 동차함수

2변수함수 $f(x,\ y)$에 있어서 t를 임의의 양의 실수라 할 때

$$f(tx,\ ty) = t^r f(x,\ y) \tag{5.81}$$

의 성질을 가지면, $f(x,\ y)$를 r차 동차함수(homogeneous function of degree r)라 한다.

예 2

$f(x,\ y) = ax + by$는 몇 차의 동차함수인가?

$$f(tx,\ ty) = a(tx) + b(ty)$$
$$= t(ax + by)$$
$$= t^1(ax + by)$$

따라서 이 함수는 1차 동차함수이다.

콥-더글러스 생산함수는 1차 동차함수이다. 지금 노동과 자본을 각각 t배 하면,

$$Q = (tL,\ tK) = A(tL)^{\alpha}(tK)^{1-\alpha}$$
$$= At^{\alpha}L^{\alpha}t^{1-\alpha}K^{1-\alpha}$$
$$= t(AL^{\alpha}K^{1-\alpha}) \tag{5.82}$$

이므로 1차 동차함수가 된다.

생산함수 $Q = Q(L,\ K)$가 1차 동차함수이면 다음의 성질을 가진다.

성질 1	생산함수는 두 생산요소의 비율 $\frac{K}{L}$의 함수가 된다.
성질 2	한계생산물도 $\frac{K}{L}$의 함수가 된다.
성질 3	오일러의 정리(Euler's theorem)가 성립한다. 즉, $K\frac{\partial Q}{\partial K} + L\frac{\partial Q}{\partial L} \equiv Q$

콥-더글러스 생산함수가 1차 동차함수이므로 이상의 세 가지 성질을 가지며, 성질 1과 성질 2는 이미 검토하였다. 성질 3이 의미하는 바는, 각 요소에 그 요소의 한계생산물만큼 지불하면 총생산은 모든 요소의 분배 몫으로 완전분배 된다는 것이다.

연습문제 5.7 Exercise

[1] 효용함수가 $u = u(x_{1,}\ x_2) = x_1^2 x_2^2$일 때

(1) x_1과 x_2에 대한 한계효용(MU)을 구하여라.

(2) 한계대체율(MRS)을 구하여라.

[2] 더글러스형 생산함수 $Q = AL^{\alpha}K^{\beta}$는 몇 차 동차함수인가?

[3] 다음의 함수는 몇 차 동차함수인가?

(1) $f(x,\ y) = \dfrac{x^3 + y^3}{x^2 + y^2}$

(2) $f(x,\ y) = \dfrac{x^3 + y^3}{x^3 - y^3}$

제6장
1변수함수의 극대와 극소

6.1 함수의 극치문제와 미분가능성

6.1.1 상대적 극대와 극소

경제학 및 경영학에서 다루는 함수의 극치문제는 절대적 의미의 극치가 아니고 상대적 의미의 극치이다. 절대적 의미의 극치로는 최대값(absolute maximum value)과 최소값(absolute minimum value)이 있고 다음과 같이 정의된다.

함수 $y = f(x)$가 한 점 c를 포함하는 어떤 구간에서 정의되고,

$$f(x) \le f(c) \tag{6.1}$$

가 성립할 때, $f(c)$를 이 구간에서의 최대값이라고 한다. 이와는 반대로

$$f(c) \le f(x) \tag{6.2}$$

가 성립할 때, $f(c)$는 최소값이라고 한다.

<그림 6.1>에서 보면 A와 D 사이에서 최소값은 A일 때 $f(A)$이고,

최대값은 D일 때 $f(D)$이다.

한편, 상대적 극치로는 극대값(relative maximum value)과 극소값(relative minimum value)이 있다. <그림 6.1>에서는 B와 C에서 각각 상대적 극대와 상대적 극소를 나타내고 있다. 상대적 극치란 그 점의 근방에서 가장 크거나 가장 작은 값을 의미하며, 다음과 같이 정의된다.

함수 $y=f(x)$가 한 점 c를 포함하는 어떤 구간에서 정의되고, 매우 작은 양의 수 $\delta>0$에 대해서,

$$c-\delta<x<c+\delta \Rightarrow f(x)\le f(c) \tag{6.3}$$

가 성립할 때, $x=c$에서 극대값 $f(c)$를 가진다고 한다. 이와는 반대로,

$$c-\delta<x<c+\delta \Rightarrow f(c)\le f(x) \tag{6.4}$$

가 성립할 때, $x=c$에서 극소값 $f(c)$를 가진다고 한다.

이후로는 상대적 극대와 상대적 극소를 단순히 극대와 극소로 부르기로 한다.

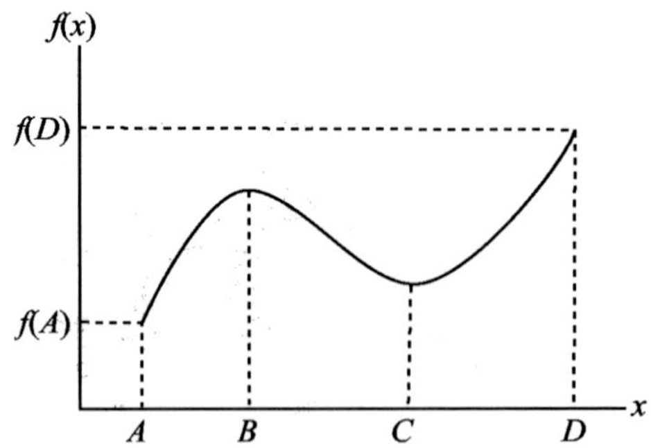

〈그림 6.1〉

6.1.2 함수의 미분가능성

극대값과 극소값을 구하기 위해서는 도함수의 역할이 중요하다. 왜냐하면 함수 $y=f(x)$가 $x=x_0$에서 극값을 가지기 위해서는 그 점에서의 기울기가 수평이 되어야 하며, 그 조건은 $f'(x_0)=0$이기 때문이다. 그러면 경제학 및 경영학에서 다루는 함수는 극치문제를 풀기 위해서 어떤 조건을 가져야 하는지를 살펴보기로 한다.

<그림 6.2>의 (a)에서 A점과 B점은 각각 극대값과 극소값을 나타내고 있으나, 이 점에서는 도함수가 정의되지 않는다. 왜냐하면 좌극한과 우극한이 다르기 때문이다.

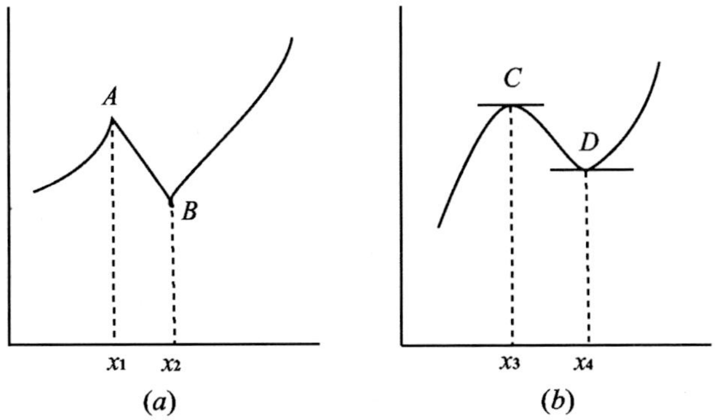

〈그림 6.2〉

<그림 6.2>의 (b)에서 C점과 D점은 극대와 극소를 나타내고 있으며, 이 점에서는 도함수가 정의되어 각각

$$f'(x_3)=0,\ f'(x_4)=0$$

이 된다. 즉 기울기가 0이 된다는 것을 알 수 있다.

<그림 6.2>의 (b)에서 나타난 함수는 연속이고 미분가능한 함수로서 함수의 곡선이 매끄러운 성질을 가진다. 이와는 반대로 (a)에서 나타난 함수는 연속이지만 미분가능하지 않다. 앞으로 우리의 논의에서는 연속이면서 미분가능한 함수에 국한하고, 미분가능하지 않은 함수는 논의의 대상에서 배제하기로 한다.

6.2 1계도함수에 의한 극치판정법

1계도함수를 사용해 극대와 극소를 판정하는 방법을 살펴보기로 하자.

정리 6.1

함수 $y=f(x)$가 $x=x_0$에서 극대값 또는 극소값을 가지기 위해서는 $f'(x_0)=0$이며,

(1) x의 값이 x_0의 왼쪽에서 오른쪽으로 옮겨갈 때 도함수 $f'(x)$의 부호가 $+$에서 $-$로 변화하면 $f(x_0)$는 극대값이다.

(2) x의 값이 x_0의 왼쪽에서 오른쪽으로 옮겨갈 때 도함수 $f'(x)$의 부호가 $-$에서 $+$로 변하면 $f(x_0)$는 극소값이다.

(3) $f'(x)$가 같은 부호를 가지면 $f(x_0)$는 극대값도 극소값도 아니다.

여기서 $f'(x_0)=0$일 때 x_0를 x의 임계치(critical value)라 하며, $f(x_0)$를 함수 $y=f(x)$의 정상치(stationary value)라 한다. 그리고 점 $(x_0, f(x_0))$를 정상점(stationary point)이라 한다.

(정리 6.1)을 그래프를 이용하여 나타내면 다음과 같다.

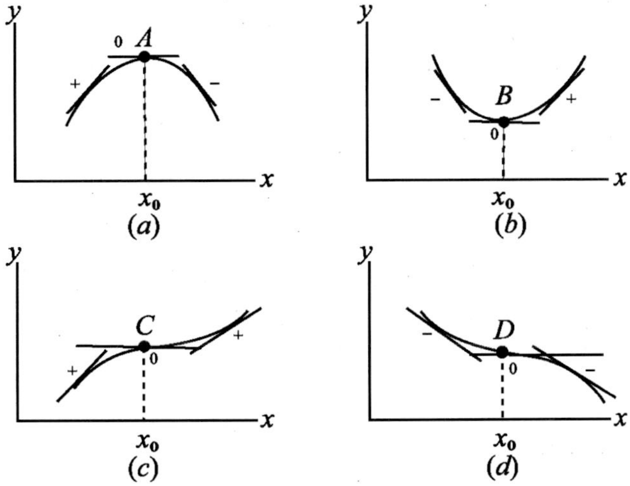

〈그림 6.3〉

<그림 6.3>의 (a)에서는 $x = x_0$에서 극대값을 가지며 기울기가 $+$에서 $-$로 변하는 것을 보여 주고 있다. (b)에서는 $x = x_0$에서 극소값을 가지는데, 기울기가 $-$에서 $+$로 변하는 것을 보여 주고 있다. 그런데 (c)와 (d)에서는 $x = x_0$의 왼쪽과 오른쪽의 기울기가 변하지 않기 때문에 극값을 가지지 않으며, C점과 D점은 변곡점이다. 따라서 $f'(x_0) = 0$라는 조건은 극값을 가지기 위한 필요조건(1계조건)이며 충분조건은 아니다.

예 1

함수 $y = f(x) = x^2 - 6x + 40$의 극치를 구하여라.

먼저 이 함수의 도함수를 구하면,

$f'(x) = 2x - 6$

이고, $f'(x)=0$을 만족하는 임계치는 $x=3$이다. $x=3$의 왼쪽과 오른쪽에서의 접선의 기울기를 구하여 보면 $-$에서 $+$로 변하고 있다(예를 들어, $f'(2)=-2$, $f'(4)=+2$). 그러므로 $x=3$에서 극소값 $f(3)=31$을 가진다.

	$x<3$	$x=3$	$3>x$
$f'(x)$	$-$	0	$+$
$f(x)$	감소	정지	증가

예 2

함수 $y=f(x)=x^3-12x^2+36x+4$의 극치를 구하여라.

1계도함수를 구하면,

$$f'(x)=3x^2-24x+36$$

이고, $f'(x)=0$을 만족하는 x의 임계치를 구하면

$$3x^2-24x+36=3(x^2-8x+12)=3(x-2)(x-6)=0$$

에서 임계치는 $x=2$, $x=6$이다.
먼저, $x=2$의 왼쪽에서의 기울기는 $+$이고(예를 들어 $f'(1)=+15$), 오른쪽에서의 기울기는 $-$이다(예를 들어 $f'(3)=-9$). 그러므로 $x=2$에서 극대값 $f(2)=36$을 가진다.
다음으로 $x=6$의 왼쪽에서 기울기는 $-$이고(예를 들어 $f'(5)=-9$), 오른쪽에서의 기울기는 $+$이다(예를 들어 $f'(7)=+15$). 그러므로 $x=6$에서는 극소값 $f(6)=4$를 가진다.

	$x<2$	$x=2$	$2<x<6$	$x=6$	$6<x$
$f'(x)$	$+$	0	$-$	0	$+$
$f(x)$	증가	정지	감소	정지	증가

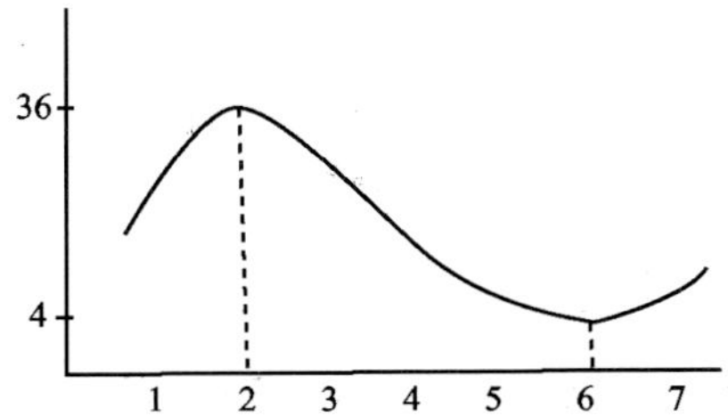

〈그림 6.4〉

연습문제 6.2 Exercise

다음의 함수들에 대해서 1계도함수에 의한 극치판정법을 이용하여 극값을 구하여라.

(1) $y = f(x) = 3x^2 - 18x + 30$

(2) $y = f(x) = -2x^2 + 20x + 15$

(3) $y = f(x) = \dfrac{1}{3}x^3 - 2x^2 + 3x + 5$

(4) $y = f(x) = -x^3 + 3x - 2$

6.3 2계도함수에 의한 극치판정법

6.3.1 1계도함수와 2계도함수의 그래프에 의한 해석

1계도함수 $f'(x)$는 원시함수 f의 변화율(접선의 기울기)을 나타낸다. 같은 이치로 2계도함수 $f''(x)$는 1계도함수 $f'(x)$의 변화율을 나타낸다. 이를 정리하면 다음과 같이 표현할 수 있다.

$x = x_0$에서 1계도함수에 대해서

$$\left.\begin{matrix} f'(x_0) > 0 \\ f'(x_0) < 0 \end{matrix}\right\} \text{는 함수의 값이} \left\{\begin{matrix} \text{증가} \\ \text{감소} \end{matrix}\right\} \text{한다는 것을 의미한다.} \qquad (6.5)$$

2계도함수에 대해서는

$$\left.\begin{matrix} f''(x_0) > 0 \\ f''(x_0) < 0 \end{matrix}\right\} \text{는 함수의 기울기가} \left\{\begin{matrix} \text{증가} \\ \text{감소} \end{matrix}\right\} \text{한다는 것을 의미한다.}$$

(6.6)

위의 관계를 그래프를 사용하여 설명하기로 한다.

<그림 6.5>에는 두 개의 함수 $y = f(x)$와 $y = g(x)$를 그래프로 그리고 각각 1계도함수 $f'(x)$와 $g'(x)$를 나타내었고, 다시 2계도함수 $f''(x)$와 $g''(x)$를 나타내었다. $f(x)$와 $g(x)$의 그래프상의 6개의 점이 (A, B, C,D, E, F)로 표시되어 있다.

예를 들어 함수 $f(x)$상의 점 A는 $x = x_1$에서의 접선의 기울기로 $f'(x_1) > 0$이며, $f''(x_1) < 0$인 것을 알 수 있다. C는 $x = x_3$에서의 접선의 기울기로 $f'(x_3) < 0$이며, $f''(x_3) < 0$인 것을 알 수 있다.

$g(x)$함수의 점 D는 $x = x_4$에서의 접선의 기울기로 $g'(x_4) < 0$이며, $g''(x_4) > 0$인 것을 알 수 있다. 점 F는 $x = x_6$에서의 접선의 기울기로 $g'(x_6) > 0$이며, $g''(x_4) > 0$인 것을 알 수 있다.

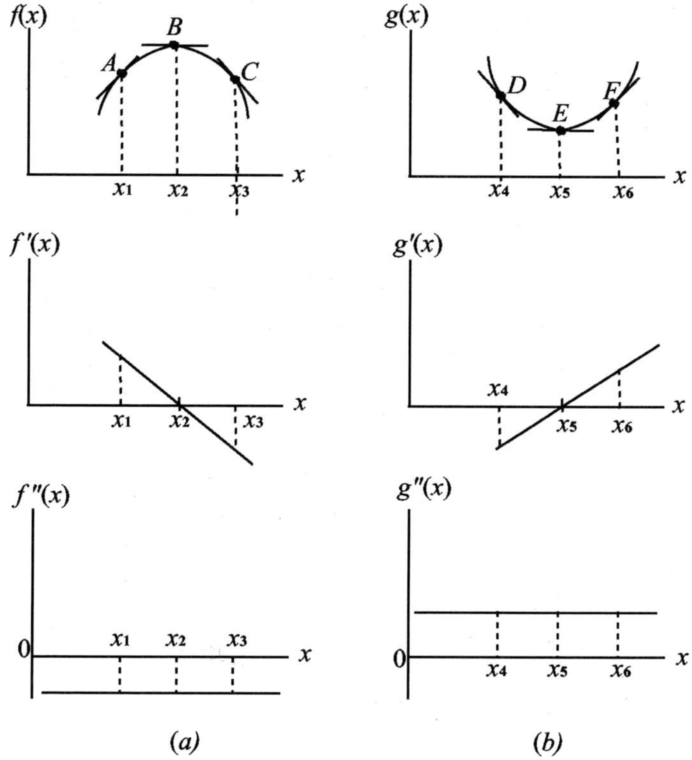

〈그림 6.5〉

여기서 2계도함수에 관한 논의를 살펴보면, <그림 6.5>의 (a)처럼 2계도함수 $f''(x)$가 모든 x에 대해서 음이면 그의 원시함수는 위로 볼록한(아래로 오목한) 함수가 된다는 것을 알 수 있고, 역으로 <그림 6.5>의 (b)처럼 2계도함수 $g''(x)$가 모든 x에 대해서 양이면 그의 원시함수는 아래로 볼록한(위로 오목한) 함수가 된다는 것을 알 수 있다. 이 추론은 함수의 극대와 극소의 판정에 이용할 수 있다. 이상의 관계를 표로 작성해 보면 <표 6.1>과 같다.

x의 위치	포물선상의 점	1계도함수 부호	2계도함수 부호
$x=x_1$	A	$f'(x_1)>0$	$f''(x_1)<0$
$x=x_2$	B	$f'(x_2)=0$	$f''(x_2)<0$
$x=x_3$	C	$f'(x_3)<0$	$f''(x_3)<0$
$x=x_4$	D	$g'(x_4)<0$	$g''(x_4)>0$
$x=x_5$	E	$g'(x_5)=0$	$g''(x_5)>0$
$x=x_6$	F	$g'(x_6)>0$	$g''(x_6)>0$

〈표 6.1〉

6.3.2 2계도함수에 의한 극치판정법

정리 6.2

함수 $y=f(x)$가 $x=x_0$에서 $f'(x_0)=0$인 경우에

(1) $f''(x_0)<0$이면, $f(x_0)$는 극대값이다.

(2) $f''(x_0)>0$이면, $f(x_0)$는 극소값이다.

(3) $f''(x_0)=0$이면, $f(x_0)$는 극값을 가질 수도 있고 그렇지 않을 수도 있다.

이 정리를 극값을 가지기 위한 2계조건(충분조건)이라고 한다.

예 1

6.2의 **예 2**에서 검토한 함수 $y=f(x)=x^3-12x^2+36x+4$의 극치를 2계도함수에 의한 극치판정법으로 구하여 보자.

1계도함수

$f'(x) = 3x^2 - 24x + 36 = 0$

을 만족하는 임계치는 $x = 2$, $x = 6$이었다.

2계도함수 $f''(x) = 6x - 24$에서
(1) $f''(2) = -12 < 0$이므로 $x = 2$에서 극대값 $f(2) = 36$을 가진다.
(2) $f''(6) = 12 > 0$이므로 $x = 6$에서 극소값 $f(6) = 4$를 가진다.

예 2

함수 $y = f(x) = x^4 + 1$의 극값을 구하여라.

1계도함수는 $f'(x) = 4x^3$이므로 $f'(x) = 0$의 임계치는 $x = 0$이 된다. 2계도함수는 $f''(x) = 12x^2$이므로 $f''(0) = 0$이 되어 (정리 6.2)에 의하면 극값을 판정할 수 없다.
그런데 이 함수의 그래프를 보면, $x = 0$에서 극소값 $f(0) = 1$을 가지는 것을 알 수 있다. 이 경우는 고계도함수 판정법에서 극치문제를 다시 검토해 보기로 한다.

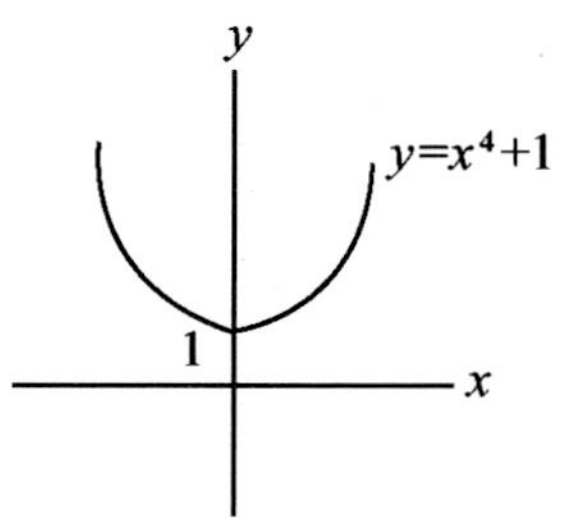

〈그림 6.6〉

예 3

함수 $y = g(x) = x^3$의 극값을 구하여라.

$g'(x) = 3x^2 = 0$에서 $x = 0$

$g''(x) = 6x$이므로 $g''(0) = 0$

그러므로 (정리 6.2)에 의하면 극값을 판정할 수 없다. 그런데 이 함수의 그래프를 보면 $x = 0$에서 변곡점이 되어 극값이 존재하지 않는 것을 알 수 있다. 이 경우도 고계도함수에 의한 극치판정법에서 다시 검토하기로 한다.

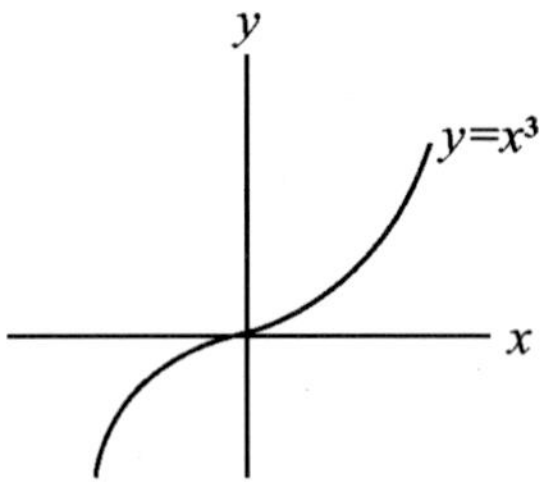

〈그림 6.7〉

연습문제 6.3 Exercise

[1] 다음의 함수들에 대해서 2계도함수에 의한 극치판정법을 이용하여 극값을 구하여라.

(1) $y = f(x) = 3x^2 - 18x + 30$

(2) $y = f(x) = x + 16x^{-1}$

(3) $y = f(x) = \frac{1}{3}x^3 - 2x^2 + 3x + 5$

(4) $y = f(x) = -x^3 + 3x - 2$

[2] 2차함수 $y = f(x) = ax^2 + bx + c$의 극치를 판정하고 극값을 구하여라(단, a, b, c는 파라메터이다).

[3] 비용함수 TC는 다음과 같이 생산량 Q의 3차함수로 나타낼 수 있다.

$$TC = aQ^3 + bQ^2 + cQ + d$$

(단, a, b, c, d는 파라메터이다).

(1) 경제적 의미를 가지기 위해서는 a, b, c, d에 어떤 제약이 부과되어야 되는가? (힌트 : 한계비용(MC)을 구하고 극소값이 양수가 되도록 한다.)

(2) 다음의 비용함수는 경제적 의미가 있는가?

$$TC = \frac{1}{3}Q^3 - 5Q^2 + 110Q + 60$$

(3) (2)의 비용함수로부터 한계비용(MC)을 구하고 한계비용이 상승하기 시작하는 지점의 생산량을 구하여라.

6.4 고계도함수에 의한 극치판정법

2계도함수에 의한 극치판정법으로 극치를 판정할 수 없는 경우에 다음의 정리와 같이 고계도함수에 의한 극치판정법을 이용하여 극치를 판정한다.

정리 6.3

함수 $y = f(x)$에 대해서

$f'(x_0) = f''(x_0) = \cdots = f^{(n-1)}(x_0) = 0$이고

$f^{(n)}(x_0) \neq 0$인 경우

(1) n이 짝수이고 $f^{(n)}(x_0) < 0$이면, $f(x_0)$는 극대값이다.

(2) n이 짝수이고 $f^{(n)}(x_0) > 0$이면, $f(x_0)$는 극소값이다.

(3) n이 홀수이면, $f(x_0)$는 극대값도 극소값도 아니다.

(정리 6.3)을 이용하여 앞의 **예 2**와 **예 3**의 함수의 극치를 판정하여 보자.

예 1

$y = f(x) = x^4 + 1$인 경우

$f'(x) = 4x^3 = 0$이므로 임계치는 $x = 0$

$f''(x) = 12x^2$, $f'''(x) = 24x$, $f^{(4)}(x) = 24$

그러므로

$f'(0) = f''(0) = f'''(0) = 0$이고, $f^{(4)}(0) = 24 \neq 0$이다.

여기서 $n = 4$이고 $f^{(4)}(0) = 24 > 0$이므로, $f(0) = 1$은 극소값이다.

예 2

$y = g(x) = x^3$인 경우

$g'(x) = 3x^2$이므로 임계치는 $x = 0$

$g''(x) = 6x$, $g'''(x) = 6$

그러므로

$g'(0) = g''(0) = 0$이고 $g'''(0) = 6 \neq 0$

여기서 $n = 3$이므로 극값이 존재하지 않는다.

예 3

다음 함수의 극치를 구하여라.

$y = f(x) = x^5 + 5x^3 + 5$ (단, x는 실수)

$f'(x) = 5x^4 + 15x^2$

그러므로

$5x^4 + 15x^2 = 5x^2(x^2 + 3) = 0$

그런데 x는 실수이므로 $x^2 + 3 \neq 0$
따라서 임계치는 $x = 0$

$f''(x) = 20x^3 + 30x$
$f'''(x) = 60x^2 + 30$

여기서 $f'(0) = f''(0) = 0$이고 $f'''(0) = 30 \neq 0$인데, $n = 3$이므로 $f'(0)$는 극값이 아니다. $x = 0$에서는 변곡점이 된다.

연습문제 6.4 Exercise

다음의 함수들에 대해서 고계도함수에 의한 극치판정법을 이용하여 극값을 구하여라.

(1) $y = f(x) = (x-3)^4 + 1$

(2) $y = f(x) = x^5 + 3$

(3) $y = f(x) = x^4 - 4x^3 + 5$

(4) $y = f(x) = x^5 - 5x^4 + 5x^3$

6.5 1변수함수 극치문제의 경제 · 경영학에의 응용

6.5.1 이윤극대화

경제학 및 경영학에서 극치문제의 가장 일반적인 응용은 기업의 이윤극대화를 들 수 있다.

지금 이윤을 π라 하면 이윤은 총수입(TR)과 총비용(TC)의 차로서 정의된다.

$$\pi = TR - TC \tag{6.7}$$

그런데 총수입과 총비용은 생산량(Q)의 함수이므로 이윤도 생산량의 함수가 된다.

$$\pi = \pi(Q) = TR(Q) - TC(Q) \tag{6.8}$$

이윤을 극대화하는 생산량을 구하기 위해서 1계도함수를 구하면

$$\frac{d\pi}{dQ} = \pi'(Q) = TR'(Q) - TC'(Q) = 0 \tag{6.9}$$

그런데 총수입의 1계도함수는 한계수입(MR)이고, 총비용의 1계도함수는 한계비용(MC)이므로

$$\frac{dTR}{dQ} = MR, \quad \frac{dTC}{dQ} = MC \tag{6.10}$$

한계수입과 한계비용이 일치한다는 조건에서 최적생산량 $\overline{Q}$가 결정된다.

$$MR = MC \quad \Rightarrow \quad Q = \overline{Q} \tag{6.11}$$

그런데 이 산출량 $\overline{Q}$에서 극대이윤이 되기 위해서는 2계도함수의 조건을 검토해야 한다.

$$\frac{d^2\pi}{dQ^2} = \pi''(Q) = MR'(Q) - MC'(Q) < 0 \tag{6.12}$$

즉, 이 2계조건은 한계수입의 기울기($MR'(Q)$)보다 한계비용의 기울기($MC'(Q)$)가 크다는 조건이 된다.

6.5.2 완전경쟁시장의 경우

완전경쟁시장이므로 가격 P는 시장에서 결정되어 상수가 되고, 총수입함수 $TR = P \cdot Q$는 기울기가 P가 되며 원점으로부터 직선으로 나타난다. TC는 생산량 Q의 3차함수로 주어져 있다.

이윤함수 π는 $TR - TC$가 되며, 이윤이 극대화가 되는 생산량 $\overline{Q}$를 결정하는 문제가 된다.

완전경쟁시장을 가정할 때 경쟁기업의 이윤극대화 과정을 그래프로 나타내면 <그림 6.8>과 같이 나타낼 수 있다.

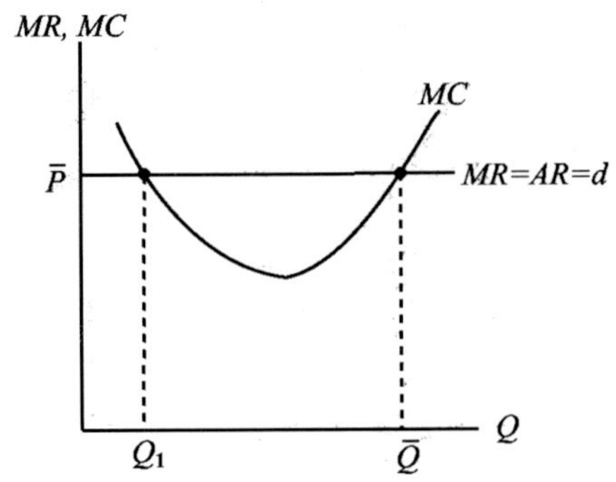

〈그림 6.8〉

<그림 6.8>에는 한계수입(MR), 평균비용(AR), 한계비용(MC)이 그려져 있는데, 각각 다음과 같이 정의할 수 있다.

$$MR = \frac{d(TR)}{dQ} = P,\ AR = \frac{P \cdot Q}{Q} = P,\ MC = \frac{d(TC)}{dQ} \tag{6.13}$$

완전경쟁기업의 조건은 다음과 같다.

$$AR = MR = P = d \tag{6.14}$$

여기서 d는 기업의 수요곡선이다.

한편, 이윤이 극대화되는 1계조건인 $MR = MC$에서 최적생산량 $\overline{Q}$가 결정되는데, 또 하나의 임계치 Q_1이 존재한다. 그런데 이윤을 극대화하는 최적 생산량이 Q_1이 아니라 $\overline{Q}$라는 것은 2계조건(충분조건)에서 판정되며, 한계수입이 상수인 가격과 같아서 한계수입의 기울기(도함수)는 0이므로, 결국 한계비용의 기울기가 0보다 크다는 조건이 된다. 즉 그 조건이

$$0 < MC\text{의 기울기}$$

가 되는 것이다. Q_1에서는

MC의 기울기 < 0

가 되므로 2계조건을 충족시키지 못하고 있다.

예 1

완전경쟁기업의 총수입함수와 총비용함수가 다음과 같을 때

$$TR = 18Q$$
$$TC = Q^3 - 9Q^2 + 33Q + 10$$

(a) 이윤을 극대화하는 생산량을 구하여라.
(b) 그때의 이윤은 얼마인가?

이윤함수를 구하면

$$\begin{aligned}\pi &= TR - TC = 18Q - (Q^3 - 9Q^2 + 33Q + 10) \\ &= -Q^3 + 9Q^2 - 15Q - 10\end{aligned}$$

그러므로

$$\begin{aligned}\pi' &= -3Q^2 + 18Q - 15 = 0 \\ &= -3(Q-1)(Q-5) = 0\end{aligned}$$

에서 임계치는 $Q = 1,\ 5$이다.

먼저 $Q = 5$에 대해서 검토해 보면, 2계도함수가

$$\pi'' = -6Q + 18$$

이므로

$\pi''(5) = -12 < 0$

그러므로 최적생산량 $\overline{Q} = 5$에서 이윤이 극대화된다. 그때의 이윤은

$\pi(5) = 15$

다음으로 $Q = 1$에 대해서 검토해 보면,

$\pi''(1) = 12 > 0$

따라서 $Q = 1$은 2계조건을 충족하고 있지 않으므로 이윤을 극대화시키지 못한다.

6.5.3 독점시장의 경우

독점기업의 총비용 TC는 생산량에 관한 3차식이며, 한계비용 MC는 TC의 도함수로서 2차식이 되는 것은 완전경쟁기업의 경우와 같다. 즉, 기업의 비용 측면은 완전경쟁기업이나 독점기업이나 마찬가지이다. 그러나 독점기업의 수입 측면은 완전경쟁기업의 경우와 다르다.

먼저 독점기업의 수요곡선 D는 수평이 아니고 우하향곡선이 된다. 왜냐하면, 독점기업은 그 산업에 유일하게 존재하는 기업이므로, 독점기업의 생산량이 산업 전체의 생산량이 되며, 따라서 판매량을 늘리기 위해서는 가격을 하락시켜야만 하기 때문이다.

독점기업의 총수입 TR는 경쟁기업과 같이 $TR = P \cdot Q$이다. 그러나 가격 P는 상수가 아니고 생산량 Q와 같이 변수로 취급된다. 그러므로 그래프로 나타내어 보면 우상향의 직선이 아니고 2차곡선을 나타낸다.

이 독점기업의 TR로부터 평균수입 AR, 한계수입 MR을 다음과 같이 구할 수 있다.

$$AR = \frac{TR}{Q} = \frac{P \cdot Q}{Q} = P \ (P\text{는 상수가 아니라 변수}) \quad (6.15)$$

$$MR = \frac{d(TR)}{dQ} = \frac{d(P \cdot Q)}{dQ} = \frac{dQ}{dQ}P + \frac{dP}{dQ}Q$$

$$= P(1 + \frac{dP}{dQ} \cdot \frac{Q}{P})$$

$$= P(1 - \frac{1}{E_p}) \quad (6.16)$$

(단, E_p는 수요의 가격탄력도)

즉, 독점기업의 AR은 수요곡선 D와 같으며 우하향을 나타내고 있고, MR은 가격과 일치하지 않으면서 우하향을 나타낸다.

한편, 독점기업의 이윤도 $\pi = TR - TC$이며, 이윤극대화의 1계조건인 $MR = MC$에서 생산량 $\overline{Q}$이 결정되는 것은 경쟁기업과 같다. 원래 이윤극대화 원리에 의하여 구한 생산량은 Q_1과 $\overline{Q}$이나, 그중에서 'MR의 기울기 $<$ MC의 기울기'라는 2계조건(충분조건)을 충족시키는 것은 Q_1이 아니고 $\overline{Q}$이다. 즉, MR의 기울기는 Q_1과 $\overline{Q}$에서 모두 마이너스가 되는데, $\overline{Q}$에서 MC의 기울기가 플러스가 되기 때문이다.

지금까지 설명한 독점기업의 이윤극대화 과정을 그래프로 나타낸 것이 <그림 6.9>이다. 그림에서 보는 바와 같이 완전경쟁시장과 달리 독점시장의 MR, AR, D, P는 모두 수평이 아니고 우하향의 기울기를 나타내고 있다. 이윤이 극대화되는 생산량 $\overline{Q}$에 대해서 가격 $\overline{P}$는 독점기업의 수요곡선 D에 의하여 결정되는 것을 알 수 있다.

한편, 독점시장의 AR, TR, MR을 식으로 나타내면 다음과 같다. 즉 AR은 가격 P(이때의 가격은 상수가 아니고 변수)와 같고 우하향의 직선이므로,

$$AR = P = P(Q) = a - bQ \qquad (0 < a,\ 0 < b) \quad (6.17)$$

로 나타낼 수 있고, TR은 AR에 생산량 Q를 곱하여 나타내고, MR은 TR를 생산량 Q에 관해서 미분하여 나타낼 수 있다.

$$TR = AR \cdot Q = aQ - bQ^2 \tag{6.18}$$

$$MR = \frac{d(TR)}{dQ} = a - 2bQ \tag{6.19}$$

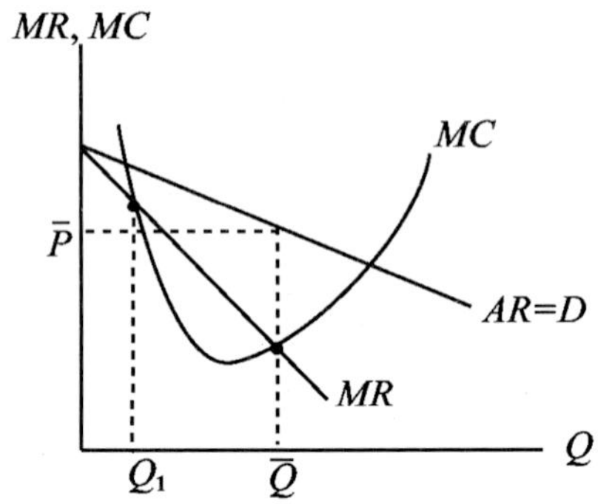

〈그림 6.9〉

예 1

독점기업의 총수입함수와 총비용함수가 다음과 같을 때

$$TR = 33Q - 4Q^2$$
$$TC = Q^3 - 9Q^2 + 36Q + 6$$

(a) 이윤을 극대화하는 생산량을 구하여라.
(b) 그때의 이윤은 얼마인가?

이윤함수를 구하면

$$\pi = TR - TC = 33Q - 4Q^2 - (Q^3 - 9Q^2 + 36Q + 6)$$
$$= -Q^3 + 5Q^2 - 3Q - 6$$

그러므로

$$\pi' = -3Q^2 + 10Q - 3 = 0$$
$$= -3(Q - \frac{1}{3})(Q - 3) = 0$$

이므로 임계치는 $Q = \frac{1}{3}$, 3이다.

먼저 $Q = 3$에 대해서 검토해 보면

$$\pi'' = -6Q + 10$$

이므로

$$\pi''(3) = -8 < 0$$

그러므로 최적생산량 $\overline{Q} = 5$에서 이윤이 극대화된다. 그때의 이윤은

$$\pi(3) = 3$$

다음으로 $Q = \frac{1}{3}$에 대해서 검토해 보면

$$\pi''(\frac{1}{3}) = 8 > 0$$

따라서 $Q = \frac{1}{3}$은 2계조건을 충족하고 있지 않으므로 이윤을 극대화시키지 못한다.

연습문제 6.5 Exercise

[1] 완전경쟁기업의 총수입함수와 총비용함수가 다음과 같을 때

$TR = 4Q$

$TC = \frac{2}{3}Q^3 - 10Q^2 + 36Q + 3$

(a) 이윤을 극대화하는 생산량을 구하여라.

(b) 그때의 이윤은 얼마인가?

[2] 독점기업의 총수입함수와 총비용함수가 다음과 같을 때

$TR = 20Q - 3Q^2$

$TC = 2Q^2$

(a) 이윤을 극대화하는 생산량을 구하여라.

(b) 그때의 이윤은 얼마인가?

(c) AR을 구하여라.

제7장 다변수함수의 극대와 극소

7.1 2차형식

7.1.1 2차형식의 정의

두 변수 x와 y로 구성된 다항식이 있을 때, 각 항들이 2차식으로 구성되어 있는 것을 2차형식(quadratic form)이라고 한다. 예를 들어, $x^2-2xy+3y^2$은 각 항이 x^2, xy, y^2와 같이 변수들의 2차식으로 구성되어 있으므로 2차형식이다. 그런데 x^2-2x+y^2은 2차형식이 아니다. 왜냐하면 두 번째 항이 x 하나만으로 구성되어 있기 때문으로, 2차식이 아니고 1차식이다.

두 변수 x_1과 x_2로 구성된 2차형식은 다음과 같이 나타낸다.

$$Q(x_1,\ x_2)=a_{11}{x_1}^2+a_{12}x_1x_2+a_{21}x_2x_1+a_{22}{x_2}^2 \qquad (7.1)$$

2차형식은 행렬을 사용하여 나타낼 수 있다. 앞에서 살펴본 다항식을 예를 들어 보기로 한다.

$$\begin{aligned} x^2 - 2xy + 3y^2 &= (x \ \ y)\begin{pmatrix} 1 & -1 \\ -1 & 3 \end{pmatrix}\begin{pmatrix} x \\ y \end{pmatrix} \\ &= (x \ \ y)\begin{pmatrix} 1 & -2 \\ 0 & 3 \end{pmatrix}\begin{pmatrix} x \\ y \end{pmatrix} \\ &= (x \ \ y)\begin{pmatrix} 1 & 4 \\ -6 & 3 \end{pmatrix}\begin{pmatrix} x \\ y \end{pmatrix} \end{aligned}$$

즉, 2차형식은 계수행렬을 달리하여 여러 가지로 표시할 수 있는데, 이 중에서 대칭으로 된 계수행렬이 반드시 하나 존재한다. 이 예에서는

$$\begin{pmatrix} 1 & -1 \\ -1 & 3 \end{pmatrix}$$

이 대칭행렬이다. 2차형식을 표현하는 데는 대칭행렬이 중요하기 때문에, 이후 2차형식은 대칭행렬을 사용하여 나타내기로 하며, (7.1)식을 다시 나타내면 다음과 같다.

$$\begin{aligned} Q(x_1, x_2) &= a_{11}x_1^2 + a_{12}x_1x_2 + a_{21}x_2x_1 + a_{22}x_2^2 \\ &= (x_1 \ x_2)\begin{pmatrix} a_{11} & a_{12} \\ a_{21} & a_{22} \end{pmatrix}\begin{pmatrix} x_1 \\ x_2 \end{pmatrix} \qquad (7.2) \\ &(\text{단, } a_{12} = a_{21}) \end{aligned}$$

여기서

$$X = \begin{pmatrix} x_1 \\ x_2 \end{pmatrix}, \quad A = \begin{pmatrix} a_{11} & a_{12} \\ a_{21} & a_{22} \end{pmatrix} \qquad (7.3)$$

로 두면

$$Q(x_1, x_2) = X'AX \qquad (7.4)$$

로 나타낼 수 있다.

일반화하면, n개의 변수 $x_1, x_2, \cdots, x_n$에 대하여 대칭행렬로 정의된 2차형식은 다음과 같다.

$$\begin{aligned} Q(x_1, x_2, \cdots, x_n) &= a_{11}x_1^2 + a_{12}x_1x_2 + \cdots + a_{1n}x_1x_n \\ &\quad + a_{21}x_2x_1 + a_{22}x_2^2 + \cdots + a_{2n}x_2x_n \\ &\quad \cdots\cdots\cdots\cdots\cdots\cdots\cdots\cdots \\ &\quad + a_{n1}x_nx_1 + a_{n2}x_nx_2 + \cdots + a_{nn}x_n^2 \\ &= (x_1, x_2, \cdots, x_n)\begin{pmatrix} a_{11} & a_{12} & \cdots & a_{1n} \\ a_{21} & a_{22} & \cdots & a_{2n} \\ \vdots & & & \\ a_{n1} & a_{n2} & \cdots & a_{nn} \end{pmatrix}\begin{pmatrix} x_1 \\ x_2 \\ \vdots \\ x_n \end{pmatrix} \\ &\quad (\text{단, } a_{ij} = a_{ji}) \end{aligned} \tag{7.5}$$

여기서

$$A = \begin{pmatrix} a_{11} & a_{12} & \cdots & a_{1n} \\ a_{21} & a_{22} & \cdots & a_{2n} \\ \vdots & & & \\ a_{n1} & a_{n2} & \cdots & a_{nn} \end{pmatrix}, \; X = \begin{pmatrix} x_1 \\ x_2 \\ \vdots \\ x_n \end{pmatrix} \tag{7.6}$$

로 두면, 2차형식은 다음과 같이 표시된다.

$$Q(x_1, x_2, \cdots, x_n) = X'AX \tag{7.7}$$

예 1

다음의 x_1, x_2에 관한 2차형식을 대칭행렬을 사용하여 나타내어라.

$Q(x_1, x_2) = 5x_1^2 + 6x_1x_2 + 2x_2^2$

$$Q(x_1,\ x_2) = (x_1\, x_2)\begin{pmatrix} 5 & 3 \\ 3 & 2 \end{pmatrix}\begin{pmatrix} x_1 \\ x_2 \end{pmatrix}$$

예 2

다음의 x, y, z에 관한 2차형식을 대칭행렬을 사용하여 나타내어라.

$$Q(x,\ y,\ z) = x^2 + 4y^2 + 3z^2 - 2xy + 4xz$$

$$Q(x,\ y,\ z) = (x\ y\ z)\begin{pmatrix} 1 & -1 & 2 \\ -1 & 4 & 0 \\ 2 & 0 & 3 \end{pmatrix}\begin{pmatrix} x \\ y \\ z \end{pmatrix}$$

7.1.2 양정부호형식과 음정부호형식

2차형식에서 모든 변수가 0이면 2차형식의 값은 0이 된다. 모두는 0이 아닌 변수들에 대해서 2차형식 Q의 값이 양이면 그 2차형식은 양정부호형식(陽定符號型式 : positive define form)이라고 하고, 반대로 음이면 음정부호형식(陰定符號型式 : negative define form)이라고 한다. 즉 모두는 0이 아닌 x_i에 대해서,

$$Q(x_1,\ x_2,\ \cdots,\ x_n) > 0 \text{이면 } Q\text{는 양정부호형식}$$
$$Q(x_1,\ x_2,\ \cdots,\ x_n) < 0 \text{이면 } Q\text{는 음정부호형식} \tag{7.8}$$

예 1

2차형식 $Q(x,\ y) = 2x^2 + 3y^2$은 양정부호형식인가 음정부호형식인가?

이 2차형식은 x와 y가 제곱으로 되어 있으므로 항상 양의 값을 갖게 되며, 그러므로 양정부호형식이다.

예 2

2차형식 $Q(x, y) = 4xy$는 양정부호형식인가 음정부호형식인가?

이 2차형식은 x와 y의 값에 따라서 양의 값을 가질 수도 음의 값을 가질 수도 있다. 예를 들어

$x > 0, y > 0$이면 $Q(x, y) > 0$
$x < 0, y > 0$이면 $Q(x, y) < 0$

가 된다. 그러므로 정하여진 부호를 갖지 않으므로 판정할 수 없다.

2차형식의 정부호성을 판정하는 데는 계수들의 대칭행렬이 중요한 역할을 한다. 그러면 두 변수 x_1, x_2로 이루어진 2차형식의 정부호성을 대칭행렬을 이용하여 판정하는 방법을 살펴보기로 한다. 여기서는 $a_{12} = a_{21}$이다.

$$\begin{aligned} Q(x_1, x_2) &= a_{11}x_1^2 + 2a_{12}x_1x_2 + a_{22}x_2^2 \\ &= a_{11}(x_1^2 + 2\frac{a_{12}}{a_{11}}x_1x_2 + \frac{a_{12}^2}{a_{11}^2}x_2^2 - \frac{a_{12}^2}{a_{11}^2}x_2^2) + a_{22}x_2^2 \\ &= a_{11}(x_1 + \frac{a_{12}}{a_{11}}x_2)^2 + \frac{(a_{11}a_{22} - a_{12}^2)}{a_{11}}x_2^2 \qquad (7.9) \end{aligned}$$

(7.9)식은 (7.2)식을 완전제곱형으로 변환한 식이다. 여기서 계수행렬의 대칭행렬 A의 행렬식 $|A|$와, 이 행렬식의 1행 1열의 원소로 구성된 행렬식을 $|A_1|$, 2행 2열의 원소로 구성된 행렬식을 $|A_2|$라 하면,

$$|A| = \begin{vmatrix} a_{11} & a_{12} \\ a_{21} & a_{22} \end{vmatrix}, \ |A_1| = a_{11}, \ |A_2| = \begin{vmatrix} a_{11} & a_{12} \\ a_{21} & a_{22} \end{vmatrix} = |A| \qquad (7.10)$$

이 되며, $|A_1|$, $|A_2|$를 A의 주소행렬식(主小行列式 : principal minor)이라고 한다. 이때 $|A_1|$을 1계주소행렬식(first principal minor), $|A_2|$를 2계주소행렬식(second principal minor)이라고 한다.

주소행렬식을 사용하여 (7.9)식을 다시 나타내면 다음과 같다.

$$Q(x_1,\ x_2) = |A_1|(x_1 + \frac{a_{12}}{a_{11}}x_2)^2 + \frac{|A_2|}{|A_1|}x_2^2 \tag{7.11}$$

그러므로 2차형식 $Q(x_1,\ x_2)$가 양정부호형식이 되기 위한 필요충분조건은 계수가 모두 양수이다. 즉

$$|A_1| > 0,\ \frac{|A_2|}{|A_1|} > 0$$

이어야 하므로

$$|A_1| = a_{11} > 0,\ \ |A_2| = \begin{vmatrix} a_{11} & a_{12} \\ a_{21} & a_{22} \end{vmatrix} > 0 \tag{7.12}$$

이 된다. 그리고 음정부호형식이 되기 위한 필요충분조건은 계수가 모두 음수이므로

$$|A_1| = a_{11} < 0,\ \ |A_2| = \begin{vmatrix} a_{11} & a_{12} \\ a_{21} & a_{22} \end{vmatrix} > 0 \tag{7.13}$$

이 된다.

이상의 결과로부터 2변수의 2차형식 $Q(x_1,\ x_2)$에 대해서 다음의 정리가 성립한다.

정리 7.1

2변수의 2차형식 $Q(x_1, x_2)$

$$Q(x_1, x_2) = a_{11}x_1^2 + 2a_{12}x_1x_2 + a_{22}x_2^2$$

$$= (x_1\ x_2)\begin{pmatrix} a_{11} & a_{12} \\ a_{21} & a_{22} \end{pmatrix}\begin{pmatrix} x_1 \\ x_2 \end{pmatrix}$$

에서

$$|A| = \begin{vmatrix} a_{11} & a_{12} \\ a_{21} & a_{22} \end{vmatrix}, \quad |A_1| = a_{11}, \quad |A_2| = \begin{vmatrix} a_{11} & a_{12} \\ a_{21} & a_{22} \end{vmatrix}$$

일 때 다음이 성립한다.

(1) $Q(x_1, x_2) > 0$ (양정부호) $\Leftrightarrow |A_1| > 0,\ |A_2| > 0$

(2) $Q(x_1, x_2) < 0$ (음정부호) $\Leftrightarrow |A_1| < 0,\ |A_2| > 0$

예 3

예 1 과 **예 2** 에서의 2차형식에 대해서 정부호성을 살펴보면

$$Q(x, y) = 2x^2 + 3y^2 = (x\ y)\begin{pmatrix} 2 & 0 \\ 0 & 3 \end{pmatrix}\begin{pmatrix} x \\ y \end{pmatrix}$$

$$|A| = \begin{vmatrix} 2 & 0 \\ 0 & 3 \end{vmatrix}, \quad |A_1| = 2 > 0, \quad |A_2| = \begin{vmatrix} 2 & 0 \\ 0 & 3 \end{vmatrix} = 6 > 0$$

그러므로 이 2차형식은 양정부호이다.

$$Q(x, y) = 4xy = (x\ y)\begin{pmatrix} 0 & 2 \\ 2 & 0 \end{pmatrix}\begin{pmatrix} x \\ y \end{pmatrix}$$

$$|A| = \begin{vmatrix} 0 & 2 \\ 2 & 0 \end{vmatrix}, \quad |A_1| = 0, \quad |A_2| = -4 < 0$$

이 결과는 (정리7.1)에 적용되지 않으므로 행렬식에 의한 판정은 할 수 없다. 즉, x와 y의 값에 따라서 그 부호가 변하게 되는 것을 의미한다.

다음으로 세 변수 x_1, x_2, x_3에 관한 2차형식의 정부호성의 판정에 대해서 생각해 보자.

$$Q(x_1, x_2, x_3) = a_{11}x_1^2 + a_{22}x_2^2 + a_{33}x_3^3 + 2a_{12}x_1x_2 + 2a_{13}x_1x_3 + 2a_{23}x_2x_3$$
$$= (x_1\ x_2\ x_3)\begin{pmatrix} a_{11} & a_{12} & a_{13} \\ a_{21} & a_{22} & a_{23} \\ a_{31} & a_{32} & a_{33} \end{pmatrix}\begin{pmatrix} x_1 \\ x_2 \\ x_3 \end{pmatrix} \qquad (7.14)$$

여기서 대칭행렬 A의 행렬식 $|A|$와 제1주소행렬식 $|A_1|$, 제2주소행렬식 $|A_2|$, 제3주소행렬식 $|A_3|$이 각각 다음과 같다고 하면,

$$|A| = \begin{vmatrix} a_{11} & a_{12} & a_{13} \\ a_{21} & a_{22} & a_{23} \\ a_{31} & a_{32} & a_{33} \end{vmatrix}, \qquad |A_1| = a_{11}, \qquad |A_2| = \begin{vmatrix} a_{11} & a_{12} \\ a_{21} & a_{22} \end{vmatrix}, \qquad |A_3| = |A|$$

이 2차형식을 주소행렬식을 사용하여 완전제곱 형태로 바꾸면 (7.15)식과 같이 나타낼 수 있다.

$$Q(x_1, x_2, x_3) = |A_1|(x_1 + \frac{a_{12}}{a_{11}}x_2 + \frac{a_{13}}{a_{11}}x_3)^2$$
$$+ \frac{|A_2|}{|A_1|}(x_2 + \frac{a_{11} \cdot a_{23} - a_{12} \cdot a_{13}}{|A_2|}x_3)^2 + \frac{|A_3|}{|A_2|}x_3^2$$
$$(7.15)$$

그러므로 2차형식 $Q(x_1, x_2, x_3)$가 양정부호형식이 되기 위한 필요충분조건은

$$|A_1| > 0, \ \frac{|A_2|}{|A_1|} > 0, \ \frac{|A_3|}{|A_2|} > 0$$

이어야 하므로

$$|A_1| = a_{11} > 0, \quad |A_2| = \begin{vmatrix} a_{11} & a_{12} \\ a_{21} & a_{22} \end{vmatrix} > 0, \quad |A_3| = |A| = \begin{vmatrix} a_{11} & a_{12} & a_{13} \\ a_{21} & a_{22} & a_{23} \\ a_{31} & a_{32} & a_{33} \end{vmatrix} > 0 \tag{7.16}$$

이 되고, 음정부호형식이 되기 위한 필요충분조건은

$$|A_1| < 0, \ \frac{|A_2|}{|A_1|} < 0, \ \frac{|A_3|}{|A_2|} < 0$$

이어야 하므로

$$|A_1| = a_{11} < 0, \ |A_2| = \begin{vmatrix} a_{11} & a_{12} \\ a_{21} & a_{22} \end{vmatrix} > 0, \ |A_3| = \begin{vmatrix} a_{11} & a_{12} & a_{13} \\ a_{21} & a_{22} & a_{23} \\ a_{31} & a_{32} & a_{33} \end{vmatrix} < 0 \tag{7.17}$$

이다.

이상의 결과로부터 3변수의 2차형식 $Q(x_1, x_2, x_3)$에 대해서 다음 정리가 성립한다.

정리 7.2

3변수의 2차형식 $Q(x_1, x_2, x_3)$

$Q(x_1, x_2, x_3) = a_{11}x_1^2 + a_{22}x_2^2 + a_{33}x_3^3 + 2a_{12}x_1x_2 + 2a_{13}x_1x_3 + 2a_{23}x_2x_3$

$$= (x_1\ x_2\ x_3)\begin{pmatrix} a_{11} & a_{12} & a_{13} \\ a_{21} & a_{22} & a_{23} \\ a_{31} & a_{32} & a_{33} \end{pmatrix}\begin{pmatrix} x_1 \\ x_2 \\ x_3 \end{pmatrix}$$

에서

$$|A_1| = a_{11},\ |A_2| = \begin{vmatrix} a_{11} & a_{12} \\ a_{21} & a_{22} \end{vmatrix},\ |A_3| = |A| = \begin{vmatrix} a_{11} & a_{12} & a_{13} \\ a_{21} & a_{22} & a_{23} \\ a_{31} & a_{32} & a_{33} \end{vmatrix}$$

일 때 다음이 성립한다.

(1) $Q(x_1, x_2, x_3) > 0$ (양정부호형식) $\Leftrightarrow |A_1| > 0, |A_2| > 0, |A_3| > 0$

(2) $Q(x_1, x_2, x_3) < 0$ (음정부호형식) $\Leftrightarrow |A_1| < 0, |A_2| > 0, |A_3| < 0$

예 4

2차형식 $Q(x, y, z) = x^2 + 2y^2 + z^2 + yz + 2xy$는 양정부호형식인가 음정부호형식인가?

$$Q(x, y, z) = (\ x\ y\ z\ )\begin{pmatrix} 1 & 1 & 0 \\ 1 & 2 & \frac{1}{2} \\ 0 & \frac{1}{2} & 1 \end{pmatrix}\begin{pmatrix} x \\ y \\ z \end{pmatrix}$$

$$|A_1| = 1 > 0,\ |A_2| = \begin{vmatrix} 1 & 1 \\ 1 & 2 \end{vmatrix} = 1 > 0,\ |A_3| = \begin{vmatrix} 1 & 1 & 0 \\ 1 & 2 & \frac{1}{2} \\ 0 & \frac{1}{2} & 1 \end{vmatrix} = \frac{3}{4} > 0$$

따라서 양정부호형식이다.

예 5

2차형식 $Q(x_1, x_2, x_3) = x_1^2 - 4x_1x_2 + 4x_2^2 + 3x_3^2$의 정부호성을 판정하라.

$$Q(x_1,\ x_2,\ x_3) = (\,x_1\ x_2\ x_3\,)\begin{pmatrix} 1 & -2 & 0 \\ -2 & 4 & 0 \\ 0 & 0 & 3 \end{pmatrix}\begin{pmatrix} x_1 \\ x_2 \\ x_3 \end{pmatrix}$$

$$|A_1| = 1 > 0,\ |A_2| = \begin{vmatrix} 1 & -2 \\ -2 & 4 \end{vmatrix} = 0,\ |A_3| = \begin{vmatrix} 1 & -2 & 0 \\ -2 & 4 & 0 \\ 0 & 0 & 3 \end{vmatrix} = 0$$

따라서 이 2차형식은 정부호형식이 아니다.

마지막으로 n개의 변수 $x_1,\ x_2,\ \cdots,\ x_n$에 관한 2차형식의 정부호성 판정에 대해서 생각해 보자.

(7.5)식을 다시 쓰고,

$$\begin{aligned} Q(x_1, x_2, \cdots, x_n) &= a_{11}x_1^2 + a_{12}x_1x_2 + \cdots + a_{1n}x_1x_n \\ &\quad + a_{21}x_2x_1 + a_{22}x_2^2 + \cdots + a_{2n}x_2x_n \\ &\quad \cdots\cdots\cdots\cdots\cdots\cdots\cdots\cdots\cdots\cdots \\ &\quad + a_{n1}x_nx_1 + a_{n2}x_nx_2 + \cdots + a_{nn}x_n^2 \\ &= (x_1, x_2, \cdots, x_n)\begin{pmatrix} a_{11} & a_{12} & \cdots & a_{1n} \\ a_{21} & a_{22} & \cdots & a_{2n} \\ \vdots & & & \\ a_{n1} & a_{n2} & \cdots & a_{nn} \end{pmatrix}\begin{pmatrix} x_1 \\ x_2 \\ \vdots \\ x_n \end{pmatrix} \end{aligned} \quad (7.5)$$

여기서 대칭행렬 A의 행렬식을 $|A|$, 변수벡터를 X라 하고,

$$|A| = \begin{vmatrix} a_{11} & a_{12} & \cdots & a_{1n} \\ a_{21} & a_{22} & \cdots & a_{2n} \\ \vdots & & & \\ a_{n1} & a_{n2} & \cdots & a_{nn} \end{vmatrix},\ X = \begin{pmatrix} x_1 \\ x_2 \\ \vdots \\ x_n \end{pmatrix} \quad (7.18)$$

그리고 주소행렬식은 각각 다음과 같다고 하자.

$$|A_1| = a_{11},\ |A_2| = \begin{vmatrix} a_{11} & a_{12} \\ a_{21} & a_{22} \end{vmatrix},\ |A_3| = \begin{vmatrix} a_{11} & a_{12} & a_{13} \\ a_{21} & a_{22} & a_{23} \\ a_{31} & a_{32} & a_{33} \end{vmatrix},\ \cdots,\ |A_n| = |A|$$

(7.19)

그러면 다음의 정리가 성립한다.

정리 7.3

n개의 변수 $x_1, x_2, \cdots, x_n$에 관한 2차형식

$Q(x_1, x_2, \cdots, x_n) = X'AX$에 대해서

(1) $Q(x_1, x_2, \cdots, x_n)$이 양정부호형식이기 위한 필요충분조건은

$|A_1| > 0,\ |A_2| > 0,\ |A_3| > 0,\ \cdots,\ |A_n| = |A| > 0$

(2) $Q(x_1, x_2, \cdots, x_n)$이 음정부호형식이기 위한 필요충분조건은 주소행렬식의 부호가 $-, +, -, \cdots$와 같이 교대로 변하는 것이다. 즉,

$|A_1| < 0,\ |A_2| > 0,\ |A_3| < 0,\ \cdots$

7.1.3 고유근에 의한 정부호성 판정

2차형식의 정부호성을 판정하는 방법으로 대칭행렬 A의 고유근을 이용하는 방법도 있다.

지금 임의의 $n \times n$대칭행렬을 A라 할 때, $n \times 1$인 벡터 X와 영벡터 0, 그리고 임의의 실수 λ에 대해서

$$AX = \lambda X \tag{7.20}$$

를 생각하면

(1) $X=0$이면 (7.20)식은 성립한다.

(2) $X \neq 0$이면 (7.20)식을 만족하는 λ가 존재할 수도 있고 그렇지 않을 수도 있다. 만약 λ가 존재한다면 이 λ를 A의 고유근(characteristic root) 또는 고유치(characteristic value)라 한다.

한편 (7.20)식으로부터 다음과 같은 행렬 A의 고유방정식(characteristic equation)을 얻을 수 있고

$$|A-\lambda I|=\begin{vmatrix}(a_{11}-\lambda) & a_{12} & \cdots & a_{1n} \\ a_{21} & (a_{22}-\lambda) & \cdots & a_{2n} \\ \vdots & & & \\ a_{n1} & a_{n2} & \cdots & (a_{nn}-\lambda)\end{vmatrix}=0 \qquad (7.21)$$

이 고유방정식의 근이 고유근이 된다. 여기서 I는 단위행렬이다.

고유방정식 (7.21)식은 λ에 관한 n차의 방정식이므로, n개의 해를 가진다. 그러나 경우에 따라서는 중근이 존재한다.

예 1

$A=\begin{pmatrix}3 & 1 \\ 1 & 3\end{pmatrix}$의 고유근을 구하여라.

고유방정식

$$|A-\lambda I|=\begin{vmatrix}(3-\lambda) & 1 \\ 1 & (3-\lambda)\end{vmatrix}=0$$

에서

$$|A-\lambda I| = (3-\lambda)^2 - 1 = (2-\lambda)(4-\lambda) = 0$$

그러므로 $\lambda = 2,\ 4$

예 2

$B=\begin{pmatrix} 2 & 0 & 1 \\ 0 & 1 & 0 \\ 1 & 0 & 3 \end{pmatrix}$의 고유근을 구하여라.

고유방정식

$$|A-\lambda I| = \begin{vmatrix} (2-\lambda) & 0 & 1 \\ 0 & (1-\lambda) & 0 \\ 1 & 0 & (3-\lambda) \end{vmatrix} = 0$$

에서

$$|A-\lambda I| = (2-\lambda)(1-\lambda)(3-\lambda) - (1-\lambda) = 0$$

즉, $(1-\lambda)(\lambda^2 - 5\lambda + 5) = 0$

따라서 $\lambda = 1,\ \dfrac{5+\sqrt{5}}{2},\ \dfrac{5-\sqrt{5}}{2}$이다.

고유근을 이용한 2차형식의 정부호성 판정법에 관해서 다음의 정리가 성립한다.

정리 7.4

2차형식

$Q(x_1,\ x_2,\ \cdots,\ x_n) = X'AX$

에 대해서

(1) Q가 양정부호이기 위한 필요충분조건은 대칭행렬 A의 고유근이

모두 양수인 때이다.

(2) Q가 음정부호이기 위한 필요충분조건은 대칭행렬 A의 고유근이 모두 음수인 때이다.

예 3

2차형식

$$Q(x_1,\, x_2) = 3x_1^{\,2} + 2x_1x_2 + 3x_2^{\,2}$$
$$= (x_1\ x_2)\begin{pmatrix} 3 & 1 \\ 1 & 3 \end{pmatrix}\begin{pmatrix} x_1 \\ x_2 \end{pmatrix}$$

에서 대칭행렬 $A = \begin{pmatrix} 3 & 1 \\ 1 & 3 \end{pmatrix}$의 고유근이 $\lambda = 2, 4$이었다(예 1).

한편,

$$|A_1| = 3 > 0, \quad |A_2| = \begin{vmatrix} 3 & 1 \\ 1 & 3 \end{vmatrix} = 8 > 0$$

이므로 양정부호이며, 같은 결론을 얻는다.

예 4

2차형식

$$Q(x_1,\, x_2,\, \cdots,\, x_n) = 2x_1^{\,2} + x_2^{\,2} + 3x_3^{\,2} + 2x_1x_3$$
$$= (x_1\ x_2\ x_3)\begin{pmatrix} 2 & 0 & 1 \\ 0 & 1 & 0 \\ 1 & 0 & 3 \end{pmatrix}\begin{pmatrix} x_1 \\ x_2 \\ x_3 \end{pmatrix}$$

에서 대칭행렬 $A = \begin{pmatrix} 2 & 0 & 1 \\ 0 & 1 & 0 \\ 1 & 0 & 3 \end{pmatrix}$의 고유근이

$1,\ \dfrac{5+\sqrt{5}}{2},\ \dfrac{5-\sqrt{5}}{2}$이었다(예 2).

한편, $|A_1| = 2 > 0$, $|A_2| = \begin{vmatrix} 2 & 0 \\ 0 & 1 \end{vmatrix} = 2 > 0$, $|A_3| = \begin{vmatrix} 2 & 0 & 1 \\ 0 & 1 & 0 \\ 1 & 0 & 3 \end{vmatrix} = 5 > 0$

이므로 양정부호이며, 같은 결론을 얻는다.

예 5

2차형식

$$Q(x_1, x_2) = -3x_1^2 + 4x_1x_2 - 3x_2^2$$
$$= (x_1\ x_2)\begin{pmatrix} -3 & 2 \\ 2 & -3 \end{pmatrix}\begin{pmatrix} x_1 \\ x_2 \end{pmatrix}$$

에서 대칭행렬 $A = \begin{pmatrix} -3 & 2 \\ 2 & -3 \end{pmatrix}$의 고유근은

$$|A - \lambda I| = \begin{vmatrix} (-3-\lambda) & 2 \\ 2 & (-3-\lambda) \end{vmatrix} = (-3-\lambda)^2 - 2^2 = (\lambda+1)(\lambda+5) = 0$$

그러므로 고유근은 $\lambda = -1, -5$이다.

한편 $|A_1| = -3 < 0$, $|A_2| = \begin{vmatrix} -3 & 2 \\ 2 & -3 \end{vmatrix} = 5 > 0$

이므로 음정부호이며, 같은 결론을 얻는다.

연습문제 7.1 Exercise

[1] 다음의 두 변수의 2차형식은 양정부호형식인가 음정부호형식인가?

(1) $Q(x_1, x_2) = 4x_1^2 + 4x_1x_2 + 7x_2^2$

(2) $Q(x_1, x_2) = x_1^2 + 4x_1x_2 + x_2^2$

(3) $Q(x_1, x_2) = -2x_1^2 + 2x_1x_2 - x_2^2$

(4) $Q(x_1, x_2) = 3x_1^2 + 4x_2^2$

[2] 다음의 세 변수의 2차형식은 양정부호형식인가 음정부호형식인가?

(1) $Q(x, y, z) = x^2 + 2y^2 + z^2 + 2xy + xz$

(2) $Q(x_1, x_2, x_3) = 2{x_1}^2 + 2x_1x_2 + 2{x_2}^2 + 2{x_3}^2$

(3) $Q(x, y, z) = -3x^2 - 2y^2 - z^2 - 2xy - 2yz - 2xz$

(4) $Q(x_1, x_2, x_3) = 5{x_1}^2 + {x_2}^2 + {x_3}^2 + 4x_1x_2 + 2x_1x_3$

[3] 다음의 대칭행렬에서 고유근을 구하여라.

(1) $A = \begin{pmatrix} 4 & 2 \\ 2 & 7 \end{pmatrix}$ (2) $B = \begin{pmatrix} -2 & 1 \\ 1 & -1 \end{pmatrix}$

(3) $C = \begin{pmatrix} 1 & 2 \\ 2 & 1 \end{pmatrix}$ (4) $D = \begin{pmatrix} 2 & 0 & 1 \\ 0 & 1 & 0 \\ 1 & 0 & 2 \end{pmatrix}$

(5) $E = \begin{pmatrix} 2 & 1 & 0 \\ 1 & 2 & 0 \\ 0 & 0 & 2 \end{pmatrix}$ (6) $F = \begin{pmatrix} 5 & 2 & 1 \\ 2 & 1 & 0 \\ 1 & 0 & 1 \end{pmatrix}$

7.2 2변수함수의 극대와 극소

7.2.1 도함수조건과 미분조건

제6장에서 1변수함수의 극치문제를 다룰 때 우리는 도함수를 이용하여 설명하였다. 다변수함수의 극치문제를 다룰 때는 미분을 이용하는 편이 보다 일반적이므로, 도함수조건과 미분조건이 어떻게 관련이 있는가를 알아보기로 한다.

먼저 미분을 이용하여 극치이기 위한 1계조건을 살펴보기로 한다.

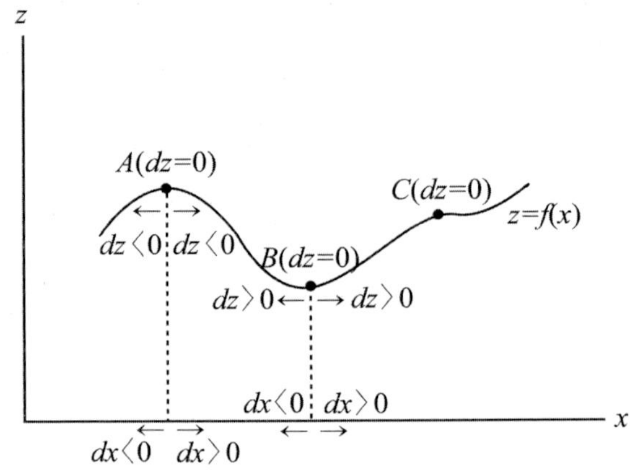

〈그림 7.1〉

<그림 7.1>에는 1변수함수 $z=f(x)$가 그려져 있다. A점은 극대점이고 B점은 극소점, 그리고 C점은 변곡점이다.

dz는 z가 미세하게 변하는 것을 나타내는데, A점과 B점에서는 순간적으로 $dz=0$가 성립된다. 이 조건은 극치이기 위한 1계조건(필요조건)이 된다. 이것이 충분조건이 되지 못하는 까닭은 변곡점을 나타내는 C점에서도 $dz=0$가 성립하기 때문이다. 이 미분조건은 도함수를 이용한 1계조건인 $f'(x)=0$와 같다.

이제 $z=f(x)$의 미분을 구해 보면

$$dz=f'(x)dx \tag{7.22}$$

가 되는 것을 제5장에서 보았다. dx는 x의 미세한 변화를 의미하며, (7.22)식에서 x가 미세하게 변할 때(즉, $dx \neq 0$일 때) dz가 0이 되기 위해서는 $f'(x)=0$이 되어야 한다. 따라서 $dz=0$와 $f'(x)=0$는 동치이다. 즉,

$$dx \neq 0 \text{일 때 } dz = 0 \quad \Leftrightarrow \quad f'(x) = 0 \tag{7.23}$$

다음으로 극치이기 위한 2계조건(충분조건)을 살펴보기로 한다. <그림 7.1>의 극대점 A에서는 곡선을 따라서 왼쪽으로 이동하거나($dx < 0$) 또는 오른쪽으로 이동하거나($dx > 0$) 미세하게 변하면 함수값이 감소하게 되는데, 이것은 A점에서는 $dz = 0$이나 A점의 양쪽에 있는 점에서는 dz가 감소하는 것을 의미한다. 즉 dz의 변화가 0보다 작다는 것이다. 다시 말하면 극대점 A에서는 다음 조건이 성립한다.

$$d(dz) = d^2z < 0 \tag{7.24}$$

이와는 반대로 극소점 B에 있어서는 다음 조건이 성립한다.

$$d(dz) = d^2z > 0 \tag{7.25}$$

한편, $z = f(x)$일 때 z에 대한 2계전미분은 다음과 같이 되는 것을 제5장에서 본 바와 같다.

$$\begin{aligned} d^2z &= d(dz) = d[f'(x)dx] \\ &= d[f'(x)]dx \\ &= [f''(x)dx]dx \\ &= f''(x)dx^2 \end{aligned} \tag{7.26}$$

1계조건에서 dz와 $f'(x)$가 관계가 있듯이 2계조건에서는 d^2z와 $f''(x)$가 관계가 있음을 (7.26)식은 보여 주고 있다. 즉, $dx \neq 0$일 때 dx의 제곱인 dx^2은 항상 양수이므로, 극대일 때는

$$d^2z < 0 \quad \Leftrightarrow \quad f''(x) < 0 \tag{7.27}$$

이고, 극소일 때는

$$d^2z > 0 \quad \Leftrightarrow \quad f''(x) > 0 \tag{7.28}$$

의 조건이 성립하는 것이다. 이와 같은 사실을 정리하면 다음 표와 같다.

함수 $z=f(x)$	극치조건		도함수조건	미분조건
$dz=f'(x)dx$	1계조건(필요조건)		$f'(x)=0$	$dz=0$
$d^2z=f''(x)dx^2$	2계조건(충분조건)	극대	$f''(x)<0$	$d^2z<0$
$(dx \neq 0)$		극소	$f''(x)>0$	$d^2z>0$

〈표 7.1〉

7.2.2 2변수함수의 극치

1변수함수에서의 미분조건은 다변수함수에서도 그대로 적용된다. 먼저 2변수함수의 경우를 살펴보기로 한다.

2변수함수 $z=f(x,\ y)$의 그래프는 <그림 7.2>에서와 같이 3차원공간에서 곡면으로 표현되며, 극치는 곡면의 정상이나 바닥에서 나타난다. <그림 7.2>의 (a)에서의 A점은 극대점을 나타내고 있고, (b)의 B점은 극소점을 나타내고 있다.

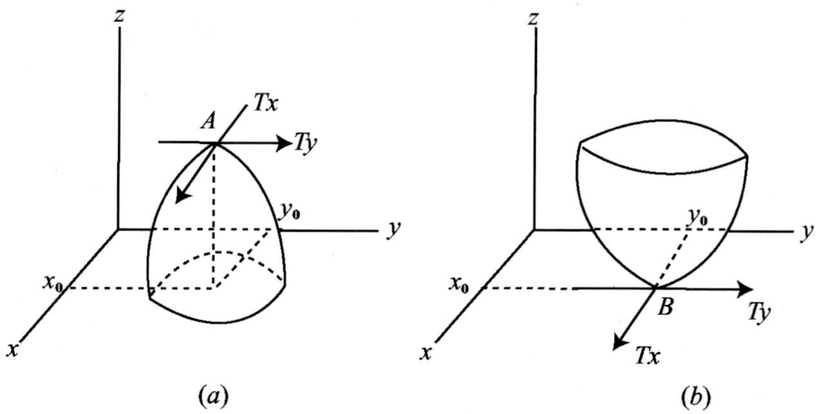

〈그림 7.2〉

함수 $z=f(x,y)$의 전미분은

$$dz = f_x dx + f_y dy \tag{7.29}$$

이고, 1계조건을 만족하기 위해서는 동시에 0이 아닌 dx, dy에 대해 $dz=0$이어야 한다. 따라서 2변수의 경우 1계조건은 다음과 같다.

$$f_x = f_y = 0 \quad \text{또는} \quad \frac{\partial z}{\partial x} = \frac{\partial z}{\partial y} = 0 \tag{7.30}$$

1계조건인 $f_x = f_y = 0$을 만족하는 점 (x_0, y_0)에서 $f(x_0, y_0)$가 반드시 극값이 되는 것은 아니나, 극값이 존재한다면 이 점에서 존재하게 될 것이다.

이 조건은 <그림 7.2>에서 확인할 수 있다. <그림 7.2>의 (a)에서의 극대점 A에서 $f_x=0$이 되는 것은, y를 일정하게 유지하였을 때 x가 변함에 따라 xz평면에 평행으로 그려진 접선의 기울기 T_x가 수평이 된다는 것을 의미한다. 동시에 이 점에서 $f_y=0$이 되는 것은, x를 일정하게 유지하였을 때 y가 변함에 따라 yz평면에 평행으로 그려진 접선의 기울기 T_y가 수평이 된다는 것을 의미한다. 이 조건은 (b)에서의 극소점 B에서도 적용되는 것을 알 수 있다.

지금 논의한 1계조건은 극값을 위한 필요조건이지만 충분조건은 아니다. 왜냐하면 이 조건이 성립하여도 극값을 가지지 않는 경우가 있기 때문이다.

<그림 7.3>의 C점은 T_x와 T_y의 기울기가 모두 0이지만 극치가 아니다. 왜냐하면 T_x의 조건에서 보면 극대이지만 T_y의 조건에서 보면 극소이기 때문이다. 이 점을 안장점(saddle point)이라 한다.

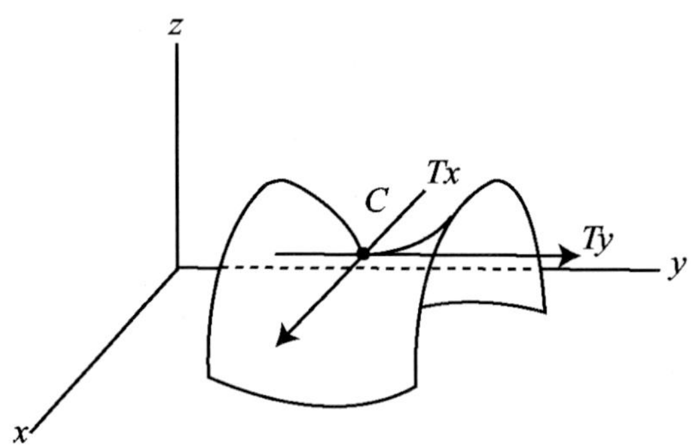

〈그림 7.3〉

다음으로 $z = f(x,\ y)$의 극치이기 위한 2계조건을 구하여 보기로 한다. 제5장의 5.2.3에서 살펴본 바와 같이 전미분 dz도 x와 y의 함수이므로 2계전미분은 다음과 같이 나타낼 수 있다.

$$d^2z = d(dz) = \frac{\partial(dz)}{\partial x}dx + \frac{\partial(dz)}{dy}dy$$

$$= \frac{\partial}{\partial x}(f_x dx + f_y dy) + \frac{\partial}{\partial y}(f_x dx + f_y dy)dy$$

$$= (f_{xx}dx + f_{yx}dy)dx + (f_{xy}dx + f_{yy}dy)dy$$
$$= f_{xx}dx^2 + 2f_{xy}dxdy + f_{yy}dy^2 \qquad (f_{xy} = f_{yx}) \quad (7.31)$$

여기서 1계조건을 만족하는 점$(x_0,\ y_0)$에서 극대이기 위해서는 1변수함수에서와 같이 d^2z가 음이라는 조건$(d^2z < 0)$이 성립해야 되고, 극소이기 위해서는 d^2z가 양이라는 조건$(d^2z > 0)$이 성립해야 된다. 그런데 2계전미분 d^2z는 (7.31)식에서 보는 봐와 같이 dx, dy의 2차형식이므로 이것을 (7.32)식으로 다시 나타낼 수 있다.

$$d^2z = (dx\ dy)\begin{pmatrix} f_{xx} & f_{xy} \\ f_{yx} & f_{yy} \end{pmatrix}\begin{pmatrix} dx \\ dy \end{pmatrix} \qquad (7.32)$$

여기서 2계편도함수로 구성된 대칭행렬을 헷세행렬(Hessian matrix)이라 하고, H로 나타내면

$$H = \begin{pmatrix} f_{xx} & f_{xy} \\ f_{yx} & f_{yy} \end{pmatrix} \qquad (7.33)$$

이 되며, 이 행렬의 행렬식 $|H|$를 헷세행렬식(Hessian)이라고 한다. 헷세행렬식의 1차 및 2차의 주소행렬식 $|H_1|$과 $|H_2|$는 각각 다음과 같다.

$$|H_1| = f_{xx}, \quad |H_2| = \begin{vmatrix} f_{xx} & f_{xy} \\ f_{yx} & f_{yy} \end{vmatrix} = f_{xx}f_{yy} - f_{xy}^{\ 2} \qquad (7.34)$$

그러므로 $f(x_0,\ y_0)$가 극대값이 되기 위한 조건은 d^2z가 음정부호가 되어야 하므로

$$d^2z < 0 \ \Rightarrow\ |H_1| = f_{xx} < 0,\ |H_2| = f_{xx}f_{yy} - f_{xy}^{\ 2} > 0 \qquad (7.35)$$

이고, $f(x_0, y_0)$가 극소값이 되기 위한 조건은 d^2z가 양정부호가 되어야 하므로

$$d^2z > 0 \ \Rightarrow \ |H_1| = f_{xx} > 0, \ |H_2| = f_{xx}f_{yy} - f_{xy}^{\ 2} > 0 \qquad (7.36)$$

이다. 만약 d^2z가 음정부호도 아니고 양정부호도 아니면, $f(x_0 , y_0)$는 극대값도 극소값도 아니고 안장점의 경우가 된다.

이상의 결과를 정리하면 다음의 정리가 성립한다.

정리 7.5

2변수함수 $z = f(x, \ y)$에서

$|H| = \begin{vmatrix} f_{xx} & f_{xy} \\ f_{yx} & f_{yy} \end{vmatrix}$이고, $|H_1| = f_{xx}$, $|H_2| = f_{xx}f_{yy} - f_{xy}^{\ 2}$라 하면,

(1) 극값을 가질 1계조건(필요조건)은

점 (x_0, y_0)에서 $f_x(x_0, y_0) = 0$, $f_y(x_0, y_0) = 0$일 때이다.

(2) 2계조건(충분조건)은

(a) $|H_1| = f_{xx} < 0$, $|H_2| = f_{xx}f_{yy} - f_{xy}^{\ 2} > 0$이면,

$f(x_0, y_0)$는 극대값이다.

(b) $|H_1| = f_{xx} > 0$, $|H_2| = f_{xx}f_{yy} - f_{xy}^{\ 2} > 0$이면,

$f(x_0, y_0)$는 극소값이다.

예 1

$z = f(x, \ y) = 6x^2 - 9x - 3xy - 7y + 5y^2$의 극치를 구하고 극대인지 극소인지를 결정하라.

(a) 1계편도함수를 구하여 0으로 놓고

$f_x = 12x - 9 - 3y = 0$

$f_y = -3x - 7 + 10y = 0$

연립방정식을 풀어 $\bar{x} = 1$, $\bar{y} = 1$의 해를 구한다.

(b) 2계편도함수를 구하여 헷세행렬식을 구한다.

$f_{xx} = 12 \quad f_{xy} = -3 \quad f_{yy} = 10$

따라서

$|H| = \begin{vmatrix} 12 & -3 \\ -3 & 10 \end{vmatrix}$, $|H_1| = 12 > 0$, $|H_2| = |H| = 111 > 0$

이 결과는 d^2z가 양정부호이므로 극소가 된다.

(c) 이 함수는 $(x, y) = (1, 1)$에서 극소값 $f(1, 1) = -8$을 갖는다.

예 2

$z = f(x, y) = 60x + 34y - 4xy - 6x^2 - 3y^2 + 2$의 극치를 구하고 극대인지 극소인지를 결정하라.

(a) 1계편도함수를 구하여 0으로 놓고

$f_x = 60 - 4y - 12x = 0$

$f_y = 34 - 4x - 6y = 0$

연립방정식을 풀어 $\bar{x} = 4$, $\bar{y} = 3$의 해를 구한다.

(b) 2계편도함수를 구하여 헷세행렬식을 구한다.

$f_{xx} = -12 \quad f_{xy} = -4 \quad f_{yy} = -6$

따라서

$|H| = \begin{vmatrix} -12 & -4 \\ -4 & -6 \end{vmatrix}, \quad |H_1| = -12 < 0, \quad |H_2| = |H| = 56 > 0$

이 결과는 d^2z가 음정부호이므로 극대가 된다.

(c) 이 함수는 $(x, y) = (4, 3)$에서 극대값 $f(4, 3) = 173$을 갖는다.

예 3

$z = f(x, y) = 8x + 6y - 2x^2 + 12xy - 12y^2$의 극치를 구하고 극대인지 극소인지를 결정하라.

(a) 1계편도함수를 구하여 0으로 놓고

$f_x = 8 - 4x + 12y = 0$
$f_y = 6 + 12x - 24y = 0$

연립방정식을 풀어 $\bar{x} = -5.5$, $\bar{y} = -2.5$의 해를 구한다.

(b) 2계편도함수를 구하여 헷세행렬식을 구한다.

$f_{xx} = -4 \quad f_{xy} = 12 \quad f_{yy} = -24$

따라서

$|H| = \begin{vmatrix} -4 & 12 \\ 12 & -24 \end{vmatrix}, \quad |H_1| = -4 < 0, \quad |H_2| = |H| = -48 < 0$

이 결과는 d^2z가 정부호성이 아니므로 극값을 결정할 수 없다.

(c) 이 함수는 $(x, y) = (-5.5, -2.5)$에서 변곡점이다.

연습문제 7.2 Exercise

다음 함수의 극치를 구하고 극대인지 극소인지를 결정하라.

[1] $z = 3x^2 + 2y^2 - xy - 4x - 7y$

[2] $z = 5x^2 - 34x + 4xy - 2y^2 + 6y$

[3] $z = 9x - 3x^2 + 6xy - 8y^2 + 11y$

[4] $z = x^2 + y^2 + 2$

[5] $z = 2x + y - x^2 - xy - y^2$

[6] $z = 4x^2 - xy + y^2 - 5y$

7.3 다변수함수의 극대와 극소

7.3.1 3변수함수의 극대와 극소

3개의 독립변수로 구성된 함수

$$z = f(x_1, x_2, x_3) \tag{7.37}$$

의 극치문제를 살펴보기로 하자.

이 함수가 1계편도함수 f_1, f_2, f_3와 2계편도함수 $f_{ij}(i,\ j = 1,\ 2,\ 3)$를 갖는다고 하면, z가 극대 또는 극소이기 위해서는 동시에 0이 아닌 임의의 dx_1, dx_2, dx_3에 대해 $dz = 0$이 필요하다. 전미분 dz는

$$dz = f_1 dx_1 + f_2 dx_2 + f_3 dx_3 \tag{7.38}$$

이고 독립변수들의 미세한 변화를 나타내는 dx_1, dx_2, dx_3가 동시에 0이 아니면 $dz=0$이 되기 위해서는 다음의 조건

$$f_1 = f_2 = f_3 = 0 \tag{7.39}$$

을 만족해야만 한다. 이 조건이 3변수함수에서의 극치이기 위한 1계조건(필요조건)이다. 이 1계조건을 만족하는 점(x_{10}, x_{20}, x_{30})에서 정상치 $f(x_{10}, x_{20}, x_{30})$의 극치문제는 d^2z의 정부호성의 판정에 의하여 결정되며, $d^2z<0$이면 극대값을, $d^2z>0$이면 극소값을 갖게 된다.

3변수함수의 2계전미분 d^2z는 다음과 같이 구할 수 있다. 이 과정에서 2변수함수의 2계전미분을 구하는 (7.31)식에서와 같이 편도함수 f_1, f_2, f_3도 x_1, x_2, x_3의 함수이므로 dz도 x_1, x_2, x_3의 함수가 되며, 미분 dx_i는 상수로 취급된다.

$$\begin{aligned}
d^2z = d(dz) &= \frac{\partial(dz)}{\partial x_1}dx_1 + \frac{\partial(dz)}{\partial x_2}dx_2 + \frac{\partial(dz)}{\partial x_3}dx_3 \\
&= \frac{\partial}{\partial x_1}(f_1dx_1 + f_2dx_2 + f_3dx_3)dx_1 \\
&\quad + \frac{\partial}{\partial x_2}(f_1dx_1 + f_2dx_2 + f_3dx_3)dx_2 \\
&\quad + \frac{\partial}{\partial x_3}(f_1dx_1 + f_2dx_2 + f_3dx_3)dx_3 \\
&= f_{11}dx_1^{\;2} + f_{12}dx_1dx_2 + f_{13}dx_1dx_3 \\
&\quad + f_{21}dx_2dx_1 + f_{22}dx_2^{\;2} + f_{23}dx_2dx_3 \\
&\quad + f_{31}dx_3dx_1 + f_{32}dx_3dx_2 + f_{33}dx_3^{\;2}
\end{aligned} \tag{7.40}$$

이 식은 dx_1, dx_2, dx_3에 관한 2차형식이기 때문에 다음과 같이 나타

낼 수 있다.

$$d^2z = \begin{pmatrix} dx_1 & dx_2 & dx_3 \end{pmatrix} \begin{pmatrix} f_{11} & f_{12} & f_{13} \\ f_{21} & f_{22} & f_{23} \\ f_{31} & f_{32} & f_{33} \end{pmatrix} \begin{pmatrix} dx_1 \\ dx_2 \\ dx_3 \end{pmatrix} \tag{7.41}$$

d^2z가 양정부호인지 음정부호인지는 편도함수 f_{ij}로 구성된 대칭행렬인 헷세행렬식

$$|H| = \begin{vmatrix} f_{11} & f_{12} & f_{13} \\ f_{21} & f_{22} & f_{23} \\ f_{31} & f_{32} & f_{33} \end{vmatrix} \tag{7.42}$$

의 주소행렬식에 의하여 판정된다. 여기서 1계주소행렬식을 $|H_1|$, 2계주소행렬식을 $|H_2|$, 3계주소행렬식을 $|H_3|$라 하면

$$|H_1| = f_{11}, \quad |H_2| = \begin{vmatrix} f_{11} & f_{12} \\ f_{21} & f_{22} \end{vmatrix}, \quad |H_3| = |H| \tag{7.43}$$

그러면 정상치 $f(x_{10}, x_{20}, x_{30})$가 극대값이기 위해서는 d^2z가 음정부호이어야 하므로,

$$\begin{aligned} d^2z < 0 \ \text{(극대)} \quad \Rightarrow \quad & |H_1| = f_{11} < 0,\ |H_2| = f_{11}f_{22} - {f_{12}}^2 > 0, \\ & |H_3| = |H| < 0 \end{aligned} \tag{7.44}$$

이고, $f(x_{10}, x_{20}, x_{30})$가 극소값이기 위해서는 d^2z가 양정부호이어야 하므로

$$d^2z > 0 \ \text{(극소)} \quad \Rightarrow \quad |H_1| = f_{11} > 0,\ |H_2| = f_{11}f_{22} - f_{12}^{\ 2} > 0,$$
$$|H_3| = |H| > 0 \qquad (7.45)$$

이다. 이상의 결과로부터 다음 정리가 성립한다.

정리 7.6

3변수함수 $z = f(x_1,\ x_2,\ x_3)$에서

$$|H| = \begin{vmatrix} f_{11} & f_{12} & f_{13} \\ f_{21} & f_{22} & f_{23} \\ f_{31} & f_{32} & f_{33} \end{vmatrix} \text{ 이고, } |H_1| = f_{11}, \quad |H_2| = \begin{vmatrix} f_{11} & f_{12} \\ f_{21} & f_{22} \end{vmatrix}, \quad |H_3| = |H|$$

라 하면,

(1) 극값을 가질 1계조건(필요조건)은

점 $(x_{10},\ x_{20},\ x_{30})$에서

$f_1(x_{10},\ x_{20},\ x_{30}) = 0, \qquad f_2(x_{10},\ x_{20},\ x_{30}) = 0,$

$f_3(x_{10},\ x_{20},\ x_{30}) = 0$ 일 때이다.

(2) 2계조건(충분조건)은

(a) $|H_1| < 0,\ |H_2| > 0,\ |H_3| < 0$이면 $f(x_{10},\ x_{20},\ x_{30})$는 극대값이다.

(b) $|H_1| > 0,\ |H_2| > 0,\ |H_3| > 0$이면 $f(x_{10},\ x_{20},\ x_{30})$는 극소값이다.

예 1

다음 함수의 극치를 구하고 극대인지 극소인지를 결정하라.

$$z = f(x_1,\ x_2,\ x_3) = x_1^{\ 2} + x_1x_3 + 4x_2^{\ 2} + x_2x_3 + 2x_3^{\ 2} - 5$$

(a) 1계편도함수를 구하여 0으로 두고 해를 구한다.

$f_1 = 2x_1 \qquad + x_3 = 0$

$f_2 = \qquad 8x_2 + x_3 = 0$

$f_3 = x_1 + x_2 + 4x_3 = 0$

이 방정식은 동차1차연립방정식이다. 그런데 계수행렬의 행렬식이

$|A| = 54 \neq 0$이므로 $\overline{x_1} = 0,\ \overline{x_2} = 0,\ \overline{x_3} = 0$

(b) 2계편도함수를 구하면

$f_{11} = 2 \quad f_{12} = 0 \quad f_{13} = 1$

$f_{22} = 8 \quad f_{23} = 1$

$f_{33} = 4$

그러므로

$$|H| = \begin{vmatrix} 2 & 0 & 1 \\ 0 & 8 & 1 \\ 1 & 1 & 4 \end{vmatrix},\ |H_1| = 2 > 0,\ |H_2| = \begin{vmatrix} 2 & 0 \\ 0 & 8 \end{vmatrix} = 16 > 0,$$

$|H_3| = |H| = 54 > 0$

따라서 양정부호이므로 극소가 된다.

(c) $(\overline{x_1},\ \overline{x_2},\ \overline{x_3}) = (0,\ 0,\ 0)$에서 $f(0,\ 0,\ 0) = -5$의 극소값을 갖는다.

예 2

다음 함수의 극치를 구하고 극대인지 극소인지를 결정하라.

$z = f(x_1,\ x_2,\ x_3) = 10 - (x_1^2 + x_2^2 + x_3^2)$

(a) 1계편도함수를 구하여 0으로 두고 해를 구한다.

$f_1 = -2x_1 = 0$

$f_2 = -2x_2 = 0$

$f_3 = -2x_3 = 0$

그러므로 $\overline{x_1} = 0,\ \overline{x_2} = 0,\ \overline{x_3} = 0$

(b) 2계편도함수를 구하면

$$f_{11} = -2 \quad f_{12} = 0 \quad f_{13} = 0$$
$$f_{22} = -2 \quad f_{23} = 0$$
$$f_{33} = -2$$

그러므로

$$|H| = \begin{vmatrix} -2 & 0 & 0 \\ 0 & -2 & 1 \\ 0 & 0 & -2 \end{vmatrix}, \ |H_1| = -2 < 0, \ |H_2| = \begin{vmatrix} -2 & 0 \\ 0 & -2 \end{vmatrix} = 4 > 0,$$

$$|H_3| = |H| = -8 < 0$$

따라서 음정부호이므로 극대가 된다.

(c) $(\overline{x_1}, \overline{x_2}, \overline{x_3}) = (0, 0, 0)$에서 $f(0, 0, 0) = 10$의 극대값을 갖는다.

예 3

다음 함수의 극치와 극대인지 극소인지를 결정하라.

$$u = f(x, y, z) = -3x^2 + 3xz + 2y - y^2 - z^3$$

(a) 1계편도함수를 구하여 0으로 두고 해를 구한다.

$$f_x = -6x + 3z = 0$$
$$f_y = 2 - 2y = 0$$
$$f_z = 3x - 3z^2 = 0$$

이 방정식을 풀면 2조의 해를 얻는다.

$$\overline{x} = 0, \ \overline{y} = 1, \ \overline{z} = 0 \text{와} \quad \overline{x} = \frac{1}{4}, \ \overline{y} = 1, \ \overline{z} = \frac{1}{2}$$

(b) 2계편도함수를 구하면

$$f_{xx} = -6 \quad f_{xy} = 0 \quad f_{xz} = 3$$

$$f_{yy} = -2 \quad f_{yz} = 0$$
$$f_{zz} = -6z$$

그러므로 다음의 헷세행렬식을 얻는다.

$$|H| = \begin{vmatrix} -6 & 0 & 3 \\ 0 & -2 & 0 \\ 3 & 0 & -6z \end{vmatrix}$$

(c) $(\frac{1}{4},\ 1,\ \frac{1}{2})$에서는

$|H_1| = -6 < 0,\ |H_2| = 12 > 0,\ |H_3| = |H| = -18 < 0$

따라서 음정부호이므로, 극대값 $f(\frac{1}{4},\ 1,\ \frac{1}{2}) = \frac{39}{64}$를 얻는다.

(d) $(0, 1, 0)$에서는

$|H_1| = -6 < 0, |H_2| = 12 > 0, |H_3| = 18 > 0$

이므로, 이것은 2계조건을 충족시키지 못하므로 극치인지를 판정할 수 없다.

7.3.2 n변수함수의 극대와 극소

n개의 변수로 구성된 목적함수에 대해 극치조건을 살펴보기로 하자.

$$z = f(x_1, x_2, \cdots, x_n) \tag{7.46}$$

이것의 전미분 dz는

$$dz = f_1 dx_1 + f_2 dx_2 + \cdots + f_n dx_n \tag{7.47}$$

이기 때문에 극치이기 위한 1계조건(필요조건)은 다음과 같다.

$$f_1 = f_2 = \cdots = f_n = 0 \tag{7.48}$$

1계조건을 만족하는 정상치 $f(x_{10}, x_{20}, \cdots, x_{n0})$가 극대값인지 극소값인지의 판정은 d^2z의 정부호성 판정에 의해서 결정된다. d^2z에 의해서 도출된 2계편도함수들의 헷세행렬식

$$|H| = \begin{vmatrix} f_{11} & f_{12} & \cdots & f_{1n} \\ f_{21} & f_{22} & \cdots & f_{2n} \\ \vdots & & & \\ f_{n1} & f_{n2} & \cdots & f_{nn} \end{vmatrix}$$

에서, 이미 정의된 바가 있는 주소행렬식 $|H_1|$, $H_2|$, $\cdots$, $|H_n|$을 얻을 수 있으며, 이것들로부터 다음의 정리가 성립한다.

정리 7.7

n개의 변수로 구성된 함수

$z = f(x_1, x_2, \cdots, x_n)$에서

$$|H| = \begin{vmatrix} f_{11} & f_{12} & \cdots & f_{1n} \\ f_{21} & f_{22} & \cdots & f_{2n} \\ \vdots & & & \\ f_{n1} & f_{n2} & \cdots & f_{nn} \end{vmatrix}$$

이라 하고

$|H_1|$, $|H_2|$, $\cdots$, $|H_n|$

을 $|H|$의 주소행렬식들이라고 하자.

(1) 극값을 가질 1계조건(필요조건)은

점 $(x_{10}, x_{20}, \cdots, x_{n0})$에서

$$f_1(x_1, x_2, \cdots, x_n) = 0$$
$$f_2(x_1, x_2, \cdots, x_n) = 0$$
$$\cdots\cdots\cdots\cdots\cdots\cdots$$
$$f_n(x_1, x_2, \cdots, x_n) = 0$$

일 때이다.

(2) 2계조건(충분조건)은

(a) $|H_1| < 0$, $|H_2| > 0$, $|H_3| < 0$, $\cdots$ 와 같이 부호가 교대로 변하면, $f(x_{10}, x_{20}, \cdots, x_{n0})$는 극대값이다.

(b) $|H_1| > 0$, $|H_2| > 0$, $|H_3| > 0$, $\cdots$, $|H_n| > 0$ 이면 $f(x_{10}, x_{20}, \cdots, x_{n0})$는 극소값이다.

연습문제 7.3 Exercise

다음 함수의 극치를 구하고 극대인지 극소인지를 결정하라.

(1) $z = f(x_1, x_2, x_3) = 25 - (2x_1^2 + 3x_2^2 + 4x_3^2)$

(2) $z = f(x_1, x_2, x_3) = 6x_1^2 + 3x_2^2 + x_3^2 + 4x_1x_2 - 3x_2x_3 + 32$

(3) $z = f(x_1, x_2, x_3) = x_1^2 + 2x_2^2 + x_3^2 + x_1x_2 + 2x_2x_3 - 10$

(4) $z = f(x_1, x_2, x_3) = -x_1^2 - 3x_2^2 + 2x_1 + 3x_2x_3 - x_3^3$

7.4 다변수함수 극치문제의 경제 · 경영학에의 응용

다변수함수의 극대와 극소에 대한 응용 예로서 두 재화를 생산하는 완전경쟁기업과 독점기업의 이윤극대화를 살펴보기로 한다.

7.4.1 완전경쟁시장

예 1

완전경쟁시장에서 두 개의 재화 Q_1과 Q_2를 생산하는 기업을 생각해 보자. 두 재화 Q_1과 Q_2의 가격을 각각 P_1과 P_2라 하면, 이 가격은 시장에서 결정된다. 지금 $P_1 = 14$, $P_2 = 26$이라 하면 이 기업의 총수입함수(TR)는

$$TR = TR(Q_1,\ Q_2) = P_1 Q_1 + P_2 Q_2 = 14Q_1 + 26Q_2$$

가 될 것이다.
이 기업의 총비용함수(TC)를 다음과 같다고 가정한다.

$$TC = TC(Q_1,\ Q_2) = 2Q_1^2 + Q_1 Q_2 + 2Q_2^2$$

그러면 이윤함수 π는 다음과 같을 것이다.

$$\pi = \pi(Q_1,\ Q_2) = TR - TC = 14Q_1 + 26Q_2 - 2Q_1^2 - Q_1 Q_2 - 2Q_2^2$$

이때 이윤을 극대화하는 생산량 수준 $\overline{Q_1}$과 $\overline{Q_2}$를 구하고, 이윤이 극대화되는지를 검증하기로 한다.

(a) 이윤함수의 1계편도함수를 구하여 0으로 두고

$$\pi_1 = \frac{\partial \pi}{\partial Q_1} = 14 - 4Q_1 - Q_2 = 0$$

$$\pi_2 = \frac{\partial \pi}{\partial Q_2} = 26 - Q_1 - 4Q_2 = 0$$

연립방정식을 풀면 $\overline{Q_1} = 2$, $\overline{Q_2} = 6$을 얻는다.

(b) 2계편도함수를 구하면

$\pi_{11} = -4 \quad \pi_{12} = -1$

$\qquad\qquad \pi_{22} = -4$

그러므로

$$|H| = \begin{vmatrix} -4 & -1 \\ -1 & -4 \end{vmatrix},\ |H_1| = -4 < 0,\ |H_2| = |H| = 15 > 0$$

따라서 이윤극대화의 2계조건을 만족한다.

(c) $\overline{Q} = 2$, $\overline{Q_2} = 6$을 이윤함수에 대입하여 극대이윤값을 얻는다.

$\pi(2, 6) = 14(2) + 26(6) - 2(2^2) - (2)(6) - 2(6^2) = 92$

7.4.2 독점시장

예 1

완전경쟁기업과는 달리 독점기업의 재화의 가격은 생산량 수준에 따라서 변한다. 지금 두 재화 Q_1과 Q_2를 생산하는 독점기업의 수요곡선이 다음과 같다고 가정하자. 단, P_1과 P_2는 각각 Q_1과 Q_2의 가격이다.

$Q_1 = 25 - 0.5P_1$

$Q_2 = 30 - P_2$

그리고 총비용함수(TC)를

$$TC = Q_1^2 + 2Q_1Q_2 + Q_2^2 + 20$$

이라고 가정할 때 이윤을 극대화하는 생산량 수준 $\overline{Q_1}$과 $\overline{Q_2}$를 구하고 이윤극대화의 조건이 충족되는지를 검토해 보기로 한다.

(a) 총수입함수(TR)는

$$TR = P_1Q_1 + P_2Q_2$$

이므로, 수요곡선으로부터 P_1과 P_2를 구하여 보면

$$P_1 = 50 - 2Q_1$$
$$P_2 = 30 - Q_2$$

이고, 이것을 총수입함수에 대입하면

$$\begin{aligned} TR &= (50 - 2Q_1)Q_1 + (30 - Q_2)Q_2 \\ &= 50Q_1 - 2Q_1^2 + 30Q_2 - Q_2^2 \end{aligned}$$

이다.

(b) 이윤함수 π는

$$\begin{aligned} \pi &= TR - TC \\ &= 50Q_1 - 2Q_1^2 + 30Q_2 - Q_2^2 - Q_1^2 - 2Q_1Q_2 - Q_2^2 - 20 \end{aligned}$$

이다.

(c) 이윤극대화의 1계조건을 구하면

$$\pi_1 = 50 - 6Q_1 - 2Q_2 = 0$$
$$\pi_2 = 30 - 2Q_1 - 4Q_2 = 0$$

이고, 여기에서 $\overline{Q_1} = 7$, $\overline{Q_2} = 4$를 얻는다.

(d) 이윤극대화의 2계조건을 구하면

$$\pi_{11} = -6 \quad \pi_{12} = -2$$
$$\pi_{22} = -4$$

그러므로

$$|H| = \begin{vmatrix} -6 & -2 \\ -2 & -4 \end{vmatrix},\ |H_1| = -6 < 0,\ |H_2| = |H| = 20 > 0$$

따라서 이윤극대화의 2계조건(충분조건)을 만족한다.

(e) 그때의 Q_1과 Q_2의 가격 P_1과 P_2는

$$P_1 = 50 - 2(7) = 36$$
$$P_2 = 30 - (4) = 26$$

이며, 이윤 π의 값은 $\overline{Q_1} = 7$과 $\overline{Q_2} = 4$를 이윤함수에 대입하여 얻는다.

$$\pi(7, 4) = 50(7) - 2(4^2) + 30(4) - (4^2) - (7^2) - 2(7)(4)$$
$$- (4^2) - 20 = 215$$

연습문제 7.4 Exercise

[1] 두 재화 Q_1과 Q_2를 생산하는 어떤 완전경쟁기업의 이윤함수 π가 아래와 같이 주어졌다고 하였을 때

$$\pi = \pi(Q_1,\ Q_2) = 64Q_1 - 2Q_1^2 + 4Q_1Q_2 - 4Q_2^2 + 32Q_2 - 14$$

(1) 이 기업의 이윤극대화를 위한 생산량 Q_1과 Q_2를 구하여라.
(2) 이윤극대화의 조건이 성립하는지를 보여라.
(3) 그때의 이윤은 얼마인가?

[2] 두 재화 Q_1과 Q_2를 생산하는 어떤 완전경쟁기업의 비용함수 TC가 아래와 같이 주어졌다고 하자.

$$TC = TC(Q_1,\ Q_2) = Q_1^2 + 2Q_1Q_2 + 3Q_2^2 + 2$$

그리고 시장에서 Q_1과 Q_2의 가격이 각각 $P_1 = 4$, $P_2 = 8$이라고 할 때 다음 물음에 답하라.

(1) 이 기업의 이윤극대화를 위한 생산량 Q_1과 Q_2를 구하여라.
(2) 이윤극대화의 조건이 성립하는지를 보여라.
(3) 그때의 이윤은 얼마인가?

[3] 두 재화 Q_1과 Q_2를 생산하는 어떤 독점기업은 각각 가격 P_1, P_2와 비용함수 TC가 아래와 같다고 할 때, 다음 물음에 답하라.

$$P_1 = 70 - 2Q_1 - 3Q_2$$

$P_2 = 110 - 3Q_1 - 5Q_2$

$TC = TC(Q_1,\ Q_2) = 2Q_1^2 - 2Q_1Q_2 + Q_2^2 + 37.5$

(1) 이 기업의 이윤극대화를 위한 생산량 Q_1과 Q_2를 구하여라.

(2) 이윤극대화의 조건이 성립하는지를 보여라.

(3) 그때의 이윤은 얼마인가?

(4) 그때의 가격 P_1, P_2는 얼마인가?

[4] 두 재화 Q_1과 Q_2를 생산하는 어떤 기업의 총비용함수(TC)가 아래와 같다고 하였을 때

$TC = 8Q_1^2 + 6Q_2^2 - 2Q_1Q_2 - 40Q_1 - 42Q_2 + 180$

(1) 이 기업의 비용극소화를 위한 생산량 Q_1과 Q_2를 구하여라.

(2) 비용극소화의 조건이 성립하는지를 보여라.

(3) 그때의 총비용은 얼마인가?

제8장 등식제약하의 극대와 극소

8.1 제약조건하의 극치

8.1.1 제약조건의 의미

제7장에서 다변수함수의 극치를 다룰 때 독립변수들은 서로 독립적이었다. 즉, 한 변수에 대한 결정은 다른 변수들의 선택에 아무런 영향을 주지 못한다는 것이다. 예를 들어 두 독립변수로 구성된 $z = f(x, y)$

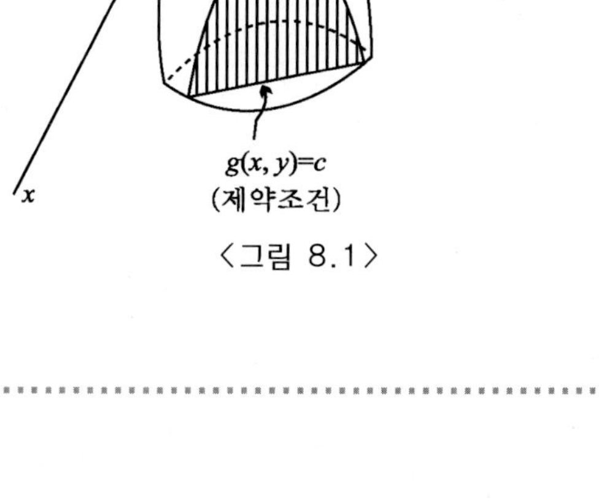

〈그림 8.1〉

의 함수가 <그림 8.1>과 같이 주어졌다고 하였을 때, 독립변수 x와 y가 독립적으로 변한다고 하면 무제약하에서 이 함수는 A점에서 극대가 된다.

그러나 x와 y 사이에 어떤 관계로 주어진 제약조건하에서 극대를 구하면 이는 무제약하의 극대와는 다를 것이다. 지금 그 제약조건이 $g(x, y) = c$로 주어졌다고 하면(c는 상수), 이는 xy평면에 나타낼 수 있고 그 제약조건에 의존하여 z의 극치는 B점에서 극대가 된다. 이 제약조건이 주어지면 x와 y는 독립이 아니고 한 변수, 예를 들어 x가 결정되면 그에 따라서 y가 결정되는 종속관계가 되는 것이다. 수학적으로 보면, 제약은 정의역을 축소시켜서 목적함수의 치역도 축소시키는 역할을 한다.

8.1.2 효용함수의 예

그러면 등식제약하의 극치문제를 효용함수를 예로 들어 간단히 다루어 보기로 한다. 지금 효용함수가 다음과 같이 주어졌다고 하자.

$$u = u(x,\ y) = xy \tag{8.1}$$

x와 y는 x재와 y재의 소비량이다. 여기서 이 효용함수를 사용하여 일정한 효용수준 u^0를 나타내는 무차별곡선(indifference curve)을 구할 수 있다. 이 무차별곡선상의 임의의 점은 같은 효용수준 u^0를 가지면서 x재와 y재의 소비량은 다른 조합을 나타내게 될 것이다.

한편 u^0보다 더 높은 효용수준을 가지는 u^1, u^2 등의 무차별곡선도 구할 수 있다. <그림 8.2>의 (a)는 이들 무차별곡선을 나타낸 것이다. 여기서 소비자에게 아무런 예산상의 제약이 없다고 한다면 소비자는 원점으로부터 멀리 떨어진 더 높은 효용수준을 가진 무차별곡선에서 소비를 하려고 할 것이다.

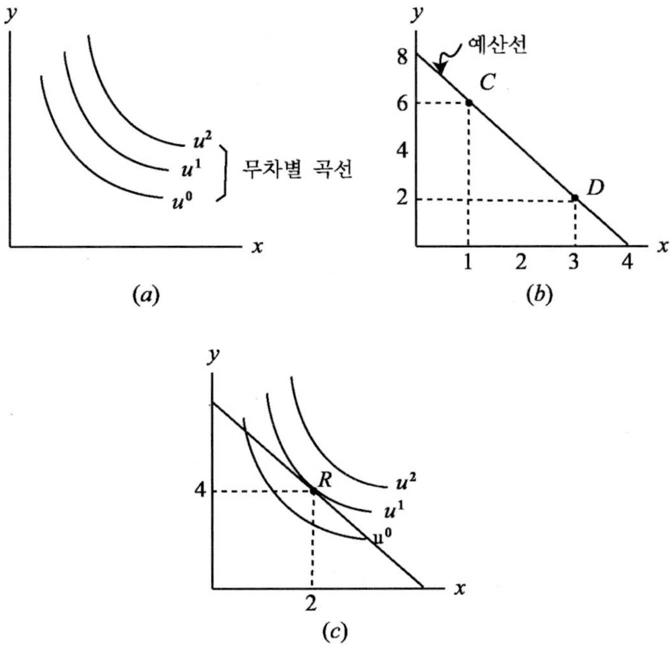

〈그림 8.2〉

지금 소비자에게 그가 사용할 수 있는 예산(M)이 24(화폐단위는 무시하기로 한다)가 있다고 하자. 그리고 x재의 가격(P_x)과 y재의 가격(P_y)이 각각 $P_x = 6$, $P_y = 3$이라고 하자. 그가 전 예산을 두 재화를 구입하는 데 지출한다고 하면 예산제약은 다음과 같이 나타낼 수 있다.

$$M = P_x x + P_y y = 6x + 3y \tag{8.2}$$

이 예산제약식은 다시

$$y = \frac{M}{P_y} - \frac{P_x}{P_y}x = 8 - 2x \qquad (8.3)$$

으로 나타낼 수 있는데, <그림 8.2>의 (*b*)에서 직선의 예산선(budget line)으로 표시되어 있다. 이 예산선 위의 모든 점은 24의 예산을 사용하면서 x재와 y재의 다른 소비량의 조합을 나타내게 될 것이다. 예를 들어 C점은 예산이 24이고 그때 $x = 1,\ y = 6$을 소비할 수 있으며, D점은 예산은 같은 24이면서 $x = 3,\ y = 2$의 소비를 할 수 있는 것이다.

그러면 24의 예산의 제약하에서 소비자는 효용수준을 극대화하려면 어떻게 하여야 되는가?

<그림 8.2>의 (*c*)는 무차별곡선과 예산선을 한 그래프에 나타낸 것이다. 이 그림에 의하면 주어진 예산의 조건하에서 효용을 극대화시키는 점은, 무차별곡선과 예산선이 접하는 R이며, 그때 예산 24를 모두 지출하여 $x = 2,\ y = 4$의 소비를 하고 u^1의 효용 $8(xy = (2)(4) = 8)$을 얻게 된다. 이 24의 예산으로는 더 높은 u^2의 효용을 얻을 수 없다. R이 바로 소비자균형점이며, 이 점에서는 예산선의 기울기와 무차별곡선의 기울기가 같고, 한계효용균등의 법칙이 성립하는 것을 알 수 있다.

8.1.3 목적함수와 제약조건의 결합

위에서 예로 든 예산제약하의 효용함수의 극치문제는 간단한 경우로 제약조건을 목적함수에 대입하여 단일의 함수로 바꾸어서 1변수함수의 극치문제로서 다룰 수 있다.

즉, 제약조건을 y에 관해서 바꾸면 $y=-2x+8$이 되고, 이것을 목적함수에 대입하면 x만의 함수가 된다.

$$u=x(-2x+8)=-2x^2+8x$$

이것은 x에 관한 2차식의 함수이므로, 1변수함수의 극치를 다루는 방법을 이용하여 구할 수 있다.

먼저 1계조건은, $\frac{du}{dx}=-4x+8=0$에서 $\bar{x}=2$를 얻고, 이것을 y식에 대입하여 $\bar{y}=-2(2)+8=4$를 얻는다. 그러면 $\bar{u}=(2)(4)=8$을 구할 수 있다. 이 정상치가 극대인지 극소인지는 2계도함수의 부호를 판정하면 된다. 2계도함수는

$$\frac{d^2u}{dx^2}=-4<0$$

이기 때문에 극대가 되고 정상치 $\bar{u}=8$은 극대값이 된다.

그러나 제약식과 목적함수가 복잡하거나 다변수일 경우, 또는 제약식이 둘 이상일 경우 등에는, 이러한 제약식을 목적함수에 대입하는 간단한 방법을 사용하기가 쉽지 않다. 그러한 경우에는 제약조건하에서 극치문제를 다루는 라그랑지승수법(Lagrange multiplier method)으로 알려진 방법을 사용하여야 한다.

연습문제 8.1 Exercise

[1] 다음의 목적함수와 제약조건에서 제약조건을 목적함수에 대입

하여 극치를 구하여라.

(1) 목적함수 $z = 4x^2 - 2xy + 6y^2$

제약조건 $x + y = 72$

(2) 목적함수 $z = x^2 - y^2 + xy + 5x$

제약조건 $x - 2y = 0$

(3) 목적함수 $z = 8x + 4xy$

제약조건 $x + y = 12$

8.2 라그랑지승수법

8.2.1 라그랑지함수의 설정 : 1계조건

2변수함수 $z = f(x,\ y)$가 $g(x,\ y) = c$라는 제약조건에 의하여 제약을 받는다고 하였을 때 라그랑지함수를 설정하는 방법을 살펴보기로 하자.

지금

$$\begin{aligned} &\text{목적함수} \quad z = f(x,\ y) \\ &\text{제약조건} \quad g(x,\ y) = c \end{aligned} \tag{8.4}$$

일 때, λ를 하나의 변수로 보아 다음과 같은 3변수의 라그랑지함수(Lagrange function) Z를 정의한다.

$$Z = F(\lambda,\ x,\ y) = f(x,\ y) + \lambda[c - g(x,\ y)] \tag{8.5}$$

여기서 λ를 라그랑지승수(Lagrange multiplier)라고 한다.

이 라그랑지함수의 극치이기 위한 1계조건(필요조건)은, 다변수함수에서와 같이 1계편도함수를 0으로 두는 것이다.

$$Z_\lambda = c - g(x,\ y) = 0$$
$$Z_x = f_x - \lambda g_x = 0$$
$$Z_y = f_y - \lambda g_y = 0 \tag{8.6}$$

첫 번째 식에서 Z_λ를 보면 제약조건과 같은 것을 알 수 있다. 즉, 제약조건 자체를 극치이기 위한 1계조건으로 포함함으로써 제약조건의 문제를 해결하였다고 할 수 있다. 그리고 극치에서는 이 식이 성립되기 때문에 λ에 관계없이 라그랑지함수의 $\lambda[c-g(x,\ y)]$ 부분이 0이므로, 목적함수의 극값에는 아무런 영향을 미치지 않고 있다.

예 1

제약조건 $x+y=72$ 아래에서 $z=4x^2-2xy+6y^2$의 1계조건과 극치를 구하여라.

라그랑지함수는

$Z=4x^2-2xy+6y^2+\lambda(72-x-y)$가 되며, 극치이기 위한 1계조건은 다음과 같다.

$$Z_\lambda = 72-x-y=0$$
$$Z_x = 8x-2y-\lambda=0$$
$$Z_y = -2x+12y-\lambda=0$$

이것으로부터 다음의 연립방정식을 얻고

$$\begin{aligned} x + y &= 72 \\ \lambda - 8x + 2y &= 0 \\ \lambda + 2x - 12y &= 0 \end{aligned}$$

계수행렬의 행렬식을 $|A|$라 하고 $|A_1|$, $|A_2|$, $|A_3|$를 구하면 다음과 같다.

$$|A| = \begin{vmatrix} 0 & 1 & 1 \\ 1 & -8 & 2 \\ 1 & 2 & -12 \end{vmatrix} = 24 \qquad |A_1| = \begin{vmatrix} 72 & 1 & 1 \\ 0 & -8 & 2 \\ 1 & 2 & -12 \end{vmatrix} = 6624$$

$$|A_2| = \begin{vmatrix} 0 & 72 & 1 \\ 1 & 0 & 2 \\ 1 & 0 & -12 \end{vmatrix} = 1008 \qquad |A_3| = \begin{vmatrix} 0 & 1 & 72 \\ 1 & -8 & 0 \\ 1 & 2 & 0 \end{vmatrix} = 720$$

크래머의 공식을 이용하여 연립방정식의 해를 구하면,

$$\bar{\lambda} = \frac{|A_1|}{|A|} = \frac{6624}{24} = 276,\ \bar{x} = \frac{|A_2|}{|A|} = \frac{1008}{24} = 42,$$

$$\bar{y} = \frac{|A_3|}{|A|} = \frac{720}{24} = 30$$

이때의 z의 정상치는 다음과 같다.

$\bar{z} = f(42,\ 30) = 4(42)^2 - 2(42)(30) + 6(30)^2 = 9936$

이 정상치가 극대인지 극소인지는 2계조건에서 판정하게 된다.

예 2

제약조건 $x - 2y = 0$ 아래에서 $z = x^2 - y^2 + xy + 5x$의 1계조건과 극치를 구하여라.

라그랑지함수는

$Z = x^2 - y^2 + xy + 5x + \lambda(-x + 2y)$가 되며, 극치이기 위한 1계조건은 다음과 같다.

$$Z_\lambda = -x + 2y = 0$$

$$Z_x = 2x + y + 5 - \lambda = 0$$

$$Z_y = -2y + x + 2\lambda = 0$$

이것으로부터 다음의 연립방정식을 얻고

$$-x+2y=0$$
$$\lambda-2x-y=5$$
$$2\lambda+x-2y=0$$

계수행렬의 행렬식을 $|A|$라 하고 $|A_1|, |A_2|, |A_3|$를 구하면 다음과 같다.

$$|A|=\begin{vmatrix}0 & -1 & 2\\ 1 & -2 & -1\\ 2 & 1 & -2\end{vmatrix}=10 \qquad |A_1|=\begin{vmatrix}0 & -1 & 2\\ 5 & -2 & -1\\ 0 & 1 & -2\end{vmatrix}=0$$

$$|A_2|=\begin{vmatrix}0 & 0 & 2\\ 1 & 5 & -1\\ 2 & 0 & -2\end{vmatrix}=-20 \qquad |A_3|=\begin{vmatrix}0 & -1 & 0\\ 1 & -2 & 5\\ 2 & 1 & 0\end{vmatrix}=-10$$

크래머의 공식을 이용하여 연립방정식의 해를 구하면,

$$\bar{\lambda}=\frac{|A_1|}{|A|}=\frac{0}{10}=0,\ \bar{x}=\frac{|A_2|}{|A|}=\frac{-20}{10}=-2,$$

$$\bar{y}=\frac{|A_3|}{|A|}=\frac{-10}{10}=-1$$

이때의 z의 정상치는 다음과 같다.

$$\bar{z}=f(-2,\ -1)=(-2)^2-(-1)^2+(-2)(-1)+5(-2)=-5$$

이 정상치가 극대인지 극소인지는 2계조건에서 판정하게 된다.

예 3

제약조건 $x+y=12$ 아래에서 $z=8x+4xy$의 1계조건과 극치를 구하여라.

라그랑지함수는

$Z=8x+4xy+\lambda(12-x-y)$가 되며, 극치이기 위한 1계조건은 다음과 같다.

$$Z_\lambda=12-x-y=0$$

$Z_x = 8 + 4y - \lambda = 0$

$Z_y = 4x - \lambda = 0$

이것으로부터 다음의 연립방정식을 얻고

$$\begin{aligned} x + \quad y &= 12 \\ \lambda \qquad - 4y &= 8 \\ \lambda - 4x \qquad &= 0 \end{aligned}$$

계수행렬의 행렬식을 $|A|$라 하고 $|A_1|$, $|A_2|$, $|A_3|$를 구하면 다음과 같다.

$$|A| = \begin{vmatrix} 0 & 1 & 1 \\ 1 & -0 & -4 \\ 1 & -4 & 0 \end{vmatrix} = -8$$

$$|A_1| = \begin{vmatrix} 12 & 1 & 1 \\ 8 & 0 & -4 \\ 0 & -4 & 0 \end{vmatrix} = -224$$

$$|A_2| = \begin{vmatrix} 0 & 12 & 1 \\ 1 & 8 & -4 \\ 1 & 0 & 0 \end{vmatrix} = -56$$

$$|A_3| = \begin{vmatrix} 0 & 1 & 12 \\ 1 & 0 & 8 \\ 1 & -4 & 0 \end{vmatrix} = -40$$

크래머의 공식을 이용하여 연립방정식의 해를 구하면,

$$\bar{\lambda} = \frac{|A_1|}{|A|} = \frac{-224}{-8} = 28, \quad \bar{x} = \frac{|A_2|}{|A|} = \frac{-56}{-8} = 7,$$

$$\bar{y} = \frac{|A_3|}{|A|} = \frac{-40}{-8} = 5$$

이때의 z의 정상치는 다음과 같다.

$\bar{z} = f(7,\ 5) = 8(7) + 4(7)(5) = 196$

8.2.2 전미분에 의한 접근

무제약하의 극치문제에서, 목적함수 $z=f(x,\ y)$는 극치이기 위한 1계조건(필요조건)을 편도함수뿐만 아니라 전미분으로 나타낼 수 있음을 보았다.

$$dz=f_x dx+f_y dy \tag{8.7}$$

이 식에서 동시에는 0이 아닌 dx, dy에 대해서 $dz=0$이어야 하므로, $f_x=0$, $f_y=0$의 조건이 필요하였다. 이 전미분조건은 제약조건 $g(x,\ y)=c$가 추가되어도 성립한다. 단지 제약조건이 주어지면 dx와 dy는 독립적이지 않기 때문에 이 조건을 반영해 주어야 한다.

즉, 제약조건의 전미분

$$dg=g_x dx+g_y dy \tag{8.8}$$

에서, $dg=0$이므로

$$dy=-\frac{g_x}{g_y}dx \tag{8.9}$$

의 관계가 성립한다. 따라서 dy는 dx에 의해 종속적인 관계가 되는 것이다. 어쨌든 이러한 제약조건하에서도 $dz=0$의 필요조건은 유효하다. 단, 이 관계는 (8.9)식을 (8.7)식에 대입하면

$$f_x dx+f_y\left(-\frac{g_x}{g_y}dx\right)=0 \tag{8.10}$$

이므로, 이것으로부터

$$\frac{f_x}{g_x} = \frac{f_y}{g_y} \tag{8.11}$$

의 조건이 성립해야 되는 것을 알 수 있다.

한편 라그랑지함수에서는 1계조건이 (8.6)식으로 주어져 있는데, 2번째와 3번째 식으로부터

$$\begin{aligned} Z_x &= f_x - \lambda g_x = 0 \\ Z_y &= f_y - \lambda g_y = 0 \end{aligned} \tag{8.12}$$

에서

$$\frac{f_x}{g_x} = \lambda = \frac{f_y}{g_y} \tag{8.13}$$

의 결과를 얻을 수 있다. 이것은 전미분의 1계조건으로부터 도출된 (8.11)식의 조건과 일치한다. 즉, 라그랑지함수에서 필요조건은 전미분의 1계조건까지도 포함하고 있는 것을 알 수 있다.

연습문제 8.2 Exercise

[1] 다음의 문제에서, 제약조건 아래에서 목적함수의 극치를 라그랑지함수를 설정하여 구하여라(1계조건과 정상치만을 구한다).

(1) 목적함수 $z = x_1^2 - x_1 x_2 + 2x_2^2 + 2$

제약조건 $8-x_1-x_2=0$

(2) 목적함수 $z=x^2-xy+\frac{3}{2}y^2$

제약조건 $x+2y=3$

(3) 목적함수 $z=-2x^2+xy+3y^2-400$

제약조건 $x+3y=36$

(4) 목적함수 $z=2xy$

제약조건 $3x+4y=90$

(5) 목적함수 $z=xy+x$

제약조건 $6x+2y=94$

(6) 목적함수 $z=-5x^2+7x+10xy+9y-2y^2$

제약조건 $y=5x$

8.3 2계조건

8.3.1 2계전미분

무제약하의 목적함수 $z=f(x,\ y)$에서 극치이기 위한 2계조건은 2계전미분 d^2z의 정부호성에 의하여 판정하였다. 즉, 양정부호이면 극소이고 음정부호이면 극대였다. 제약조건이 있는 경우도 d^2z의 정부호성에 의해서 극대와 극소를 판정하는 것은 같다. 그러나 무제약하에서는 dx와 dy가 임의적으로 변하였지만 제약조건하에서는 둘 중 하나는 임의로 변하지 못한다. 예를 들어 x가 임의로 변한다면 dy는 제약식 $g(x,\ y)=c$의 전미분에 따라서 (8.9)식과 같이 $dy=-(g_x/g_y)dx$를 만족하도록 하여야 되므로, dy는 dx에 종속되어 있다고 볼 수 있다. 그러므로 d^2z가

dx와 dy의 2차형식이 되기 위해서는 수정이 필요하다.

새로운 d^2z를 나타내는 식을 얻기 위해서 다음과 같은 과정을 거쳐야 한다. 여기서 dx는 먼저 임의로 변한다고 보기 때문에 상수로 취급받지만 dy는 x와 y의 함수로 취급되고 있는 것이 다르다.

$$\begin{aligned}
d^2z = d(dz) &= \frac{\partial(dz)}{\partial x}dx + \frac{\partial(dz)}{\partial y}dy \\
&= \frac{\partial}{\partial x}(f_x dx + f_y dy)dx + \frac{\partial}{\partial y}(f_x dx + f_y dy)dy \\
&= [f_{xx}dx + (f_{yx}dy + f_y\frac{\partial dy}{\partial x})]dx + [f_{xy}dx + (f_{yy}dy + f_y\frac{\partial dy}{\partial y})]dy \\
&= f_{xx}dx^2 + f_{xy}dxdy + f_y\frac{\partial(dy)}{\partial x}dx + f_{yy}dx^2 + f_{xy}dxdy + f_y\frac{\partial(dy)}{\partial y}dy
\end{aligned} \tag{8.14}$$

(8.14)식의 두 번째 행에서 dy를 x와 y의 함수로 취급하였기 때문에, $f_y dy$는 두 변수 f_y와 dy의 곱의 형태로 보아 3번째 행의 결과를 얻었다.

그리고 4번째 행에서, 3번째 항 $f_y\frac{\partial(dy)}{\partial x}dx$와 6번째 항 $f_y\frac{\partial(dy)}{\partial y}dy$는

$$f_y[\frac{\partial(dy)}{\partial x}dx + \frac{\partial(dy)}{\partial y}dy] = f_y d(dy) = f_y d^2y \tag{8.15}$$

로 정리될 수 있으므로, d^2z는 다음과 같이 나타낼 수 있다.

$$d^2z = f_{xx}dx^2 + 2f_{xy}dxdy + f_{yy}dy^2 + f_y d^2y \tag{8.16}$$

그런데 이 식에서 마지막 항 $f_y d^2y$가 있으므로 d^2z는 dx, dy의 2차형식이 아니다. 그러므로 이 항을 수정해 주어야 한다. 그 방법은 제약식으로부터 2계전미분(d^2g)을 구하여 조정해 주는 것이다. d^2g의 도출은

d^2z의 도출 과정과 같은 방법으로 구하며, 다음의 결과를 얻는다.

$$d^2g = g_{xx}dx^2 + 2g_{xy}dxdy + g_{yy}dy^2 + g_y d^2y = 0 \tag{8.17}$$

(8.17)식에서 d^2y를 구하여 (8.16)식의 d^2y에 대입하여 정리하면,

$$d^2z = (f_{xx} - \frac{f_y}{g_y}g_{xx})dx^2 + 2(f_{xy} - \frac{f_y}{g_y}g_{xy})dxdy + (f_{yy} - \frac{f_y}{g_y}g_{yy})dy^2 \tag{8.18}$$

로 나타낼 수 있다.

그런데 이 식을 간단히 정리하기 위해서 라그랑지함수의 1계조건식 (8.6)으로부터 Z_{xx}, Z_{xy}, Z_{yy}를 구하면

$$\begin{aligned} Z_{xx} &= f_{xx} - \lambda g_{xx} \\ Z_{xy} &= f_{xy} - \lambda g_{xy} = Z_{yx} \\ Z_{yy} &= f_{yy} - \lambda g_{yy} \end{aligned} \tag{8.19}$$

를 얻을 수 있으므로, (8.13)의 결과로부터 λ 대신에 f_x/g_x, f_y/g_y를 교환하여 (8.18)식에 대입하면 다음과 같다.

$$d^2z = Z_{xx}dx^2 + 2Z_{xy}dxdy + Z_{yy}dy^2 \tag{8.20}$$

8.3.2 유테헷시안

(8.20)식의 d^2z를 가지고 그대로 극치를 판정할 수는 없다. 아직 종속

적인 dy가 포함되어 있기 때문이다. 그러므로 $dy = -(g_x/g_y)dx$를 대입하여 정리하면

$$\begin{aligned} d^2z &= Z_{xx}dx^2 + 2Z_{xy}dx(-\frac{g_x}{g_y}dx) + Z_{yy}(-\frac{g_x}{g_y}dx)^2 \\ &= \frac{dx^2}{g_y^2}(Z_{xx}g_y^2 - 2Z_{xy}g_xg_y + Z_{yy}g_x^2) \end{aligned} \tag{8.21}$$

이다. 여기서 dx^2/g_y^2은 양수이고, ( ) 속은 다음과 같은 행렬식으로 표현할 수 있다.

$$|\overline{H}| = \begin{vmatrix} 0 & g_x & g_y \\ g_x & Z_{xx} & Z_{xy} \\ g_y & Z_{yx} & Z_{yy} \end{vmatrix} = -(Z_{xx}g_y^2 - 2Z_{xy}g_xg_y + Z_{yy}g_x^2) \tag{8.22}$$

이 행렬식 $|\overline{H}|$은 1행과 1열이 제약조건의 1계편도함수로 되어 있고, 나머지는 라그랑지함수의 x, y에 관한 2계편도함수로 되어 있으며, 유테헷시안(bordered Hessian)이라고 알려져 있다. 따라서 (8.21)식은

$$d^2z = \frac{dx^2}{g_y^2}(-|\overline{H}|) \tag{8.23}$$

이므로,

$$\begin{aligned} &d^2z > 0\text{이면 (양정부호)} \quad \Rightarrow \quad |\overline{H}| < 0,\ \text{극소가 된다.} \\ &d^2z < 0\text{이면 (음정부호)} \quad \Rightarrow \quad |\overline{H}| > 0,\ \text{극대가 된다.} \end{aligned} \tag{8.24}$$

이상의 결과로부터 다음의 정리가 성립한다.

정리 8.1

목적함수 $z = f(x,\ y)$

제약조건 $g(x,\ y) = c$

일 때, 라그랑지함수는

$$Z = F(\lambda,\ x,\ y) = f(x,\ y) + \lambda[c - g(x,\ y)]$$

(1) 1계조건(필요조건)은 다음과 같다.

$Z_\lambda = c - g(x,\ y) = 0$

$Z_x = f_x - \lambda g_x = 0$

$Z_y = f_y - \lambda g_y = 0$

위의 연립방정식을 만족하는 점은 $(\overline{\lambda},\ \overline{x},\ \overline{y})$이다.

(2) 2계조건(충분조건)은

$$|\overline{H}| = \begin{vmatrix} 0 & g_x & g_y \\ g_x & Z_{xx} & Z_{xy} \\ g_y & Z_{yx} & Z_{yy} \end{vmatrix}$$

일 때

(a) $|\overline{H}| < 0$이면 극소가 되고

(b) $|\overline{H}| > 0$이면 극대가 된다.

극값은 $\overline{z} = f(\overline{x},\ \overline{y})$이다.

예 1

8.2.1의 **예 1**에서

$Z = 4x^2 - 2xy + 6y^2 + \lambda(72 - x - y)$

$Z_x = 8x - 2y - \lambda = 0$

$Z_y = -2x + 12y - \lambda = 0$

$\bar{x} = 42,\ \bar{y} = 30$일 때 $\bar{z} = 9936$이었다.

2계조건을 구해 보면

$$g_x = 1 \quad g_y = 1$$
$$z_{xx} = 8 \quad z_{xy} = -2$$
$$z_{yy} = 12$$

이므로

$$|\overline{H}| = \begin{vmatrix} 0 & 1 & 1 \\ 1 & 8 & -2 \\ 1 & -2 & 12 \end{vmatrix} = -24 < 0$$

따라서 $\bar{z} = f(42,\ 30) = 9936$은 극소값이다.

예 2

8.2.1의 **예 2**에서

$$Z = x^2 - y^2 + xy + 5x + \lambda(-x + 2y)$$
$$Z_x = 2x + y + 5 - \lambda = 0$$
$$Z_y = -2y + x + 2\lambda = 0$$

$\bar{x} = -2,\ \bar{y} = -1$일 때 $\bar{z} = -5$이었다.

2계조건을 구해 보면

$$g_x = 1 \quad g_y = -2$$
$$z_{xx} = 2 \quad z_{xy} = 1$$
$$z_{yy} = -2$$

이므로

$$|\overline{H}| = \begin{vmatrix} 0 & 1 & -2 \\ 1 & 2 & 1 \\ -2 & 1 & -2 \end{vmatrix} = -10 < 0$$

따라서 $\overline{z} = f(-2, -1) = -5$은 극소값이다.

예 3

8.2.1의 **예 3** 에서

$Z = 8x + 4xy + \lambda(12 - x - y)$

$Z_x = 8 + 4y - \lambda = 0$

$Z_y = 4x - \lambda = 0$

$\overline{x} = 7$, $\overline{y} = 5$일 때 $\overline{z} = 196$이었다.

2계조건을 구해 보면

$g_x = 1 \quad g_y = 1$

$z_{xx} = 0 \quad z_{xy} = 4$

$z_{yy} = 0$

이므로

$$|\overline{H}| = \begin{vmatrix} 0 & 1 & 1 \\ 1 & 0 & 4 \\ 1 & 4 & 0 \end{vmatrix} = 8 > 0$$

따라서 $\overline{z} = f(7, 5) = 196$은 극대값이다.

연습문제 8.3 Exercise

[1] 다음은 (연습문제 8.2)에서 다룬 문제이다. 2계조건을 구하여 정상치가 극대값인지 극소값인지를 판정하라.

(1) 목적함수 $z = x_1^2 - x_1 x_2 + 2x_2^2 + 2$

제약조건 $8 - x_1 - x_2 = 0$

(2) 목적함수 $z = x^2 - xy + \frac{3}{2}y^2$

제약조건 $x + 2y = 3$

(3) 목적함수 $z = -2x^2 + xy + 3y^2 - 400$

제약조건 $x + 3y = 36$

(4) 목적함수 $z = 2xy$

제약조건 $3x + 4y = 90$

(5) 목적함수 $z = xy + x$

제약조건 $6x + 2y = 94$

(6) 목적함수 $z = -5x^2 + 7x + 10xy + 9y - 2y^2$

제약조건 $y = 5x$

8.4 라그랑지승수법의 일반화

8.4.1 n변수의 경우

8.2와 8.3에서 살펴본 2변수함수에 대한 라그랑지승수법은 n변수에 대해서도 성립한다. 여기에서는 3변수의 경우를 예로 들어 설명하기로 한다.

3변수함수의 목적함수

$$z = f(x_1, x_2, x_3) \tag{8.25}$$

가 제약조건

$$g(x_1, x_2, x_3) = c \tag{8.26}$$

아래에서 변할 때의 극치문제를 생각해 보자.

먼저 라그랑지함수는 다음과 같이 나타낼 수 있다.

$$Z = F(\lambda, x_1, x_2, x_3) = f(x_1, x_2, x_3) + \lambda[c - g(x_1, x_2, x_3)] \tag{8.27}$$

극치이기 위한 1계조건(필요조건)은 다음과 같다.

$$\begin{aligned} Z_\lambda &= c - g(x_1, x_2, x_3) = 0 \\ Z_1 &= f_1 - \lambda g_1 = 0 \\ Z_2 &= f_2 - \lambda g_2 = 0 \\ Z_3 &= f_3 - \lambda g_3 = 0 \end{aligned} \tag{8.28}$$

첫 번째 식은 제약조건을 나타내고 있으며, 이 1계조건의 연립방정식을 만족하는 점은 $(\overline{\lambda}, \overline{x_1}, \overline{x_2}, \overline{x_3})$이다.

2계조건은 d^2z의 정부호성을 판정하면 되는데, 이 경우의 유테헷시안은 다음과 같다.

$$|\overline{H}| = \begin{vmatrix} 0 & g_1 & g_2 & g_3 \\ g_1 & Z_{11} & Z_{12} & Z_{13} \\ g_2 & Z_{21} & Z_{22} & Z_{23} \\ g_3 & Z_{31} & Z_{32} & Z_{33} \end{vmatrix}, \quad |\overline{H_2}| = \begin{vmatrix} 0 & g_1 & g_2 \\ g_1 & Z_{11} & Z_{12} \\ g_2 & Z_{21} & Z_{22} \end{vmatrix}, \quad |\overline{H_3}| = |\overline{H}| \qquad (8.29)$$

이 유테헷시안 $|\overline{H}|$은 1행과 1열이 제약조건의 1계편도함수로 되어 있고, 나머지는 라그랑지함수의 x_1, x_2, x_3에 관한 2계편도함수로 되어 있다.

(a) $|\overline{H_2}| < 0$, $|\overline{H_3}| < 0$이면 d^2z는 양정부호이며, $f(\overline{x_1}, \overline{x_2}, \overline{x_3})$는 극소값이다.

(b) $|\overline{H_2}| > 0$, $|\overline{H_3}| < 0$이면 d^2z는 음정부호이며, $f(\overline{x_1}, \overline{x_2}, \overline{x_3})$는 극대값이다. (8.30)

이상으로부터 다음의 정리가 성립한다.

정리 8.2

목적함수 $z = f(x_1, x_2, x_3)$

제약조건 $g(x_1, x_2, x_3) = c$

일 때, 라그랑지함수는

$$Z = F(\lambda, x_1, x_2, x_3) = f(x_1, x_2, x_3) + \lambda[c - g(x_1, x_2, x_3)]$$

(1) 1계조건(필요조건)은 다음과 같으며,

$$Z_\lambda = c - g(x_1, x_2, x_3) = 0$$

$$Z_1 = f_1 - \lambda g_1 = 0$$

$$Z_2 = f_2 - \lambda g_2 = 0$$

$$Z_3 = f_3 - \lambda g_3 = 0$$

위의 연립방정식을 만족하는 점은 $(\overline{\lambda},\ \overline{x_1},\ \overline{x_2},\ \overline{x_3})$이다.

(2) 2계조건(충분조건)은 다음과 같다.

$$|\overline{H}|=\begin{vmatrix} 0 & g_1 & g_2 & g_3 \\ g_1 & Z_{11} & Z_{12} & Z_{13} \\ g_2 & Z_{21} & Z_{22} & Z_{23} \\ g_3 & Z_{31} & Z_{32} & Z_{33} \end{vmatrix}, \quad |\overline{H_2}|=\begin{vmatrix} 0 & g_1 & g_2 \\ g_1 & Z_{11} & Z_{12} \\ g_2 & Z_{21} & Z_{22} \end{vmatrix}, \quad |\overline{H_3}|=|\overline{H}|$$

일 때

(a) $|\overline{H_2}|< 0, |\overline{H_3}|< 0$이면 $f(\overline{x_1},\ \overline{x_2},\ \overline{x_3})$은 극소값이다.

(b) $|\overline{H_2}|> 0, |\overline{H_3}|< 0$이면 $f(\overline{x_1},\ \overline{x_2},\ \overline{x_3})$은 극대값이다.

예 1

함수 $f(x,\ y,\ z)=x^2+y^2+z^2$가 제약조건 $g(x,\ y,\ z)=x+y+z=1$ 아래에서의 극치를 구하여라.

$Z=x^2+y^2+z^2+\lambda(1-x-y-z)$

1계조건은 다음과 같으며,

$$Z_\lambda=1-x-y-z=0$$
$$Z_x=2x-\lambda=0$$
$$Z_y=2y-\lambda=0$$
$$Z_z=2z-\lambda=0$$

을 풀면,

$$\overline{\lambda}=\frac{2}{3},\ \overline{x}=\frac{1}{3},\ \overline{y}=\frac{1}{3},\ \overline{z}=\frac{1}{3}$$

2계조건에서

$$\begin{aligned} &g_x = 1 \quad g_y = 1 \quad g_z = 1 \\ &Z_{xx} = 2 \quad Z_{xy} = 0 \quad Z_{xz} = 0 \\ &\qquad\quad\; Z_{yy} = 2 \quad Z_{yz} = 0 \\ &\qquad\qquad\qquad\; Z_{zz} = 2 \end{aligned}$$

이므로

$$\therefore |\overline{H}| = \begin{vmatrix} 0 & 1 & 1 & 1 \\ 1 & 2 & 0 & 0 \\ 1 & 0 & 2 & 0 \\ 1 & 0 & 0 & 2 \end{vmatrix}, \quad |\overline{H_2}| = \begin{vmatrix} 0 & 1 & 1 \\ 1 & 2 & 0 \\ 1 & 0 & 2 \end{vmatrix} = -4 < 0, \quad |\overline{H_3}| = |\overline{H}| = -12 < 0$$

따라서

$f(\frac{1}{3}, \frac{1}{3}, \frac{1}{3}) = \frac{1}{3}$은 극소값이다.

8.4.2 다수의 제약조건이 있는 경우

제약조건이 다수인 경우에도 제약조건의 수만큼 승수를 도입하여 라그랑지승수법을 적용한다. 여기서는 3변수의 목적함수에서 제약조건이 둘인 경우를 예로 들어 살펴보기로 한다.

목적함수가 $z = f(x_1, x_2, x_3)$이고 제약조건이 다음과 같이 둘이라고 하면(단, c, d는 상수),

$$\begin{aligned} g(x_1, x_2, x_3) &= c \\ h(x_1, x_2, x_3) &= d \qquad (8.31) \end{aligned}$$

라그랑지함수는 승수 λ와 μ를 도입하여 다음과 같이 나타낼 수 있다.

$$Z = F(\lambda, \mu, x_1, x_2, x_3) = f(x_1, x_2, x_3) + \lambda[c - g(x_1, x_2, x_3)] + \mu[d - h(x_1, x_2, x_3)] \quad (8.32)$$

1계조건(필요조건)은 다음과 같다.

$$\begin{aligned} Z_\lambda &= c - g(x_1, x_2, x_3) = 0 \\ Z_\mu &= d - h(x_1, x_2, x_3) = 0 \\ Z_1 &= f_1 - \lambda g_1 - \mu h_1 = 0 \\ Z_2 &= f_2 - \lambda g_2 - \mu h_2 = 0 \\ Z_3 &= f_3 - \lambda g_3 - \mu h_3 = 0 \end{aligned} \quad (8.33)$$

이 조건을 만족하는 점은 $(\overline{\lambda}, \overline{\mu}, \overline{x_1}, \overline{x_2}, \overline{x_3})$이다.

한편 2계조건을 구하기 위한 유테헷시안은 다음과 같다.

$$|\overline{H}| = \begin{vmatrix} 0 & 0 & g_1 & g_2 & g_3 \\ 0 & 0 & h_1 & h_2 & h_3 \\ g_1 & h_1 & Z_{11} & Z_{12} & Z_{13} \\ g_2 & h_2 & Z_{21} & Z_{22} & Z_{23} \\ g_3 & h_3 & Z_{31} & Z_{32} & Z_{33} \end{vmatrix} \quad (8.34)$$

이 유테헷시안 $|\overline{H}|$은 1행과 1열이 첫 번째 제약조건인 $g(x_1, x_2, x_3)$의 1계편도함수로 되어 있고, 2행과 2열이 두 번째 제약조건인 $h(x_1, x_2, x_3)$의 1계편도함수로 되어 있다. 그리고 나머지는 라그랑지함수의 x_1, x_2, x_3에 관한 2계편도함수로 되어 있다.

그러므로 극값의 판정은 다음과 같이 한다.

(a) $|\overline{H}| < 0$일 때 $f(\overline{x_1},\ \overline{x_2},\ \overline{x_3})$은 극대값이다.

(b) $|\overline{H}| > 0$일 때 $f(\overline{x_1},\ \overline{x_2},\ \overline{x_3})$은 극소값이다. (8.35)

일반화하여 n개의 선택변수와 m개의 제약조건을 가정하였을 때의 유테헷시안의 주소행렬식의 부호 판정 기준을 살펴보기로 한다.

주대각선의 마지막 원소가 Z_{22}가 되는 것을 $|\overline{H_2}|$로 표기하기로 하면, $|\overline{H_2}|$에 하나의 행과 하나의 열을 더하여 Z_{33}을 마지막에 포함하는 것이 $|\overline{H_3}|$이 되고, 나머지 주소행렬식도 이와 같은 방법으로 구한다고 하자. 그러면 $(n-m)$개의 유테헷시안의 주소행렬식은 다음과 같이 나타난다.

$$|\overline{H}_{m+1}|,\ |\overline{H}_{m+2}|,\ \cdots,\ |\overline{H}_n|(=|\overline{H}|)$$

목적함수 Z가 극대이기 위한 2계조건(충분조건)은 d^2z가 음정부호가 되어야 하므로 주소행렬식의 부호가 교대로 변하는데, 이때 $|\overline{H}_{m+1}|$의 부호는 $(-1)^{m+1}$가 된다.

그리고 Z가 극소이기 위한 2계조건은 d^2z가 양정부호가 되어야 하므로 주소행렬식의 부호가 같아지는데, 이때의 부호는 $(-1)^m$가 된다.

$n=2$이고 $m=1$의 경우 (8.24)의 판정 기준은 다음과 같이 구한 결과이다. Z가 극대이기 위한 2계조건은 $(-1)^{1+1}$이 양수이므로 $|\overline{H}_{1+1}| > 0$가 되었고, 극소이기 위한 2계조건은 $(-1)^1$이 음수이므로 $|\overline{H}_{1+1}| < 0$가 되었던 것이다. 그리고 $n-m=2-1=1$이므로 유테헷시안의 주소행렬식은 하나만 존재한다.

$n=3$이고 $m=2$의 경우 (8.35)의 판정 기준은 다음과 같이 구한 결과이다. Z가 극대이기 위한 2계조건은 $(-1)^{2+1}$이 음수이므로 $|\overline{H}_{2+1}| < 0$가 되었고, 극소이기 위한 2계조건은 $(-1)^2$이 양수이므로 $|\overline{H}_{2+1}| > 0$가

되었던 것이다. 그리고 $n-m=3-2=1$이므로 유테헷시안의 주소행렬식은 하나만 존재하고 있다.

$n=3$이고 $m=1$의 경우 (8.30)의 판정 기준은 다음과 같이 구한 결과이다. 즉, $(-1)^{1+1}$이 양수이므로 Z가 극대이기 위한 2계조건은 $|\overline{H}_{1+1}|>0$, $|\overline{H}_{1+2}|<0$가 되었고, 극소이기 위한 2계조건은 $(-1)^1$이 음수이므로 $|\overline{H}_{1+1}|<0$, $|\overline{H}_{1+2}|<0$가 되었던 것이다. 이 경우는 $n-m=3-1=2$이므로 주소행렬식이 2가 존재하고 있다.

여기서 제약조건의 수가 홀수인지 짝수인지에 따라 부호를 결정하는데 있어서 중요한 차이가 나는 것에 유의해야 된다.

연습문제 8.4 Exercise

[1] 다음의 문제에서 라그랑지승수법을 이용하여 극대인지 극소인지를 판정하고, 극값이 있으면 구하여라.

(a) 목적함수 $z=2x^2+2y^2+2z^2$

제약조건 $x+y+z=1$

(b) 목적함수 $z=x_1^2+2x_1x_2-x_3^2$

제약조건 $2x_1+x_2-2x_3=2$

[2] (정리 8.1)에서 $|\overline{H}|$는 다음과 같다.

$$|\overline{H}|=\begin{vmatrix} 0 & g_x & g_y \\ g_x & Z_{xx} & Z_{xy} \\ g_y & Z_{yx} & Z_{yy} \end{vmatrix}$$

다음의 행렬식과는 어떻게 다른지 비교하라.

$$\begin{vmatrix} Z_{xx} & Z_{xy} & g_x \\ Z_{yx} & Z_{yy} & g_y \\ g_x & g_y & o \end{vmatrix}$$

8.5 라그랑지승수법의 경제 · 경영학에의 응용

8.5.1 효용극대화

예산제약의 조건에서의 소비자의 효용극대화 문제를 살펴보기로 하자. 지금 소비자의 효용함수를 다음과 같이 둔다.

$$U = U(x,\ y) \tag{8.36}$$

이 효용함수는 다음과 같은 성질을 가진다고 가정한다.

$$\frac{\partial U}{\partial x} = U_x = U_x(x,\ y) > 0$$
$$\frac{\partial U}{\partial y} = U_y = U_y(x,\ y) > 0 \qquad for\ x,\ y > 0 \tag{8.37}$$

즉, 각각의 효용함수는 x와 y가 양수의 범위에서는 양수가 된다는 것이다.

이 효용함수로부터 도출된 무차별곡선상의 효용수준은 변하지 않으므로, 효용함수의 전미분은 0이다.

$$dU = U_x dx + U_y dy = 0 \tag{8.38}$$

이 식으로부터

$$\frac{dy}{dx} = -\frac{U_x}{U_y} \tag{8.39}$$

가 얻어지는데, U_x, $U_y > 0$이므로 $dy/dx < 0$가 된다. 즉 무차별곡선의 기울기는 음수가 된다는 것이다. <그림 8.3>에 무차별곡선 u^0, u^1이 그려져 있는데, 모두 기울기가 음수이다.

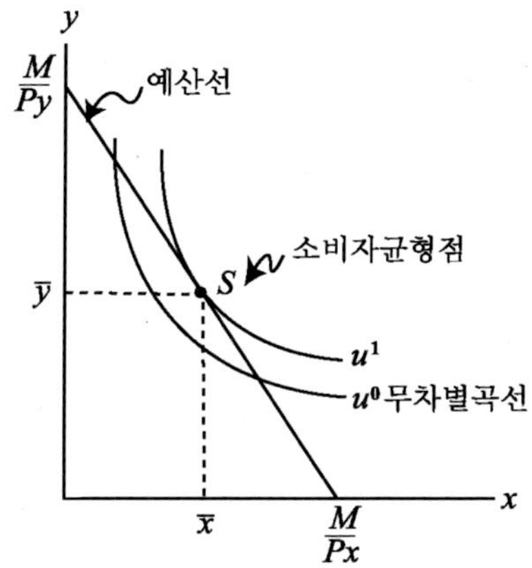

〈그림 8.3〉

경제학적인 의미에서 두 재화 사이의 한계대체율(MRS)은 다음과 같이 정의된다.

$$-\frac{dy}{dx} = \frac{U_x}{U_y} = MRS \tag{8.40}$$

이것으로부터

$$\frac{d(MRS)}{dx} < 0 \quad \text{또는} \quad \frac{d}{dx}\left[-\frac{dy}{dx}\right] = \frac{d^2y}{dx^2} < 0 \tag{8.41}$$

이 얻어지며, 이것은 한계대체율체감의 법칙을 나타낸다.

한편 소비자의 예산제약이 다음과 같다고 하자.

$$M = p_x x + p_y y \tag{8.42}$$

여기서 M은 예산이고, p_x, p_y는 x와 y의 가격이다.

예산제약식은 다시 다음과 같이

$$y = \frac{M}{p_y} - \frac{p_x}{p_y}x \tag{8.43}$$

로 나타낼 수 있고, 이것을 그린 것이 <그림 8.3>의 예산선이다.

(8.42)의 예산제약하의 효용함수 (8.36)의 라그랑지함수는 다음과 같이 나타낼 수 있다.

$$Z = U(x,\ y) + \lambda[M - p_x x - p_y y] \tag{8.44}$$

이 라그랑지함수가 극치이기 위한 1계조건은

$$\begin{aligned} Z_\lambda &= M - p_x x - p_y y = 0 \\ Z_x &= U_x - \lambda p_x = 0 \\ Z_y &= U_y - \lambda p_y = 0 \end{aligned} \tag{8.45}$$

이며, 이 연립방정식의 해는 $\bar{x}$, $\bar{y}$, $\bar{\lambda}$이다.

(8.45)식에서 1계조건의 첫째 식은 예산제약을 의미하며, 둘째 식과

셋째 식으로부터

$$\frac{U_x}{p_x} = \frac{U_y}{p_y} = \lambda \quad \text{또는} \quad \frac{U_x}{U_y} = \frac{p_x}{p_y} \tag{8.46}$$

을 얻는다.

(8.46)식의 앞쪽 식은 가격으로 조정된 x의 한계효용(U_x/p_x)과 y의 한계효용(U_y/p_y)이 같다는 것이므로, 극치가 성립하는 점$(\bar{x}, \bar{y})$에서 한계효용균등의 법칙이 성립한다는 것을 나타낸다. 뒤쪽 식은 무차별 곡선의 기울기(U_x / U_y)와 예산선의 기울기(p_x / p_y)가 같다는 것을 의미한다. <그림 8.3>에서는 S점으로 표시되어 있다.

2계조건은 다음과 같은 유테헷시안의 정부호성을 판정하면 된다.

$$|\overline{H}| = \begin{vmatrix} 0 & p_x & p_y \\ p_x & U_{xx} & U_{xy} \\ p_y & U_{yx} & U_{yy} \end{vmatrix} = 2p_x p_y U_{xy} - p_y^2 U_{xx} - p_x^2 U_{yy} \tag{8.47}$$

즉, 효용을 극대화하기 위해서는 $|\overline{H}| > 0$이 되어야 한다.

예 1

예산제약 $6x + 3y = 24$ 아래에서 효용함수 $U = xy$의 (a) 극치를 구하고, (b) 소비자균형점에서 한계대체율을 구하여라.

(a)

라그랑지함수

$$Z = xy + \lambda(24 - 6x - 3y)$$

에서 1계조건은

$Z_\lambda = 24 - 6x - 3y = 0$

$Z_x = y - 6\lambda = 0$

$Z_y = x - 3\lambda = 0$

이 조건으로부터 다음 식을 얻고,

$$\begin{aligned} 2x + y &= 8 \\ -6\lambda + y &= 0 \\ -3\lambda + x &= 0 \end{aligned}$$

이 연립방정식의 해는 $\overline{\lambda} = \frac{2}{3}$, $\overline{x} = 2$, $\overline{y} = 4$이다.

2계조건은

$g_{xx} = 6 \qquad g_y = 3$

$Z_{xx} = 0 \qquad Z_{xy} = 1$

$\qquad\qquad Z_{yy} = 0$

$$\therefore |\overline{H}| = \begin{vmatrix} 0 & 6 & 3 \\ 6 & 0 & 1 \\ 3 & 1 & 0 \end{vmatrix} = 36 > 0$$

따라서 극대이며, 이윤극대화의 조건이 성립한다.
극대값은 $\overline{U} = U(2, 4) = (2)(4) = 8$

(b)
한계대체율(MRS)은 다음과 같이 정의된다((8.40)식).

$$-\frac{dy}{dx} = \frac{U_x}{U_y} = MRS$$

그런데 효용함수로부터 x의 한계효용(U_x)과 y의 한계효용(U_y)을 구하면

$$U_x = y,\ U_y = x$$

그러므로 소비자균형점 $\overline{x}=2,\ \overline{y}=4$에서의 한계대체율은 다음과 같다.

$$-\frac{dy}{dx}=\frac{U_x}{U_y}=MRS=\frac{y}{x}=2$$

8.5.2 비용극소화

주어진 생산량하에서의 비용극소화 문제를 생각해 보기로 하자. 생산함수

$$Q=Q(K,\ L) \tag{8.48}$$

는 다음의 성질을 가진다고 가정한다. 여기서 K와 L은 각각 자본과 노동을 나타낸다.

$$\frac{\partial Q}{\partial K}=Q_K>0$$
$$\frac{\partial Q}{\partial L}=Q_L>0 \tag{8.49}$$

그리고 생산자의 비용함수를 다음과 같이 둔다.

$$C=C(K,\ L)=rK+wL \tag{8.50}$$

여기서 r과 w는 K와 L의 가격이다.

지금 생산자가 생산함수로부터 어떤 특정한 생산수준 $Q=Q^1$에서 생산을 한다고 할 때, 비용을 극소화하기 위해서 생산요소 K와 L을 얼마만큼 고용해야 하는가를 생각해 보자. 즉 일정한 생산량 $Q^1=Q(K,L)$의 제약하에서 비용함수 $C=rK+wL$을 극소화하는 문제가 된다.

여기서 Q^1은 경제학적으로는 등량생산곡선(isoquant)으로 알려져 있으며, <그림 8.4>에 그려져 있다.

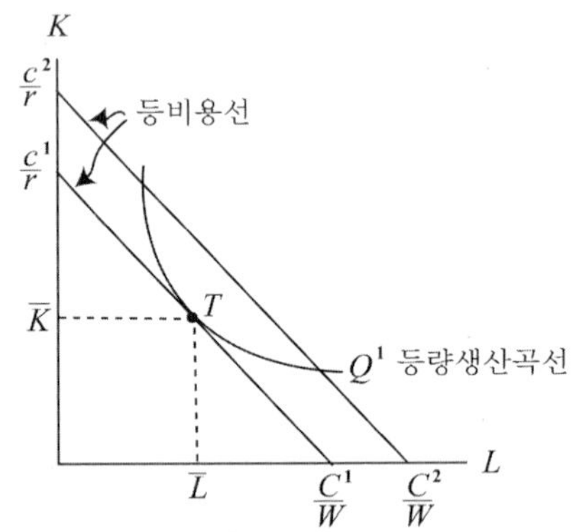

〈그림 8.4〉

등량생산곡선상에서는 생산량의 수준이 변하지 않으므로 전미분은 0이 된다.

$$dQ=Q_K dK+Q_L dL=0 \tag{8.51}$$

이 식으로부터 등량생산곡선의 기울기(dK/dL)가

$$\frac{dK}{dL} = -\frac{Q_L}{Q_K} \tag{8.52}$$

로, 음수가 된다는 것을 알 수 있다.

경제학적으로는 두 생산요소 사이의 기술적 한계대체율($MRTS$)은 다음과 같이 정의된다.

$$-\frac{dK}{dL} = \frac{Q_L}{Q_K} = MRTS \tag{8.53}$$

한편 비용함수에서 주어진 비용을 $C = C^1$이라고 하여 다시 나타내면,

$$K = \frac{C^1}{r} - \frac{w}{r}L \tag{8.54}$$

가 되며 <그림 8.4>에서 등비용선(isocost)으로 표현되어 있다. 이것보다 더 높은 비용 $C = C^2$의 등비용선도 구할 수 있을 것이다.

그러면 (8.48)의 생산함수를 제약조건으로 하는 (8.50)식의 비용함수의 라그랑지함수는 다음과 같이 정의되며

$$Z = rK + wL + \lambda[Q^1 - Q(K, L)] \tag{8.55}$$

극치이기 위한 1계조건은

$$\begin{aligned} Z_\lambda &= Q^1 - Q(K, L) = 0 \\ Z_K &= r - \lambda Q_K = 0 \\ Z_L &= w - \lambda Q_L = 0 \end{aligned} \tag{8.56}$$

이 된다. 이 연립방정식의 해는 $\overline{\lambda}$, $\overline{K}$, $\overline{L}$이다.

1계조건의 두 번째와 세 번째의 식으로부터

$$\frac{r}{Q_K} = \frac{w}{Q_L} = \lambda \quad \text{또는} \quad \frac{Q_L}{Q_K} = \frac{w}{r} \tag{8.57}$$

을 얻는다. (8.57)식은 점$(\overline{K},\ \overline{L})$에서 등량생산곡선의 기울기$(Q_r\,/\,Q_K)$와 등비용선의 기울기$(w/r)$가 같다는 것을 의미한다. <그림 8.4>에서는 T점으로 표시되어 있다.

2계조건은 다음과 같은 유테헷시안의 정부호성으로 판정한다.

$$|\overline{H}| = \begin{vmatrix} 0 & Q_K & Q_L \\ Q_K & Z_{KK} & Z_{KL} \\ Q_L & Z_{LK} & Z_{LL} \end{vmatrix} = 2Q_K Q_L Z_{KL} - Q_L^2 Z_{KK} - Q_K^2 Z_{LL} \tag{8.58}$$

비용극소화가 성립하기 위해서는 $|\overline{H}| < 0$이 되어야 할 것이다.

예 1

생산함수가 $Q = KL = 64$로 주어졌을 때 비용함수 $C = K + L$의 극치를 구하여라.

라그랑지함수는

$Z = K + L + \lambda(64 - KL)$

이고, 1계조건은 다음과 같다.

$Z_\lambda = 64 - KL = 0$

$Z_K = 1 - \lambda L = 0$

$Z_L = 1 - \lambda K = 0$

연립방정식을 풀면 $\bar{\lambda}=\frac{1}{8}$, $\bar{K}=8$, $\bar{L}=8$을 얻는다.

2계조건은

$g_K = L \qquad g_L = K$

$Z_{KK} = 0 \qquad Z_{KL} = -\lambda$

$\qquad\qquad Z_{LL} = 0$

$$\therefore \; |\overline{H}| = \begin{vmatrix} 0 & L & K \\ L & 0 & -\lambda \\ K & -\lambda & 0 \end{vmatrix} = \begin{vmatrix} 0 & 8 & 8 \\ 8 & 0 & -\frac{1}{8} \\ 8 & -\frac{1}{8} & 0 \end{vmatrix} = -16 < 0$$

따라서 극소이며 비용극소화의 조건이 성립한다.

극소값은 $\overline{C} = 8 + 8 = 16$이다.

연습문제 8.5 Exercise

[1] 예산제약 $2x_1 + 4x_2 = 36$

효용함수 $U = 2\ln x_1 + \ln x_2$

일 때

(a) 효용극대화가 되는지를 보이고, 그때의 효용을 구하여라.

(b) 효용이 극대화되는 점($\overline{x_1}$, $\overline{x_2}$)에서 한계대체율(MRS)을 구하여라.

[2] 어떤 생산자의 생산함수가

$$Q = Q(K, L) = 4K^{\frac{1}{2}}L^{\frac{1}{2}}$$

이고 비용함수는 다음과 같다.

$$C = rK + wL = 2K + 8L$$

(a) 주어진 생산량 $Q = 32$에서 비용을 극소화하는 생산요소의 투입량은 얼마인가, 즉 $(\overline{K}, \overline{L})$을 구하여라.

(b) 그때의 극소비용은 얼마인가?

연습문제 해답

연습문제 1.3

[1] (1) $(5,\ 5,\ 1)$

[2] $\boldsymbol{c} = 3\boldsymbol{a} + 2\boldsymbol{b}$

[3] (1) $\boldsymbol{a}$는 1차독립이다.

(3) 세 벡터 $\boldsymbol{a}, \boldsymbol{b}, \boldsymbol{c}$는 1차종속이다.

연습문제 1.4

[1] (1) 예각

(3) 직각

[2] $c = 3$

[3] (1) $\| \boldsymbol{a} \| = \sqrt{10}$, $\| \boldsymbol{b} \| = \sqrt{17}$

(3) 예각

연습문제 2.2

[1] (1) $\begin{pmatrix} 4 & 6 \\ 6 & 6 \end{pmatrix}$

(3) $(13,\ 17)$

[2] (1) $AB \neq BA$

(3) $(AB)C = A(BC)$

연습문제 2.3

[1] (1) $(A+B)' = A' + B'$

[2] (1) 두 행렬은 서로 역행렬이다.

연습문제 2.4

[1] (1) $\begin{pmatrix} 1 & 0 \\ 0 & 1 \end{pmatrix}$이므로, $rank = 2$

(3) $\begin{pmatrix} 1 & 0 & 0 \\ 0 & 1 & 0 \end{pmatrix}$이므로, $rank = 2$

[2] (1) 1차독립인 벡터의 수가 2이므로, $rank = 2$

(3) 1차독립인 벡터의 수가 2이므로, $rank = 2$

연습문제 2.5

[1] (1) $P_1 = \begin{pmatrix} \frac{1}{2} & 0 \\ 0 & 1 \end{pmatrix}$, $P_1 A = \begin{pmatrix} 1 & \frac{3}{2} \\ 1 & 2 \end{pmatrix}$

(3) $P_3 = \begin{pmatrix} 1 & 0 \\ 0 & 2 \end{pmatrix}$, $P_3 C = \begin{pmatrix} 1 & \frac{3}{2} \\ 0 & 1 \end{pmatrix}$

[2] (1) $P = \begin{pmatrix} 2 & -3 \\ -1 & 2 \end{pmatrix}$

연습문제 2.6

[1] (1)
$$\begin{aligned} x_1 \quad &= 2 \\ x_2 &= 1 \end{aligned}$$

[2] (1)
$$\begin{aligned} x_1 \qquad &= 1 \\ x_2 \quad &= 2 \\ x_3 &= 3 \end{aligned}$$

[3] (1) $\begin{aligned} x_1 \quad &= 0 \\ x_2 &= 0 \end{aligned}$

연습문제 3.2

[1] (1) $|A| = -46$

[2] (1) $|A| = 0$

[3] (1) $|A| = t$

연습문제 3.3

[1] (1) $|C_{11}| = 2,\ |C_{12}| = -18,\ |C_{13}| = -4$

[2] (1) $|A| = 0$

(3) $|C| = 400$

연습문제 3.4

[1] (1) $|A| = 2 \neq 0$

(2) 행벡터는 같은 직선상에 놓이지 않으므로 1차독립이다.

(3) $\begin{pmatrix} 1 & 0 \\ 0 & 1 \end{pmatrix}$이므로, $rank(A) = 2$

따라서 (정리 3.3)이 성립한다.

연습문제 3.5

[1] (1) $A^{-1} = \begin{pmatrix} 4 & -3 \\ -5 & 4 \end{pmatrix}$

(3) $D^{-1} = \frac{1}{2}\begin{pmatrix} 3 & -2 \\ -5 & 4 \end{pmatrix}$

[2] (1) $A^{-1} = \frac{1}{-12}\begin{pmatrix} -15 & 18 & 3 \\ -2 & 4 & -2 \\ 5 & -10 & -1 \end{pmatrix}$

(3) $D^{-1} = \frac{1}{3}\begin{pmatrix} 3 & 0 & 0 \\ 0 & 3 & 0 \\ 0 & 0 & 1 \end{pmatrix}$

연습문제 3.6

[1] (1) $\overline{x_1} = \frac{|A_1|}{|A|} = \frac{22}{11} = 2,\ \overline{x_2} = \frac{|A_2|}{|A|} = \frac{11}{11} = 1$

(3) $\overline{x_1} = \frac{|A_1|}{|A|} = \frac{1}{1} = 1,\ \overline{x_2} = \frac{|A_2|}{|A|} = \frac{3}{1} = 3$

[2] (1) $\overline{x_1} = \frac{|A_1|}{|A|} = \frac{4}{4} = 1,\ \overline{x_2} = \frac{|A_2|}{|A|} = \frac{8}{4} = 2,\ \overline{x_3} = \frac{|A_3|}{|A|} = \frac{12}{4} = 3$

(3) $\overline{x_1} = \frac{|A_1|}{|A|} = \frac{45}{15} = 3,\ \overline{x_2} = \frac{|A_2|}{|A|} = \frac{45}{15} = 3,$

$\overline{x_3} = \frac{|A_3|}{|A|} = \frac{15}{15} = 1$

연습문제 3.7

[1] $\overline{Q} = \frac{ad - bc}{b + d}$

$\overline{P} = \frac{a + c}{b + d}$

[3] $\overline{Y} = \frac{\alpha - \beta\gamma + I_0 + G_0}{1 - \beta(1 - t)}$

$\overline{C} = \frac{\alpha - \beta\gamma + \beta(1 - t)(I_0 + G_0)}{1 - \beta(1 - t)}$

$\overline{T} = \frac{\gamma(1 + \beta) + t(\alpha + I_0 + G_0)}{1 - \beta(1 - t)}$

연습문제 4.1

(1) (a) 6

(2) (a) 5

(3) (a) -1

연습문제 4.2

[1] (1) $\dfrac{dy}{dx} = 40x^4 - 80x^3$

(3) $\dfrac{dy}{dx} = \dfrac{8x^2 + 16x - 6}{(x+1)^2}$

(5) $\dfrac{dy}{dx} = 12x(3x^2 + 5)$

[2] (1) $y' = 8x^3 + 9x^2 + 8x$

$y'' = 24x^2 + 18x + 8$

$y''' = 48x + 18$

$y^{(4)} = 48$

$y^{(5)} = 0$

연습문제 4.3

[1] (1) $\dfrac{dy}{dx} = 3x^2(\ln x^3 + 1)$

(3) $\dfrac{dy}{dx} = \dfrac{2x + 6}{x^2 + 6x + 2}$

[2] (1) $\dfrac{dy}{dx} = 2e^{2x}$

(3) $\dfrac{dy}{dx} = -10xe^{1-x^2}$

연습문제 4.4

[1] $MC = Q^2 - 10Q + 110$

[2] (1) $P = 25$일 때 $Q = 50$이므로 $E_P = -(-2 \cdot \frac{25}{50}) = 1$

$P = 30$일 때 $Q = 40$이므로 $E_P = -(-2 \cdot \frac{30}{40}) = 1.5$

연습문제 5.1

[1] (1) $f_x = 2x + 4y \qquad f_y = 4x + 2y$

$f_{xy} = 4 \qquad f_{yx} = 4$

(3) $f_x = 12x + 15y + 8$

$f_y = 15x + 20$

$f_{xy} = 15 \qquad f_{yx} = 15$

[2] (1) $u_x = 4x - 7y^2 \qquad u_y = -14xy \qquad u_z = 2z$

(3) $u_x = \dfrac{2x^2 + 6y + 8xy}{(x^2 - 3y)^2}$

$u_y = \dfrac{4x^2 + 6x}{(x^2 - 3y)^2}$

[3] (1) $f_x = 9x^2y - 5y^4 \qquad f_y = 3x^3 - 20xy^3$

$f_{xy} = 9x^2 - 20y^3 \qquad f_{yx} = 9x^2 - 20y^3$

$\therefore f_{xy} = f_{yx} = 9x^2 - 20y^3$

연습문제 5.2

[1] (1) $dz = 8xdx + 10ydy$

(3) $dz = (6xy + 6y^5x^2)dx + (3x^2 + 10x^3y^4)dy$

(5) $dz = \dfrac{-11y}{(x-5y)^2}dx + \dfrac{16x}{(x-5y)^2}dy$

[2] (1) $d^2z = 8dx^2 + 10dy^2$

(3) $d^2z = (6y + 12y^5x)dx^2 + 2(6x + 30x^2y^4)dxdy + 40x^3y^3dy^2$

연습문제 5.3

[1] (1) $\frac{dz}{dt} = \frac{\partial z}{\partial x}\frac{dx}{dt} + \frac{\partial z}{\partial y}\frac{dy}{dt} = 27t^8 + 32t - 80$

(3) $\frac{dz}{dx} = \frac{\partial z}{\partial x} + \frac{\partial z}{\partial y}\frac{dy}{dx} = 6x^5 - 36x^3 + 6x^2 + 54x$

[2] (1) $\frac{\partial z}{\partial u} = \frac{\partial z}{\partial x}\frac{\partial x}{\partial u} + \frac{\partial z}{\partial y}\frac{\partial y}{\partial u} = 18v^2 + 24v - 18u$

연습문제 5.4

(1) $|J| = \begin{vmatrix} 5 & 6 \\ 9 & 4 \end{vmatrix} = 20 - 54 = -34 \neq 0$

그러므로 두 방정식은 함수적으로 독립이다.

(3) $|J| = \begin{vmatrix} 1 & -2 \\ 2x_1 - 4x_2 & -4x_1 + 8x_2 \end{vmatrix} = 0$

그러므로 두 방정식은 함수적으로 종속이다. 이 경우 $(y_1 - 2)^2 = y_2$ 의 관계가 존재한다.

연습문제 5.5

[1] (1) $\frac{dy}{dx} = 5$

(3) $\frac{\partial z}{\partial x} = -\frac{2y^3x + yz}{3z^2 + xy}$

$\frac{\partial z}{\partial y} = -\frac{3x^2y^2 + xz}{3z^2 + xy}$

[2] $\frac{\partial \overline{Y}}{\partial G_0} = \frac{1}{1 - \beta - \beta\delta}$

$$\frac{\partial \overline{C}}{\partial G_0} = \frac{\beta}{1-\beta-\beta\delta}$$

$$\frac{\partial \overline{T}}{\partial G_0} = \frac{\delta}{1-\beta-\beta\delta}$$

연습문제 5.6

(1) $(a)\ \frac{\partial \overline{P}}{\partial c} = \frac{1}{b+d} > 0$

(2) $(a)\ \frac{\partial \overline{Y}}{\partial I_0} = \frac{1}{1-\beta} > 0$

(3) $(a)\ \frac{\partial \overline{C}}{\partial I_0} = \frac{\beta(1-t)}{1-\beta(1-t)} > 0$

연습문제 5.7

[1] (1) $MU_1 = \frac{\partial u}{\partial x_1} = 2x_2^2 x_1,\quad MU_2 = \frac{\partial u}{\partial x_2} = 2x_1^2 x_2$

(2) $MRS = \frac{MU_1}{MU_2} = \frac{2x_2^2 x_1}{2x_1^2 x_2} = \frac{x_2}{x_1}$

[3] (1) 1차 동차함수이다.

연습문제 6.2

(1) $f'(x) = 6x - 18 = 0 \quad \therefore \overline{x} = 3$

$x < 3$일 때 $f'(x) < 0$

$x > 3$일 때 $f'(x) > 0$

그러므로 $\overline{x} = 3$에서 극소가 된다. 극소값은 $\overline{y} = f(3) = 3$

(3) $f'(x) = (x-1)(x-3) = 0 \quad \therefore \overline{x} = 1,\ \overline{x} = 3$

$\overline{x} = 1$의 경우

$x < 1$일 때 $f'(x) > 0$

$x > 1$일 때 $f'(x) < 0$

그러므로 $\bar{x} = 1$에서 극대가 된다. 극대값은 $\bar{y} = f(1) = \frac{19}{3}$

$\bar{x} = 3$의 경우

$x < 3$일 때 $f'(x) < 0$

$x > 3$일 때 $f'(x) > 0$

그러므로 $\bar{x} = 3$에서 극소가 된다. 극소값은 $\bar{y} = f(3) = 5$

연습문제 6.3

[1] (1) $f'(x) = 6x - 18 = 0 \quad \therefore \bar{x} = 3$

$f''(x) = 6 > 0$

그러므로 y는 $\bar{x} = 3$에서 극소가 된다. 극소값은 $\bar{y} = f(3) = 3$

(3) $f'(x) = (x-1)(x-3) = 0 \quad \therefore \bar{x} = 1, \bar{x} = 3$

$f''(x) = 2x - 4$

$\bar{x} = 1$의 경우

$f''(1) = -2 < 0$

그러므로 y는 $\bar{x} = 1$에서 극대가 된다. 극대값은 $\bar{y} = f(1) = \frac{19}{3}$

$\bar{x} = 3$의 경우

$f''(3) = 2 > 0$

그러므로 y는 $\bar{x} = 3$에서 극소가 된다. 극소값은 $\bar{y} = f(3) = 5$

[3] (1) 다음과 같은 부호에 대한 제약조건이 부과되어야 된다.

$a, c, d > 0, \ b < 0, \ b^2 < 3ac$

(2) $a = \frac{1}{3} > 0, \ b = -5 < 0, \ c = 110 > 0, \ d = 60 > 0$

$b^2 < 3ac$의 제약조건에서

$(-5)^2 < 3(\frac{1}{3})60 \rightarrow 25 < 60$이 성립한다.

그러므로 모든 부호에 대한 제약이 성립하고 있으므로 이 비용함수는 경제적 의미가 있다.

연습문제 6.4

(1) $f'(x) = 4(x-3)^3 = 0$

$\therefore \bar{x} = 3$

$f''(x) = 12(x-3)^2 \qquad f''(3) = 0$

$f'''(x) = 24(x-3) \qquad f'''(3) = 0$

$f^{(4)}(x) = 24 \qquad f^{(4)}(3) = 24 \neq 0$

여기서 $n = 4$ 이고 $f^{(4)}(3) = 24 > 0$ 이므로 극소가 된다.

극소값은 $\bar{y} = f(3) = 1$

(3) $f'(x) = 4x^2(x-3) = 0$

$\therefore \bar{x} = 0, \bar{x} = 3$

$f''(x) = 12x^2 - 24x \qquad f''(0) = 0 \qquad f''(3) = 36 \neq 0$

$f'''(x) = 24x - 24 \qquad f'''(0) = -24 \neq 0$

$\bar{x} = 0$ 의 경우

$f'(0) = f''(0) = 0 \qquad f'''(0) = -24 \neq 0$

그런데, $n = 3$ 이므로 극치가 아니다.

$\bar{x} = 3$ 의 경우

$f'(3) = 0 \qquad f''(3) = 36 > 0$

$n = 2$ 이므로 극소가 된다. 극소값은 $\bar{y} = f(3) = -22$

연습문제 6.5

[1] (a) $\pi = TR - TC = -\frac{2}{3}Q^3 + 10Q^2 - 32Q - 3$

$\pi'(Q) = -2(Q-2)(Q-8) = 0$

$\therefore \bar{Q} = 2, \ \bar{Q} = 8$

$\bar{Q} = 8$ 의 경우

$\pi''(8) = -12 < 0$. 이윤극대화 조건이 성립한다.

$\overline{Q} = 2$의 경우

$\pi''(2) = 12 > 0$. 이윤극대화조건이 성립하지 않는다.

(b) 극대이윤은 $\pi(8) = \dfrac{119}{3}$

연습문제 7.1

[1] (1) 양정부호 (3) 음정부호

[2] (1) 양정부호 (3) 음정부호

[3] (1) $\lambda = 3, \ 8$ (3) $\lambda = 3, \ -1$ (5) $\lambda = 1, \ 2, \ 3$

연습문제 7.2

[1] 임계치는 $\overline{x} = 1, \ \overline{y} = 2$

$|H| = \begin{vmatrix} 6 & -1 \\ -1 & 4 \end{vmatrix}$, $|H_1| = 6 > 0$, $|H_2| = 23 > 0$

양정부호이므로 극소가 된다. 극소값은 $\overline{z} = f(1, \ 2) = -9$

[3] 임계치는 $\overline{x} = 3.5, \ \overline{y} = 2$

$|H| = \begin{vmatrix} -6 & 6 \\ 6 & -16 \end{vmatrix}$, $|H_1| = -6 < 0$, $|H_2| = 60 > 0$

음정부호이므로 극대가 된다. 극대값은 $\overline{z} = f(3.5, \ 2) = 51.25$

[5] 임계치는 $\overline{x} = 1, \ \overline{y} = 0$

$|H| = \begin{vmatrix} -2 & -1 \\ -1 & -2 \end{vmatrix}$, $|H_1| = -2 < 0$, $|H_2| = 3 > 0$

음정부호이므로 극대가 된다. 극대값은 $\overline{z} = f(1, \ 0) = 1$

연습문제 7.3

[1] 임계치는 $\overline{x_1} = 0, \ \overline{x_2} = 0, \ \overline{x_3} = 0$

$$|H| = \begin{vmatrix} -4 & 0 & 0 \\ 0 & -6 & 0 \\ 0 & 0 & -8 \end{vmatrix}, \ |H_1| = -4 < 0, \ |H_2| = \begin{vmatrix} -4 & 0 \\ 0 & -6 \end{vmatrix} = 24 > 0$$

$$|H_3| = -192 < 0$$

음정부호이므로 극대가 된다. 극대값 $\bar{z} = f(0, 0, 0) = 25$

[3] 임계치는 $\overline{x_1} = 0$, $\overline{x_2} = 0$, $\overline{x_3} = 0$

$$|H| = \begin{vmatrix} 2 & 1 & 0 \\ 1 & 4 & 2 \\ 0 & 2 & 2 \end{vmatrix}, \ |H_1| = 2 > 0, \ |H_2| = \begin{vmatrix} 2 & 1 \\ 1 & 4 \end{vmatrix} = 7 > 0$$

$$|H_3| = 6 > 0$$

양정부호이므로 극소가 된다. 극소값 $\bar{z} = f(0, 0, 0) = -10$

연습문제 7.4

[1] (1) 이윤극대를 위한 생산량은 $\overline{Q_1} = 40$, $\overline{Q_2} = 24$

(2) $|H| = \begin{vmatrix} -4 & 4 \\ 4 & -8 \end{vmatrix}$, $|H_1| = -4 < 0$, $|H_2| = 16 > 0$

음정부호이므로 극대가 된다. 그러므로 이윤극대화조건이 성립한다.

(3) 극대이윤은 $\bar{\pi} = \pi(40, 24) = 1650$

[3] (1) 이윤극대를 위한 생산량은 $\overline{Q_1} = 5$, $\overline{Q_2} = 7.5$

(2) $|H| = \begin{vmatrix} -8 & -4 \\ -4 & -12 \end{vmatrix}$, $|H_1| = -8 < 0$, $|H_2| = 80 > 0$

음정부호이므로 극대가 된다. 그러므로 이윤극대화 조건이 성립한다.

(3) 그때의 극대이윤은 $\bar{\pi} = \pi(5, 7.5) = 550$

(4) $P_1 = 37.5$, $P_2 = 57.5$

연습문제 8.1

[1] (1) $z = 12x^2 - 1008x + 30904$

임계치는 $\bar{x} = 42$, $\bar{y} = 30$

$z'' = 24 > 0$ $\quad \therefore$ 극소. 극소값 $\bar{z} = 9936$

(3) $z = 56x - 4x^2$

임계치는 $\overline{x}= 7$, $\overline{y}= 5$

$z'' =- 8 < 0$ $\quad\therefore$ 극대. 극대값 $\overline{z}= 196$

연습문제 8.2

[1] (1) 라그랑지함수는 $Z= {x_1}^2 - x_1x_2 + 2{x_2}^2 + 2 + \lambda(8 - x_1 - x_2)$

1계조건으로부터 임계치는 $\overline{x_1}= 5$, $\overline{x_2}= 3$, $\overline{\lambda}= 7$

정상치 $\overline{z}= 30$

(3) 라그랑지함수는 $Z=- 2x^2 + xy + 3y^2 - 400 + \lambda(36 - x - 3y)$

1계조건으로부터 임계치는 $\overline{x}=- 3$, $\overline{y}= 13$, $\overline{\lambda}= 25$

정상치 $\overline{z}= 50$

(5) 라그랑지함수는 $Z= xy + x + \lambda(94 - 6x - 2y)$

1계조건으로부터 임계치는 $\overline{x}= 8$, $\overline{y}= 23$, $\overline{\lambda}= 4$

정상치 $\overline{z}= 192$

연습문제 8.3

[1] (1) $|\overline{H}|= \begin{vmatrix} 0 & 1 & 1 \\ 1 & 2 & -1 \\ 1 & -1 & 4 \end{vmatrix} =- 8 < 0$ 따라서 $\overline{z}= 30$은 극소값이다.

(3) $|\overline{H}|= \begin{vmatrix} 0 & 1 & 3 \\ 1 & -4 & 1 \\ 3 & 1 & 6 \end{vmatrix} = 36 > 0$ 따라서 $\overline{z}= 50$은 극대값이다.

(5) $|\overline{H}|= \begin{vmatrix} 0 & 6 & 2 \\ 6 & 0 & 1 \\ 2 & 1 & 0 \end{vmatrix} = 24 > 0$ 따라서 $\overline{z}= 192$은 극대값이다.

연습문제 8.4

[1] (1) 라그랑지함수는 $Z= 2x^2 + 2y^2 + 2z^2 + \lambda(1 - x - y - z)$

1계조건으로부터

$$\bar{x}=\frac{1}{3},\ \bar{y}=\frac{1}{3},\ \bar{z}=\frac{1}{3},\ \bar{\lambda}=\frac{4}{3}$$

2계조건

$$|\overline{H}|=\begin{vmatrix} 0 & 1 & 1 & 1 \\ 1 & 4 & 0 & 0 \\ 1 & 0 & 4 & 0 \\ 1 & 0 & 0 & 4 \end{vmatrix},\ |\overline{H}_2|=\begin{vmatrix} 0 & 1 & 1 \\ 1 & 4 & 0 \\ 1 & 0 & 4 \end{vmatrix}=-8<0,\ \ |\overline{H}_3|=|\overline{H}|=-48<0$$

따라서 극소이며

$\bar{z}=f(\frac{1}{3},\ \frac{1}{3},\ \frac{1}{3})=\frac{2}{3}$는 극소값이다.

연습문제 8.5

[1] (a) 라그랑지함수는 $Z=2\ln x_1+\ln x_2+\lambda(36-2x_1-4x_2)$

1계조건으로부터

$$\overline{x_1}=12,\ \overline{x_2}=3,\ \bar{\lambda}=\frac{1}{12}$$

2계조건

$$|\overline{H}|=\begin{vmatrix} 0 & 2 & 4 \\ 2 & \frac{-1}{72} & 0 \\ 4 & 0 & \frac{-1}{9} \end{vmatrix}=\frac{2}{3}>0$$

따라서 효용이 극대화되는 것을 확인할 수 있다.

그때의 효용은 $\bar{u}=\ln 432=6.07$

(b) $MRS=-\frac{dx_2}{dx_1}=\frac{u_1}{u_2}=\frac{2x_2}{x_1}$

효용이 극대화되는 $(\overline{x_1},\ \overline{x_2})=(12,\ 3)$에서는

$$MRS=\frac{1}{2}$$

찾아보기

가

나

다

라

마

아

자

차

카

타

파

하

저•자•약•력

연세대학교 수학과 졸업(이학사)
일본 메이지대학(明治大學) 대학원(경제학수사(修士), 경제학박사)
강원대학교 부설 산업경제연구소 소장 역임
일본 메이지대학 객원교수, 초빙교수 역임
한일경상학회 회장 역임
현재, 강원대학교 경영대학 경제학과 교수

저서 : 『RATS를 이용한 시계열분석』, 학문사, 2007.
『계량경제학의 기초』, 비앤엠북스, 2011.
E-mail : yunbok@kangwon.ac.kr

경제경영수학(2판)

2009년 2월 25일 초판 발행
2011년 2월 22일 2판 1쇄 인쇄
2011년 8월 25일 2판 2쇄 발행

저 자 : 이 윤 복
발행인 : 정 광 식

발행처 : **비앤엠북스**
서울시 금천구 가산동 319번지 호서대벤처타워 B1-103
등 록 2004.12.29. / 제313-2004-00298호
전 화 2627-5710, 팩스 2627-5720
이메일 bmbooks@paran.com

정가 22,000원

ISBN 978-89-91879-89-8